개정증보판

# 부동산개발컨설팅의 이론과 실제

개정증보판
부동산개발컨설팅의 이론과 실제

펴 낸 날 1판 1쇄 2003년 8월 30일
2판 1쇄 2004년 6월 18일
3판 1쇄 2008년 9월 27일
공 편 자 이정우 · 장희순
펴 낸 이 오 명
펴 낸 곳 건국대학교출판부
주 소 : 143-701, 서울시 광진구 화양동 1번지
전 화 : 도서주문 (02)450-3893 / 팩스 (02)457-7202
편 집 실 (02)450-3891~2
등 록 : 제4-3호(1971.6.21)
홈페이지 : http://press.konkuk.ac.kr
전자우편 : press@konkuk.ac.kr
책임편집 임경희
찍 은 곳 (주)동화인쇄공사
정 가 17,000원



ISBN 978-89-7107-499-2 93300

이 도서의 국립중앙도서관 출판시도서목록(CIP)은 e-CIP 홈페이지(http://www.nl.go.kr/cip.php)에서 이용하실 수 있습니다.(CIP제어번호: CIP 2008002828)

개정증보판

# 부동산개발컨설팅의 이론과 실제

이정우 · 장희순 공편저

건국대학교출판부

# 머리말

고대부터 현재까지 이르도록 인간의 생활에서 토지가 중요함을 잃은 적은 한순간도 없었다. 토지를 떠난 생존은 상상할 수도 없었기에, 고대에는 영토에 대한 집착이 피를 흘리는 전쟁으로 이어졌고 현재에는 토지에 대한 집착이 경제적 가치의 폭등으로 이어지고 있다.

특히 시민계층에 의한 은본위제 경제를 토대로 현대경제가 발전한 서양에 비해, 토지가 부의 축적에 있어 가장 중요한 수단이 되었던 우리나라의 상황은 토지에 대한 집착을 더욱 크게 만들었다.

이러한 토지에 대한 집착으로 인해 모든 이의 관심은 토지와 그에 부수되는 정착물에 이어졌고, 이러한 부동산에 대한 지나치리만큼 집중된 경제적 관심은 세계에서 유래를 찾아볼 수 없는 부의 집중으로 인한 투기적 거래의 활성화로 나타나게 되었다.

주어진 토지에 대한 최적의 활용방안 창출을 통하여 가장 합리적인 이용을 도모하고, 이에 따라서 파생되는 경제적 이익을 대중에게 골고루 분배함이 가장 이상적이기는 하지만, 실제 경제환경상으로는 불가능한 이데아적 관념일 뿐이다. 부는 자금력을 가진 일부 투기세력에게 편중되고 일반 대중은 그 경제적 과실의 수확에서 제외되어 불만과 자괴감을 가지는 단계에 이르고 있는 것이다.

현재의 부동산개발방식이 소수의 전문적 지식을 가진 사람에게 독점되고 있으며, 실제 개발사업을 하는 사람들조차도 전문적인 지식이 부족하여 경험과 상식을 통한 개발이 진행되다보니 이러한 모순적 상황이 나타나고 있는 것이다.

또한 부동산개발에 대한 이론적 바탕 없는 이러한 사업진행은 아파트, 판매시설 등 통상적 형태의 확정적인 수익성 사업에만 치중하는 결과를 야기하게 되어 종국적으로 개발사업의 분야를 축소시키고, 투자자의 선택권을 박탈시키는 결과를 낳고 말았다.

물론 법제도적 현실이 이러한 평이한 형태의 개발을 야기하는 측면도 무시할 수는 없지만 창조적인 형태의 개발, 즉 같은 주거용 부동산의 개발일지라도 차별화된 테마를 활용하는 기법의 도입은 필연적이라 할 수 있다.

따라서 이러한 부동산의 개발사업을 통한 부의 집중을 극복하기 위한 방안으로 저자는 다양한 투자대안의 도출 및 토지이용대안의 창출을 제안하는 바이다.

여러 형태의 부동산개발이 나타날 경우 투자자의 성향과 투자 의사에 따른 투자배분이 가능하고, 이러한 각각의 형태에 따라 개발된 상품에 대한 활용방안의 창조적 모색, 그리고 이를 통한 수익의 발생 가능성 증대를 통하여 전반적인 부의 집중을 방지하는 효과를 볼 수 있는 것이다.

여기에는 반드시 지켜져야 할 기본적 조건이 있다. 즉 부동산의 이용 강화를 통한 활용수익의 제고가 요망되는 것이다. 투자된 자금에 비해 산출된 수익의 규모는 투자자가 기대한 이상으로 가능해야 한다는 것이다.

이러한 투자수익의 보장이 투자자 및 개발사업자의 개발행위에 대한 적정화를 만들어내고, 이러한 적정화 현상이 다양한 경로의 개발 및 투자를 유도하게 되는 것이다. 또한 다양한 개발 및 투자는 독창적 사업영역의 구축을 가능하게 하여 수익성 제고로 이어져 부동산개발 및 투자시장의 활성화를 통한 부의 집중문제를 해결할 수 있는 방안이 될 수 있다.

이 책에서는 이러한 독창적 영역의 사업추진을 위한 제반 개발행위에 대한 내용의 설명과 함께 실제 사업추진 혹은 예정중인 사업의 구체적인 개발 실체를 기술함으로써 향후 개발사업을 추진할 예정이거나 현재 사업추진중인 실무자, 부동산학을 공부하고 있는 후학들에게 도움이 되고자 하였다.

이 책의 발간을 위해 자료 정리 등을 해준 도시부동산개발연구원의 김광일 실장, 함현우 팀장, 윤석희 팀장 등에게 고마움을 표시하며, 발간의 시간적 어려움을 배려해주신 건국대학교 출판부 관계자 여러분께 감사드린다.

아무쪼록 이 책이 실무 및 학교에서 개발사업에 대한 이해를 구하고 있는 독자 여러분께 많은 도움이 되길 바란다.

2003년 8월

광화문 연구원에서 저자

# 차 례

## 제3장 알기 쉬운 부동산 투자 분석/61



## 제4장 부동산개발사업별 구체적 기획 방법/101

## 제5장 부동산개발컨설팅의 실제/131

제1장

# 부동산개발컨설팅의 개관

# 1 부동산컨설팅의 의의

세계화·국제화·정보의 물결 속에서 정치·경제·사회·문화생활의 향상으로 인한 부동산산업의 활성화로 토지와 주택 및 빌딩·상가·아파트 등을 중심으로 하는 부동산의 투자·개발 및 경영관리활동 또한 복잡·다양화됨으로써 이에 대한 전문직업으로서 부동산컨설턴트에 의한 부동산컨설팅(부동산상담)업의 중요성이 강조되게 되었다. 부동산컨설팅업에 종사하는 전문직업인인 부동산컨설턴트(부동산카운셀러 또는 부동산상담사라고도 함)는 많은 종류의 부동산문제를 결정해 주는 전문가로서 부동산의 최유효이용의 방향과 '아이디어'를 제공해주는 전문직업의 하나이다. 이러한 부동산컨설턴트는 ①부동산의 투자상담 ②이용상담 ③개발상담 ④시장조사상담 ⑤부동산거래활동의 대안제시 ⑥저당투자 및 금융상담 ⑦조세대책 ⑧입지선정 등의 컨설팅을 하는 전문가이다. 이때 부동산관련 법률, 건설기술 분야 및 조세에 관한 구체적 상담은 다루지 않음이 원칙이나, 부동산 관련 세무관계의 조사, 재개발 및 재건축의 타당성조사, 부동산 투자·개발 등의 법적인 상식을 제공하여야 한다.

부동산컨설팅업은 부동산의 최유효이용 및 투자개발 등의 조사연구 및 자문활동을 그 전문업으로 하고 그 대가로 보수를 받으나 컨설팅 후 그 성과에 대한 책임은 지지 않는다.

그러나 불합리하고 부실한 컨설팅내용은 그 책임을 면할 수 없다. 그리고 부동산컨설팅업은 부동산중개업이나 감정평가업, 입지선정업 및 부동산관리업과 서비스업으로서의 유사성이 없지 않으나 이와는 구별되어 독립적으로 운영되고 있는 것이다.

따라서 부동산컨설턴트는 부동산의 투자개발·관리·매매·임대차·법률·세무·금융·수지분석 등과 폭넓은 지식과 경험을 갖춘 고부가가치의 지적서비스를 제공하는 부동산전문가로서 가장 합리적으로 지도와 자문 및 조언(상담) 등을 하는 '부동산최고의 전문직업인'인 것이다.

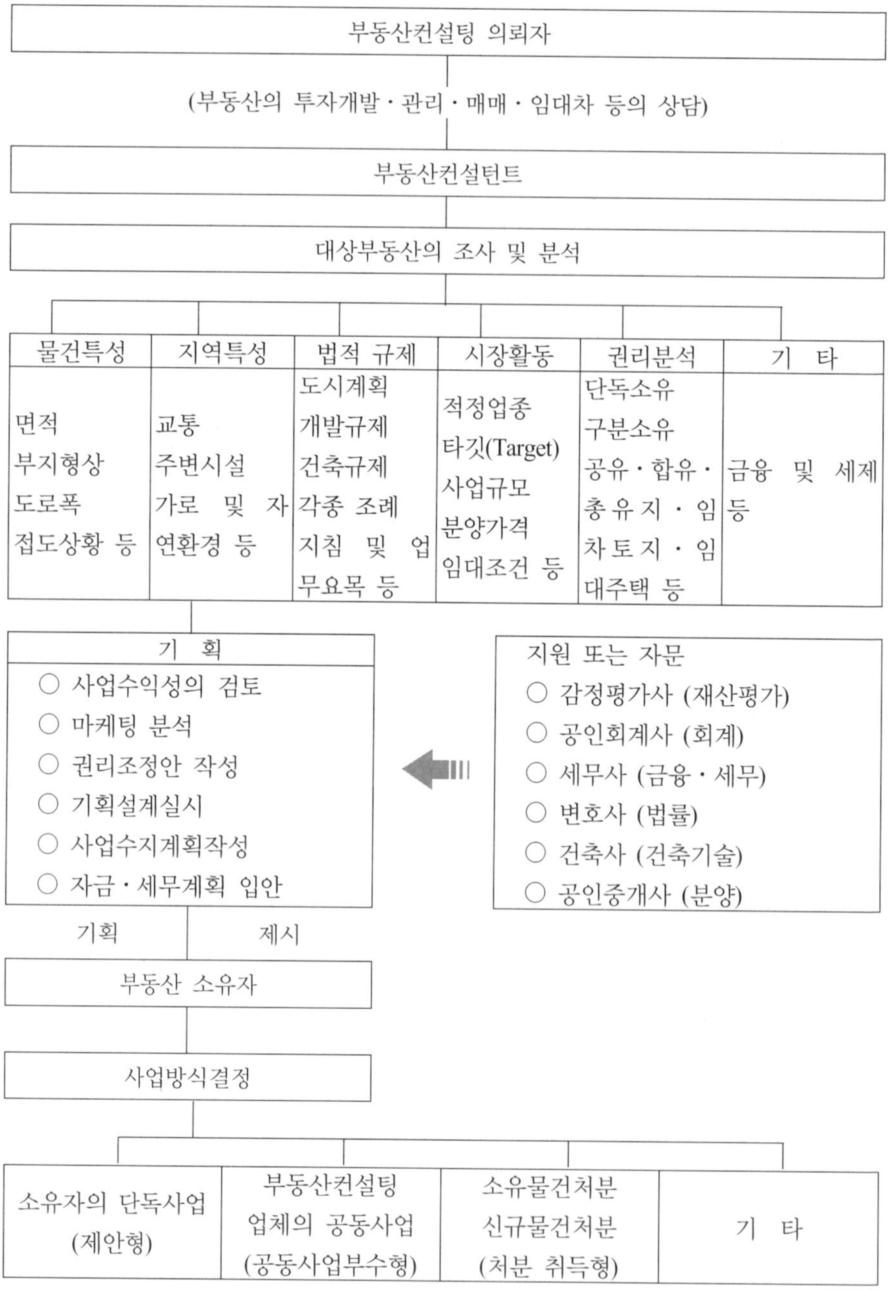


*자료: 山田牙倨稔 · 阿含芳樹, 不動産コンサルタント(東京:住宅新報社, 1997), p. 257 참고 저자 재구성

**그림 1-1. 부동산컨설팅업의 경영과정**

부동산컨설팅업의 취급업무를 요약해 보면 다음과 같다.

① 부동산의 최유효이용방법에 대한 자문
② 부동산 입지선정 및 사업타당성 분석 검토
③ 부동산 투자 및 개발에 대한 자문
④ 부동산금융 및 세무관계 조사
⑤ 재개발, 재건축의 타당성 조사 분석
⑥ 빌딩 및 임대아파트의 임대차 및 관리
⑦ 해외부동산 투자 · 개발의 타당성 조사

## 2 부동산컨설턴트의 활동

부동산소유자가 소유한 부동산에 대해서 수익성이나 절세대책(소득세, 법인세, 상속세 및 증여세)을 고려한 건물의 건축과 그 토지의 잠재력을 최대한으로 이끌어내는 것이 부동산의 최유효이용이다.

이러한 부동산의 최유효이용을 도출하기 위한 사업방식에는 사업수탁방식과 토지신탁방식, 임대차방식, 건설협력금차입방식, 등가교환방식, 공동빌딩건설방식 등을 들 수 있다.

그런데 일반적으로 부동산의 사업수탁방식에 의한 최유효이용을 검토하는 수가 많은데 이는 사업수지를 체크하는 것이 포인트가 된다. 토지소유자가 자금부담을 안으려 하지 않을 때는 임대차방식, 건설협력금차입방식, 등가교환방식, 프로젝트 파이넨싱을 이용한 방식이 검토되는데 이 방식도 사업파트너의 요구가 전제되어야 한다.

### (1) 부동산의 구입과 투자

부동산컨설팅 의뢰인이 부동산을 구입 · 투자할 때 자문을 구하는 수가 많다. 부동산의 구입·투자의 대상은 단독주택·맨션·빌딩·아파트·소형부동산·리조트·해외부동산 등 다양하다. 구입·투자목적은 주거용, 부동산임대수입, 부동산의 가격상승, 절세대책 등을 들 수 있다.

부동산컨설팅의 내용은 컨설팅의뢰인의 구입·투자목적을 달성할 수 있는 공정하고 적절한 자문을 하는 것이지만, 경우에 따라서는 사업수지계획표의 작성 등에 의한 자금조달체크도 필요하다.*

한편, 부동산의 구입·투자요구에 맞는 적절한 구입과 투자물건을 소개하는 경우도 있으나 전문적인 중개업을 해서는 안 된다.

### (2) 부동산의 절세대책

부동산컨설팅 의뢰인이 소유부동산을 이용하여 소득세·법인세·상속세 및 증여세를 절세하려는 요구에 대해서 조언을 요구하는 경우도 있다. 부동산의 절세대책은 어디까지나 현시점의 세제 가운데서 하는 것이고, 세제가 개편되면 절세효과가 없어질 수도 있다.

부동산의 절세대책의 노하우는 국세 또는 지방세 업무와 관련되는데, 보다 구체적이고 세분화된 내용은 세무회계 전문가의 별도의 자문을 요한다.

### (3) 부동산의 매각과 기획

현재 소유하고 있는 부동산의 매각에 관한 컨설팅으로서 매매시기의 결정, 매매가격의 설정, 양도소득세·법인세의 계산, 세법상 적용의 가부판정 등 광범위하다. 매매시기에 대해서는 부동산시장의 동향을 주시하면서 세제개편 등도 고려할 필요가 있다. 매매가격이 낮아도 세제개편으로 다음 연도 이후 양도소득세가 커질 경우, 수령액으로 치면 당해년도 중의 매각이 유리할 경우도 있기 때문이다.

---

* 최근에는 인허가를 득하고 프로젝트파이낸싱에 의한 자금을 확보한 후 안정적으로 사업을 추진하는 경향이 두드러지고 있다.

한편, 빌딩이나 상가·아파트를 건축할 경우의 기획에 대해서 컨설팅을 의뢰하는 수도 있다. 건축물의 용도는 어떻게 해야 하고(아파트·업무시설·근생시설 등), 임대료나 보증금은 어느 정도 받아야 하며, 빌딩이나 상가의 임차인모집은 어떻게 할 것인가 하는 것 등이다. 이 경우도 부동산시장조사를 함으로써 용도를 한정하고, 사업수지계획을 작성하여 수익성을 확보해 주어야 한다. 빌딩이나 상가의 임차인의 알선을 의뢰하는 경우도 있으나 이는 부수적인 업무로서 부동산중개업법에 저촉되지 않도록 유의해야 한다.

### (4) 부동산의 권리조정

지역재개발사업의 경우 권리조정업무도 중요한 업무의 하나가 된다. 부동산컨설턴트로서 어디까지 해야 할지 여부는 찬반양론이 있지만, 컨설팅의뢰인의 요구가 있게 되기 때문에 이를 외면할 수가 없다. 즉 컨설팅의뢰인측에서 본다면 "제안서는 받았어도 실제 교섭은 누가 해야 할지?"하는 문제 등이 있다.

부동산 관련 권리조정의 내용을 보면, 인접지의 매매교섭, 공동빌딩의 조정교섭, 임차인의 입퇴 교섭, 건축시의 인근 거주자와의 교섭, 토지의 매매·교환교섭, 등가교환의 바닥면적배분교섭 등을 들 수 있다. 그런데 부동산 관련 권리조정에는 세무나 수지의 문제가 관련되는 경우가 많지만 어느 정도 노하우를 가진 부동산컨설턴트에게는 그리 어려운 일은 아닐 것이다.

따라서 부동산컨설턴트로서 권리조정을 할 때의 요령을 요약하면 다음과 같다.

① 상대방의 말을 잘 들을 것
② 교섭상대의 본뜻을 이끌어 낼 것
③ 감정을 앞세우지 말고 끈기가 있을 것
④ 논리적이고 법적인 설득력이 있을 것
⑤ 적극적인 행동력이 있을 것

## (5) 부동산업자의 선정과 소개

부동산컨설턴트는 '부동산에 관한 전반적이고 전문적인 컨설팅업'이지만, 업무범위는 한정된다. 따라서 그 부동산컨설팅 업무범위 이외의 부분에 대해서는 전문업자에게 맡기지 않으면 안 된다. 즉 부동산전문회사(감정평가 및 중개, 빌딩임대관리, 개발 등이 업무를 수행하는 전문기업), 건설회사, 건축설계사무소 및 금융기관 등을 활용해야 하는 경우다. 그리고 컨설팅의뢰인이 업자를 이미 선정하고 있는 경우도 있지만 업자선정을 맡기는 경우와 소개를 의뢰받는 경우도 있는데, 이때에도 컨설팅의뢰인의 입장에서 공정하고 중립적인 견지에서 선정・소개하여야 한다.

따라서 부동산 관련업자의 선정과 소개능력을 보면 다음과 같다.

① 폭넓은 네트워크
② 공존공영의 정신
③ 코디네이터 능력
④ 부동산컨설팅 학회회원과 동문회원간의 유대
⑤ 후보업체에 대한 신뢰성 검증능력
⑥ 적극적인 행동력

## (6) 부동산 유통 및 분양컨설팅

부동산컨설팅 의뢰인으로부터 부동산매매의 중개를 의뢰받는 경우도 있는데 이는 의뢰인의 요구로서 「의뢰인 입장에서는 신뢰할 수 있는 곳에 부동산 중개를 맡기고, 아울러 세무 등에 대한 컨설팅도 맡기고 싶다」라는 경우가 많은데, 이 경우 본의 아니게 부동산 중개를 도와줘야 하는 경우도 있다. 이 경우는 물론 부동산중개업자로서 등록이 선행되어야 한다. 그러나 의뢰인이 경우에 따라서는 부동산 매각으로 최유효이용을 도모해야 하는 유연성도 필요하기 때문에 그 경우 유능하고 신뢰할 수 있는 부동산중개전문회사에 중개의뢰에 대한 자문을 할 수도 있다.

더구나 부동산컨설팅업은 전문직업으로서 독립적으로 특화하여 운영하여야 하기 때문에 부동산중개를 의뢰받는 경우 부동산컨설팅회사가 직접 중개를 하여서는 안 되며 반드시 부동산중개업허가를 받은 다른 부동산중개업자에게 소개하는 것이 바람직하다.

따라서 부동산 유통과 중개분야컨설팅의 경우에는 다음과 같은 능력을 구비하여야 한다.

① 폭넓은 정보망
② 공존공영의 정신
③ 적극적인 행동력
④ 유리한 입지의 우량한 부동산의 선별능력
⑤ 성실성과 진실성

## 3 부동산컨설턴트의 교육적 배경과 경험적 배경

### (1) 부동산컨설턴트의 교육적 배경

부동산컨설턴트는 높은 수준의 지적인 판단력과 광범위한 문화적 환경을 인식하고 이해할 수 있는 능력을 구비하고 논리적 분석을 할 수 있는 전문직업인으로서 효율적인 부동산의 가치창출, 부동산금융, 마케팅, 부동산의 이용・개발・관리 등과 관련된 여러 문제들을 신속하게 파악하여야 한다.

더구나 부동산컨설턴트가 특수한 분야의 지식이나 경험으로도 해답을 구하지 못한다 할지라도, 그 해답이 어디에 있는지를 알 수 있을 만큼 필요한 지식을 갖고 있어야 한다. 부동산컨설팅을 위하여 대학 또는 대학원에서 부동산컨설팅이론과 실무를 교육하는 추세에 있는 만큼 점차 부동산학을 이수한 출신이 업계에 진출하는 것이 보편화되고 있는 이러한 현시점에서 부동산컨설팅에 대한 전문교육을 이수하여 높은 수준의 부동산컨설팅 실무능력을 배양하지 않으면 안 된다.

이러한 관점에서 부동산컨설턴트의 교육적인 배경을 요약하면 다음과 같다.

① 부동산컨설팅이론(또는 부동산상담이론)
② 부동산법규(공법 및 사법)이론
③ 부동산시장(동향) 분석론
④ 부동산개발계획 및 설계이론
⑤ 상권 및 입지분석이론
⑥ 부동산 투자 분석론
⑦ 부동산정보처리론
⑧ 부동산금융 및 조세이론
⑨ 부동산권리분석론
⑩ 부동산경기변동론
⑪ 부동산컨설팅 팀워크와 현장활동교육
⑫ 부동산컨설팅보고서 작성기법 이론교육

미국의 부동산컨설턴트의 교육적 배경은 대학원에서 부동산학을 전공하고 석사학위(MBA)를 받고도 3년 이상의 경험을 요구하고 있는가 하면, 대학(원) 또는 연구기관(부동산컨설팅학회 등)에서 부동산학 강의 경력과 부동산컨설팅 관련 연구학술지에 연구논문을 발표한 실적을 요구하고 있다.

한편, 부동산의 경영관리 및 부동산의 경제적 개념의 통찰력은 부동산컨설턴트에게 매우 중요하기 때문에 보다 엄격하고 광범위한 교육적 기초를 바탕에 둔 부동산컨설턴트라 하더라도 세계화・국제화・정보화・산업화에 따른 시대와 환경의 변화에 따라 부동산컨설팅 교육을 지속적으로 받아야 한다.

실례로 전 미국 부동산거래업협회의 여러 지부에서뿐만 아니라, 부동산컨설팅학회의 통신강좌나 대학원과정을 통하여 제공되는 부동산학 교육은 부동산의 투자, 개발, 이용, 금융, 마케팅, 경영관리 및 경제적 분석에서 발생하는 문제들을 해결하는데 큰 도움을 주고 있다.

대부분의 부동산 관련문제들이 구체적이고 명확하게 파악되기보다는 추상적이고 관념적이라는 점에서 부동산의 물리적 요소를 이해하거나 해결하기 어려운 것 등을  부동산컨설팅의 합리적이고 객관적인 판단으로부터 더욱 적절한 해결책을 구하지 않으면 안 된다는 점에서 부동산컨설턴트의 교육적인 배경이 중요시된다고 하겠다.

### (2) 부동산컨설턴트의 경험적 배경

부동산 투자・개발을 위한 컨설팅활동에 대한 기본적인 배경으로서는 부동산의 건축설계・거래・경영관리・금융・감정평가・조세업무 등의 분야에서의 경험이 부동산컨설턴트로서 매우 중요한 경력인 것이다.

물론 어떤 특정한 문제를 해결하기 위하여 이 모든 경험으로부터 해결책을 이끌어 내는 것이 불필요할지 모르나 개개의 부동산컨설팅 과제들은 어느 정도 다른 과제들과 구별되는 것이기 때문에 이러한 광범위한 기초・경험에 근거를 둔 부동산컨설턴트의 경험적 배경이 요구된다. 이러한 경험적 배경은 부동산의 다른 기능과 밀접하게 관련되어 보다 지적이고 포괄적인 견해를 갖게 해 줄 것이다.

따라서 부동산컨설턴트의 교육적 배경의 폭과 적절한 부동산 관련 사업경험이 부동산컨설턴트라는 전문직업과 다소 차이가 있다 하더라도 실무적으로 매우 중요한 것이기 때문에 부동산컨설턴트의 개인적인 교육과 경험 및 실적의 권위를 제고시켜 더욱 광범위한 컨설팅의뢰인, 즉 고객을 확보하게 될 것이다.

부동산컨설턴트의 경험적 배경을 쌓도록 하기 위해서는

① 부동산컨설팅보고서의 작성실무
② 부동산금융 및 조세실무
③ 부동산법률(공법 및 사법)실무
④ 부동산경매(또는 공매) 및 권리분석 실무
⑤ 건축계획 및 설계 실무
⑥ 상권분석 사례의 경험
⑦ 부동산컨설팅 사례(발표) 및 세미나활동
⑧ 부동산컨설팅을 위한 현장조사활동
⑨ 감정평가실무경험
⑩ 부동산중개활동경험

등의 부동산컨설팅의 경험적 실습을 요구하기도 한다.

한편, 미국의 부동산컨설턴트의 경험적 배경을 보면 부동산관련업계에서 10년 이상의 실무경력 또는 부동산학을 전공하고 석사학위를 받은 뒤에 3년 이상의 부동산업의 경력을 요구하고 있는가 하면 연령 면에서도 35세 이상으로 경험과 연륜을 갖출 것을 전제로 하고 있다. 뿐만 아니라, 부동산관련 교육 또는 연구기관, 부동산컨설팅학회 등에서 부동산컨설팅 강의경력과 사례발표의 경력 등을 요구하고 있다.

# 4 부동산컨설턴트의 활동 계획

## (1) 부동산컨설턴트의 활동 내용

부동산컨설팅이란 고부가가치의 지적 서비스를 창출하는 부동산컨설턴트가 부동산 투자, 개발, 이용 등의 의사결정자에게 부동산에 관련되는 제반 문제에 대한 능력 있는 조언과 지도 및 자문을 제공하는 것이라고 정의한 바 있다.

이러한 관점에서 부동산컨설턴트의 활동을 부동산컨설팅제도가 비교적 확립된 미국의 경우를 예로 들면 ①부동산 구입계획의 수립 ②임대차관리 ③부동산개발계획 ④부동산의 최유효이용 조사 ⑤입지조건 분석 ⑥마케팅 분석 ⑦ 부동산시장성 조사 등 그 활동범위가 광범위하다.

이와 같은 부동산컨설턴트의 활동은 감정평가업이나 부동산관리업, 중개업, 건설업 등의 부수적인 업무로 제공되기도 하지만 이는 단순하게 당해 고유 업무와 관련되는 업무일 뿐, 대체적으로 고객과 계약에 의하여 제공하는 업무는 아니다. 참고로 미국 부동산 컨설턴트의 활동 내용을 요약해보면 다음과 같다.

**표 1-1. 미국 부동산컨설턴트의 활동 내용**

| | |
|---|---|
| 1. 부동산구입계획과 처분계획 수립 | 12. 입지조건 분석 |
| 2. 기존건물 임대사용연구 | 13. 마케팅 분석과 자문 |
| 3. 임대인·임차인간의 분쟁관리 | 14. 시장성 조사와 거래상태 연구 |
| 4. 소요비용 조사와 수익성분석 | 15. 협상과 의견진술 |
| 5. 부동산 투자개발계획 | 16. 인근지역 및 유사지역 분석 |
| 6. 부동산 매매제안의 심사 | 17. 포트폴리오 설계와 심사 |
| 7. 부동산에 대한 타당성 조사 | 18. 자산관리 심사 |
| 8. 부동산의 재무계획 | 19. 위험성 분석 |
| 9. 부동산경제 및 경기의 예측 | 20. 부지선정 연구 |
| 10. 부동산이 최유효이용 조사 | 21. 도시계획 및 지역개발계획의 자문 |
| 11. 도시계획의 영향평가 | |

### (2) 부동산컨설팅의 의뢰 유형

전술한 미국 부동산컨설턴트의 활동 내용을 중심으로 대표적인 부동산컨설팅의 의뢰 유형을 살펴보기로 한다.

#### 1) 부동산 투자 개발계획에 대한 컨설팅

토지를 구입하여 개발하고자 하는 부동산 투자자는 부동산개발방법과 방향, 향후의 용도계획, 준공시기와 완공된 부동산의 분양전략과 방법, 토지를 취득하는 기법 등에 대한 인식이 부족하기 때문에 부동산컨설턴트에게 자문을 구하게 되는 경우가 많다. 따라서 이러한 부동산 투자 개발에 대한 효율적인 계획을 수립할 수 있어야 한다.

#### 2) 부동산 투자 및 이용의 컨설팅

원거리에 소재하는 부동산 소유자가 그 부동산을 계속 소유하고 있을 것인가 또는 매도하여야 할 것인가, 상속된 경우 그 부동산의 세금은 어느 정도 과세되며, 그 부동산을 원활히 매도할 만한 부동산중개업자는 누구인가 등에 대하여 컨설팅을 요구하거나, 용도전환을 할 경우 소유하고 있는 것을 어느 용도로 전환을 할 것인가, 용도전환을 할 경우 설계자와 시공업자의 선정과 소요자금 조달 및 건물의 관리업무 등도 부동산컨설턴트에게 의뢰하게 된다. 한편, 신설법인이 아파트 단지를 구입하여 이를 임대아파트로 전환하고자 할 경우, 건물구조의 견고성・인근의 통상적인 임대차의 유형・편의시설・그 건물의 가치・용도전환 후 건물가격책정・기대수익의 수준・마케팅 전략・임차인의 융자조건 등과 이에 필요한 구비서류 등에 대하여도 컨설팅을 의뢰하는 경우도 있다. 그리고 인접지역에 빌딩들이 신축되고 있어 빌딩 용도전환이 예상되는 공실 상태의 고층빌딩 소유자는 그 빌딩을 공실 상태로 두거나 빌딩이 철거될 때까지 임시로 임대를 하여야 하는가에 대하여 컨설팅을 의뢰하게 될 때 이를 객관적이고 합리적으로 컨설팅을 하는 부동산컨설턴트가 되어야 한다.

### 3) 입지조건 및 인근지역분석의 컨설팅

도매 또는 소매업자가 최적의 상가입지를 선정하거나 상품의 운반시간・소비자의 분포・소득과 같은 입지분석과 상가예상지의 선정 및 예상지의 입지조건의 분석을 의뢰하는 경우가 있는가 하면 인접지역의 여건변화가 상가나 빌딩의 임대사업에 영향을 미치므로 이를 처리하는 방법 등을 분석하여 유리한 사업의 방안을 모색하기 위하여 컨설팅을 의뢰하게 되는데, 이러한 부동산컨설팅을 이론적이고 현실적으로 처리하여야 한다.

### 4) 부동산경영관리 및 관리계획에 대한 컨설팅

상가, 빌딩 소유자가 임료를 인하하지 않고도 안정적인 대실률을 유지할 수 있는 방안을 강구하기 위하여 컨설팅을 요구하는가 하면, 현 빌딩관리자의 능력에 대한 검증도 컨설팅을 의뢰해오기도 한다.

한편, 부동산 투자자가 수익발생 부동산을 취득하고자 하나 적정임료와 계약방법 등을 알 수 없을 뿐만 아니라 대상 부동산의 적정 보유기간과 재투자 또는 처분여부에 관한 것을 모르는 경우에도 컨설팅을 의뢰해 온다. 이러한 부동산경영관리 및 관리계획을 원만히 해결하여야 한다.

### 5) 건축시설 및 재개발계획 컨설팅

도시근교에 위치한 기존공장을 확장할 것인가 아니면 다른 곳으로 이전확장을 하여야 하는가 하는 의사결정을 위하여 부동산컨설턴트에게 증설대상시설 중 국내시장 취득 가능품목의 조사, 시설이전에 소요되는 비용, 이전예정적지의 존재여부 및 취득가능 가격과 건축물의 건축비용, 신설공장의 운전비용, 제조설비의 임대가능 여부 등과 이들과 관련되는 각종의 조세부담 정도 등을 검토하여 줄 것을 의뢰하는 경우이다.

기존의 창고용지를 고층의 사무실과 호텔용지로 재개발하고자 하는 경우 지방자치단체로부터의 승인여부와, 재개발예정지의 부동산소유자간에 합의를 이루거나 이 부동산의 재개발의 가능성과 수익성 그리고 개발계획에 대한 합리성 등에 대한 컨설팅을 의뢰하는 경우도 있다. 한편 개발적지의 매입제의를 받은 부동산개발업자가 당해 토지에 최유효이용의 개발형태와 예상되는 건설비용 및 분양 등에 영향을 줄 각종 여건조사를 의뢰해 오기도 한다. 이러한 부동산컨설팅도 가능성 있게 처리하여야 한다.

### 6) 부동산거래에 대한 컨설팅

도시근교에 위치한 농장의 소유자가 농장의 매도여부, 개발사업의 합작투자 참여여부, 독자개발여부, 농장의 일부 또는 전부와 타 자산과의 교환의 적부 등을 결정하기 위하여 컨설팅을 의뢰하기도 한다. 이런 경우는 인근 부동산중개업자와 거래의 가능성에 대하여 상담해야 한다.

한편, 상업용 빌딩을 물색하는 은행이 선정하고자 하는 빌딩의 은행점포로서의 적정성 여부와 다른 업종에게 임대하여 줄 수 있는 여유공간의 유무 및 실내장식의 필요성 여부, 이 부분을 추후에 은행의 필요에 따라 점포확장에 사용하기 위해 임대차계약의 내용에 어떠한 조항들을 삽입하여야 하는가에 대하여 컨설팅을 의뢰하기도 한다. 역시 부동산컨설턴트는 이를 능률적으로 해결할 수 있는 방안을 제시해야 한다.

### 7) 부동산세무와 수익성분석 컨설팅

상가나 빌딩의 계약기간 10년 중 9년 동안 임차를 하고 있는 임차인이 상가나 빌딩소유자로부터 계약기간 전체인 10년간의 재산세를 부담할 것을 요청받은 경우에, 이와 같은 상가나 빌딩소유자의 요구의 적정성 여부와 그 부담이 과다한 경우 잔여기간중의 감세문제 등에 대해 컨설팅을 의뢰하게 된다.

한편, 도심지에 새로운 상가나 빌딩을 유치하고자 부동산 투자자에 대한 감세조치를 구상중인 지방자치단체는 상가나 빌딩으로부터 얻을 수 있는 고용 증대와 지방세 수입의 증가 및 재정적인 이득 등의 예상 수익이 세수의 감소를 보완할 수 있는지의 여부 등도 컨설팅을 의뢰하게 된다. 이러한 조세관계에 대한 컨설팅은 세무사나 공인회계사의 자문을 요하기도 한다.

### 8) 도시계획 영향평가에 대한 컨설팅

지방도시계획위원회가 용도지역지구제에 관한 조례를 개정하려면 교통문제를 비롯하여 종합토지세·재산세·고용·학교문제 등에 미치는 경제적 영향을 조사하여야 하는데, 이러한 도시계획상에 미치는 영향평가에 대해 컨설팅을 의뢰하기도 한다.

최근에는 도시가 확장됨으로써 교통문제, 주차장문제, 쓰레기문제, 소음문제 등이 커지고 있어 이에 대비하여 도시계획에 따른 영향평가를 하는 경우가 많다. 이러한 경우는 도시계획에 대한 영향평가기관이나 연구소와 협의하여야 한다.

### 9) 장래성평가와 예측에 대한 컨설팅

수익성빌딩이나 상가에 대한 투자를 제의받은 부동산 투자자가 대상빌딩과 상가의 임대사업에 수반하는 위험성, 수입의 세공제 후 현금흐름의 전망, 대상건물의 내구성, 건물의 취득에 필요한 재원조달방법과 건물입주자의 대체에 따르는 득실 등의 장래성 평가를 의뢰하는가 하면 도심에 있는 빌딩의 소유자가 사무실용 빌딩의 건축추세·사무실의 내장변경추세·지역 내 빌딩 사업형태의 추세·지역 내 인구의 통계적 추이 등 빌딩사업에 미치는 영향에 대한 컨설팅과 장래성·보유기간에 대한 컨설팅도 의뢰하게 된다. 이러한 장래성 평가와 예측에 대해서도 적절한 정보자료를 분석하여 훌륭한 부동산컨설팅을 수행해야 한다.

### 10) 부동산분쟁과 이견조정 의뢰

상가·빌딩소유자와 임차인이 매 10년마다 임대인과 임차인의 합의가 있어야만 재계약이 가능하도록 하는 선택조항이 삽입된 10년 주기의 장기임대차계약을 하고자 하나 계약이 성립되지 아니하는 경우에는 임대차 쌍방이 이 계약의 조정에 대한 컨설팅을 의뢰하기도 하고, 사세를 확장중인 회사가 새로운 빌딩사무실을 구하고자 하는데 구성원간에 새로운 빌딩사무실의 입지에 대한 의견이 분분한 경우 부동산컨설턴트에게 자문하여 이견의 조정과 최적입지의 추천 및 예정된 빌딩사무실의 업무 영역 내에 소재하는 각종 편의시설 및 가용시설의 조사에 관해 컨설팅을 의뢰하기도 한다.

### 11) 부동산포트폴리오 심사에 대한 컨설팅

사무실빌딩이나 호텔, 임대아파트, 상업용 건물 등 여러 부동산을 소유하는 부동산재벌은 투자위험 없이 포트폴리오를 개선할 수 있는 부동산의 관리처분방법을 찾아내기 위하여 컨설팅을 의뢰하기도 한다. 이러한 부동산 포트폴리오의 심사를 과학적으로 처리하는 부동산컨설턴트가 되어야 한다.

## 5 부동산컨설팅 업무의 수행 절차

부동산컨설팅 업무의 수행은 그 절차에 따라 단계별로 부동산컨설팅을 의뢰한 문제를 해결하는 순차적인 방법 내지 컨설팅의뢰인의 대상부동산에 대한 용도 및 이용·관리·투자·개발·거래 등의 목적에 적합한 의사결정을 돕는 과정이다. 이러한 부동산컨설팅의 업무수행의 절차는 문제의 정의로부터 시작하여 컨설팅 내용의 결정, 컨설팅 실시계획의 수립, 컨설팅 업무의 실행, 컨설팅보고서의 작성, 컨설팅보고서의 검토, 컨설팅보고서의 제출 등의 순으로 진행된다. 이러한 부동산컨설팅 업무절차를 구체적으로 살펴보기로 한다.

### (1) 부동산컨설팅 문제의 정의단계

부동산컨설팅 업무는 문제의 정의로부터 시작되는데 여기서는 부동산컨설팅 업무의 수행목적을 결정하는 것에서부터 컨설팅 업무의 예정 소요시간, 필요한 조사자료・정보, 인원, 보고서의 형식 등으로 설정되는 첫째 단계로서, 부동산컨설턴트는 컨설팅 의뢰자와 함께 '어떠한 의문점'을 찾고 '어떠한 문제'를 '어떻게 해결'하며, 그리고 '어떠한 최종 목표'를 달성할 것인가 등에 대하여 가능한 한 정확하고 완전하며 충분한 협의를 통해 결정하여야 한다.

부동산컨설턴트와 컨설팅 의뢰자의 초기컨설팅은 컨설팅 의뢰자의 목적과 수용가능한 대체수단을 가능한 많이, 그리고 명확하게 파악해야 한다. 이 때에 컨설팅 의뢰자가 소극적인가 또는 적극적인가, 달성하려고 하는 것이 단기적 목표인가 또는 장기적 목표인가, 고려하여야 할 우선 순위는 무엇인가 등 프로젝트의 문제에 대하여 명확히 확인해야 한다. 그리고 프로젝트에 소요되는 자금조달은 자기자본인가 또는 차입자본인가도 검토하여야 한다.

즉 컨설팅 대상부동산의 종류, 계획 중 건축, 기존의 프로젝트로서 확장・파괴・개선이 틀림없이 행해지려는 프로젝트인가, 그 외의 문제인가 등의 판정에 따른 구체적이고 적절한 시간이 결정되게 된다.

따라서 프로젝트를 위한 입지조건을 찾고 여기에 적합한 입지조건이 결정되면, 그 대지에 어떠한 빌딩을 건축할 것인지를 결정하는 것이 컨설팅의뢰인을 돕는 것이 된다. 그리하여 최종적으로 부동산컨설턴트는 신규 '프로젝트'의 완전한 계획수립을 하여 컨설팅의뢰인을 돕고 임대갱신에 대해서도 컨설팅의뢰인에게 도움을 주어야 한다. 그것은 상대적으로 단기적인 의사결정일 수도 있고 구매를 위한 선택처럼 장기적인 의사결정이 될 수도 있게 되는 것이다.

이처럼 부동산컨설팅 문제의 정의단계에서는 일을 완료하기 위해 필요한 조사자료, 정보 및 인원에 대한 고려도 포함된다. 프로젝트를 수행하는 데 필요한 전문가와 기술인 등은 몇 명이 소요되며, 컨설팅자료를 준비하고 분석하는 데 시간은 어느 정도 걸리는가를 파악하고 그 업무를 추진하는 데 상호 협조체제를 어떻게 유지하여야 하는 것도 고려하여야 하는 단계이다.

### (2) 부동산컨설팅 내용의 결정단계

부동산컨설턴트와 컨설팅의뢰인간에 업무수행상의 관계를 확실하게 하기 위하여 컨설팅내용을 결정하는 단계가 부동산컨설팅 내용의 결정단계이다. 부동산컨설턴트가 ①어떠한 용역을 ②어떠한 형식으로 ③어느 시점에서 ④어떠한 방식으로 제공한다는 내용이 정확하게 명시되어야 하는 데, 여기서는 부동산컨설팅의 범위와 컨설팅의 보수금액(수수료)의 정도, 보수의 지불시기 등 부동산컨설팅보수(수수료)의 결정 및 예산의 결정 등이 구체적으로 나타나야 한다.이 때 대상부동산 컨설팅에 관한 내용의 합의는 계약형식으로 체결되는 데, 대상부동산 컨설팅 업무의 정확한 파악을 위해 상당한 시간이 소요되며, 주요내용으로는 당사자의 성명, 대상부동산의 종류와 위치, 업무범위, 기본보수(수수료), 추가서비스, 업무완료일, 전제 및 제약조건 등이 다루어진다. 그리고 추가업무의 발생이 예상되는 경우에 그 위약방법 등에 대하여 자세하게 결정하여야 하며, 나아가 그 부동산컨설팅정보가 의뢰인에게 주어지며, 어떠한 컨설팅정보를 의뢰인이 제공해야 하는가 등도 계약상 명시되어야 한다. 특별한 경우는 자문변호사에게 계약을 의뢰하고 공증을 해두어야 할 때도 있을 것이다.

### (3) 컨설팅 업무 실시계획의 수립단계

위에서 보는 바와 같이 부동산컨설팅 문제의 정의단계와 부동산컨설팅내용의 결정단계에서 당사자간의 관계가 확실하게 정해지면, 부동산컨설턴트는 대상부동산 컨설팅 업무의 실시계획을 수립하고, 컨설팅 업무 실시(실행)계획에 따라 컨설팅 업무를 추진하게 된다.

한편 부동산컨설팅 업무의 실시계획을 준비하는 단계에서는 컨설팅 완료일자를 결정하고, 컨설팅 업무 실무진의 구성과 외부와의 컨설팅 용역을 구성하는 것이다.

뿐만 아니라 어떠한 부동산컨설팅 내용이 계획상에 명시되는가를 결정하고, 그 기간까지 완성되어야 할 업무의 질적 수준과 현황을 점검하여야 한다. 그리고 경우에 따라서는 시간 내에 효과적인 결과를 도출하기 위하여 진행중에도 부동산컨설팅의 계획수정이 필요한 경우도 고려되어야 한다.

### (4) 부동산컨설팅의 실행단계

부동산컨설팅 업무의 실행은 부동산컨설팅 실무활동에서 적절한 자료를 수집·분석, 결론, 제안하는 단계이다. 부동산컨설팅 업무란 필요한 자료가 충분히 수집될 때 컨설팅 업무의 분석이 비교적 양호해진다는 점을 고려해야 한다. 이는 부동산컨설팅 업무의 질과 양, 적정성의 측면에서 자료를 분석하여야 하기 때문이다.

부동산컨설팅의 자료분석은 컴퓨터에 의한 분석을 이용하는 것이 바람직하지만 이때에 그 프로그램이 대상과제에 적합하도록 개발하여야 한다.

부동산컨설팅 자료분석의 마지막 단계는 결론과 제안의 구체적인 설명이다. 만약 컨설팅자료의 타당성조사가 필요하고, 예상되는 자금과 비용이 초과할 경우를 판단하여 명확한 컨설팅 업무의 실행을 추진해야 한다. 즉 자금이 증가되거나 비용을 줄여야 하는 컨설팅문제들은 이 시점에서 컨설팅의뢰인과의 중간협의를 거쳐야 한다. 이는 만약 부동산컨설팅과제가 대상부동산을 특정가격으로 구매할 때의 투자분석이라든가, 금융비용이 확실히 세워지고 그 부동산 투자자가 요구하는 수익과 예상보유기간을 알고 있다면, 컨설팅자료분석과정은 요구수익을 산출하는데 필요한 총임차액에 대한 결론을 도출하고 총임차액이 시장에서 획득가능한가에 대한 결정을 해야 하기 때문이다.

### (5) 부동산컨설팅보고서의 작성단계

부동산컨설팅보고서의 작성단계는 이미 결정되어 실시된 컨설팅 업무와 증거서류 및 도표자료들을 부동산컨설팅보고서를 통하여 나타내는 것이다. 이 부동산컨설팅보고서는 구두나 서면(문서) 등의 형식에 관계없이 문제점을 제기하고 또한 시간조절에 따른 컨설팅계약상의 모든 업무와 컨설팅 의뢰자의 문제해결에 유효한 결론을 내려야 하며, 특히 확실한 증거자료로써 주의깊게 작성되어야 한다. 그런데 이 부동산컨설팅보고서의 작성단계에서는 시기와 의뢰한 문제의 해결방안, 제시형태를 포함하는 컨설팅계약의무사항과 일치하여야 한다는데 유의해야 한다.

### (6) 부동산컨설팅보고서의 검토와 제출단계

완성된 부동산컨설팅보고서가 목적과 대상부동산의 성질, 결론 및 제안 등이 정확하게 작성되었는가를 확인하여야 한다. 그리고 마지막으로 결론이나 제안사항의 논리성이나 타당성에 대한 검토가 부동산컨설팅보고서나 발간물의 목적, 재산의 성격, 문제의 특성을 고려한 것인가 하는 관점에서 확실하게 검토되어야 한다.

부동산컨설팅보고가 구두보고일 경우, 컨설팅의뢰인과의 약속은 이행되어야 하고, 완전하고 명확한 방식으로 적절한 시기에 이루어져야 하며, 부동산컨설팅보고가 문서보고일 경우, 문제의 정의와 일치하도록 조사연구결과가 적절하게 전달되어야 하고, 항상 부동산컨설팅의 전문적인 내용이 성실하게 반영되어야 한다. 부동산컨설팅은 일반적으로 보고서전달이 가장 중요한 것이나 때에 따라서는 그 부동산컨설팅과제의 성격, 대상부동산의 개발형태, 조건변화 및 제반 문제 등으로 컨설팅의뢰인과 부동산컨설턴트간의 지속적인 의견교환이 필요한 것이다.

일반적으로, 컨설팅의뢰인과 부동산컨설턴트간의 계약을 준비하는 과정에서 심사숙고하여야 할 것은 컨설팅 의뢰인과의 협의, 추가적인 문제의 정의, 부동산컨설팅 과정의 재확인이 필요할 때도 있다는데 유의해야 한다.

특히, 부동산컨설팅보고서 서면보고를 할 경우의 형식으로서는 메모, 설문 및 의견지 혹은 자료를 충분히 포함한 일정한 규약에 따른 부동산컨설팅보고서 등 여러 가지 유형이 있기 때문에 메모나 설문 및 의견지 등의 약식유형 이외의 주로 많이 사용되는 형식으로 양식형(정형식)보고서와 서술형(자유형)보고서를 활용할 수 있다. 여기서 양식형보고서는 대상부동산의 위치, 지역조건과 개별조건 등의 컨설팅 조사자료를 정형화된 서식에 기재하는 방식으로서 이 양식형의 보고서는 작성이 편리하고 내용을 명확히 기술할 수 있다는 장점이 있으나, 이 부동산컨설팅보고서는 서식의 한정으로 대상부동산의 상황이나 제반문제의 내용을 상세히 설명할 수 없다는 단점이 있다. 서술형보고서는 논리적이고 전문적인 것으로 양식형 부동산컨설팅보고서의 내용을 포함하여 컨설팅 업무의 진행과정에서 도출된 객관적인 조사 분석, 판단 등의 결과를 전문부동산컨설턴트의 입장에서 제시하는 방식으로서 이 보고서는 제한을 받지 않고 기술한다는 장점이 있으나 부동산컨설팅에 대한 전문지식과 시간이 많이 소요된다는 단점이 있다.

이러한 점에 유의하여 부동산컨설턴트나 컨설팅 의뢰자는 계약체결 당시에 가장 유리하고 효율적인 방법을 선택하여야 할 것이다.

한편 부동산컨설턴트에 있어서 중요한 것은 문제의 정의에 대응한 조사결과를 적절하게 전달해야 하며, 전문직업인으로서의 신뢰성과 책임성, 성실성, 윤리성이 항상 반영되어야 할 것이다(그림 참조).

| 〈제 1 단계〉 부동산컨설팅 문제의 정의 | | | | | |
|---|---|---|---|---|---|
| 목적 | 의뢰인 | 자산 | 일정계획 | 필요한 자료 | 양식 |

⇩

| 〈제 2 단계〉 부동산컨설팅 내용의 결정 | | | |
|---|---|---|---|
| 동의 | 보수(수수료) 체계정립 | 예산 | 계약 |

⇩

| 〈제 3 단계〉 부동산컨설팅 계획의 수립 | | | |
|---|---|---|---|
| 업무범위 | 자료조사 | 설정 및 분담 | 문제파악 |

⇩

| 〈제 4 단계〉 부동산컨설팅 업무의 실시(실행) | | |
|---|---|---|
| 자료정리 | 자료분석 | 결론 및 제안 |

⇩

| 〈제 5 단계〉 부동산컨설팅보고서 (준비) 작성 | | | |
|---|---|---|---|
| 범위확정 | 계약사항검토 | 분석된 자료검토 | 양식 |

⇩

| 〈제 6 단계〉 부동산컨설팅 보고서 검토 | |
|---|---|
| 계산의 정확성 검토 | 결론제안의 합리성 검토 |

⇩

| 〈제 7 단계〉 부동산컨설팅 상담보고서 제출 | | |
|---|---|---|
| 구두보고 | 서면보고서 | 설명 및 회의 |

*자료: Jared B. Shlaes. "The Counseling Process" The Apprasal Journal, 1975, 1.

**그림 1-2. 부동산컨설팅 업무의 단계별 수행절차**

# 6 컨설팅의 핵심: 컨셉 제안

— 컨셉 없이 사업제안 없다 —

## (1) 컨셉은 단순한 동시에 명쾌해야 할 것

'컨셉(concept)'을 해석하면 '개념'으로 해석된다. 이것은 "여러 관념 속에서 공통적 요소를 뽑아 종합하여 얻은 하나의 보편적인 관념"으로서, 말하자면 사물이 사고방식을 묶는 '끈'과 같은 것이라 생각해도 좋다.

기획에 있어서 이 '끈'은 자신만이 아는 것은 의미가 없고, 기획자와 사업자가 서로 동일한 이미지를 갖고, 상호 이해할 수 있어야 한다. 그러기 위해서 컨셉은 단순하고 명쾌한 것이 좋고, 그 컨셉을 기준으로 각종의 계획을 전개해 가는 것이다.

컨설팅에서 컨셉이 무엇인가를 알기 쉽게 설명하면, 토지이용의 구체적인 내용이나 방침이다.

예를 들면, 아파트를 짓는다는 것은 단순히 하드웨어(hardware)의 내용을 제안하는 것에 불과하다. 따라서 아파트를 지으려 할 때, 어떤 아파트를 지을 것인가, 높은 공사비 부담을 감수하고 고급형 아파트를 지을 것인가 아니면 일반적인 수준의 보급형 아파트를 지을 것인가, 고급형 아파트에서는 빌라 형태의 로맨틱한 아파트를 지을 것인가 아니면 홈오토메이션 등 최첨단 기자재를 활용한 미래형 아파트를 지을 것인가 하는 소프트웨어(software)가 중요하고 불가결한 것이고, 그것이 컨셉이라고 불리는 것이다.

## (2) 컨셉 메이킹은 키워드의 추출로부터 시작된다

컨셉을 만드는 행위를 Concept Making이라 하며, 컨설팅제안의 과정에서 어떤 위치를 차지하는지를 다음 그림을 기초로 설명한다.

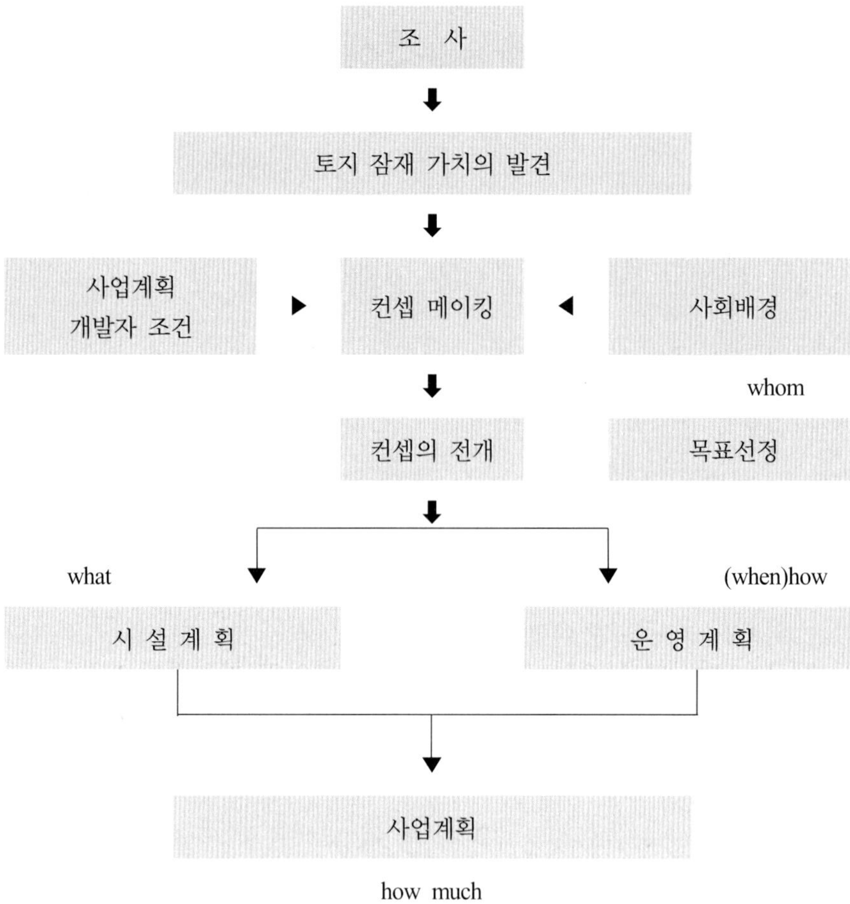


그림 1-3. 건축의 사업기획에서 Concept Making의 위치

토지라는 것은 나지 그대로 어떤 사용도 하지 않고 있는 경우 단지 토지가 그곳에 존재하고 있는 것에 불과하고, 사회적 효용은 전혀 없다. 비록 국가로서는 고정자산세의 수입을 가져오고, 인근에는 공지의 덕택으로 넓은 경관과 통풍효과를 줄지는 모르지만, 사회경제상 효용은 없다고 생각해도 좋다.

토지는 그 위에 무언가가 부착됨으로써 처음으로 사회경제에 포함될 수 있는 것이다. 그 때문에 도심부에서는 토지를 감정할 때, 인근의 거래사례가격보다도 수익환원가격(그 토지에 일반적인 임대사무실이나 임대아파트를 세운 경우의 미래수익으로부터 현재가치를 환산해서 토지의 가격을 평가하는 방법)을 많이 적용하고 있는 추세로 볼 때 도심부의 토지가치라는 것은 건물을 세우는 것에 따라 처음으로 가치가 발생한다는 사고가 기본으로 되어 있다. 특히 우리나라처럼 한정된 토지밖에 없는 나라에서는 어떤 잠재가치도 갖지 않은 토지는 드물고, 산에다 나무를 심어야 가치를 창출하는 것과 같다.

이렇게 보면, 토지의 잠재가치를 현재화 시키고, 효용잠재성을 최대한으로 높이는 작업이 기획이고, 거기에 필요한 소프트웨어가 컨셉이라고 말할 수 있다. 이 경우 효용이란 토지소유자에 따라 다르지만, 대다수는 수익을 의미하고, 일부기업에서는 기업이미지라고 하는 경우도 있다.

조사는 어디까지나 컨셉창출의 필요조건이지 충분조건은 아니기 때문이다. 컨셉의 창출은 다수가 여러 입장에서 의견을 개진하는 과정에서 새로운 발상이 나오는 경우도 많지만, 개인의 창의력에 따르는 수가 많다. 창의력의 근본은 개인의 생활, 경험, 교육이나 그것으로부터 생기는 개성에 의한 것이고, 그것들이 주는 조건인자를 분석⇔모델화⇔비교검토라는 과정을 거쳐 구체적인 아이디어가 창출되게 된다.

예를 들어 호텔의 컨셉에 있어 상기의 방법으로 고대그리스의 도시국가사회의 중심인 아크로폴리스를 컨셉으로 창출할 수 있다. 아크로폴리스의 이미지를 공유시키기 위해 기획서의 다음장에는 아크로폴리스의 사진이나 그림, 기둥이 늘어선 광장의 사진 등으로써 이미지 전달을 시도하는 방법이 좋다. 이렇게 해서 호텔이라는 외형의 제안만이 아니라 호텔을 중심으로 한 서비스업의 종합화라는 소프트웨어를 부가시킨 컨셉을 제안하는 것이다. 컨셉에는 이렇게 실제물을 나열하거나 필름 같은 광고카피풍의 것도 있지만 “머리로 놀고, 몸으로 논다”, “현대의 여러 가지 산물을 미래를 위해 모은다”, “아이들을 위한 21세기의 생활공간”과 같은 구체적인 내용도 많다. 이미지가 전달되면 어떤 내용이라도 컨셉으로 성립한다고 생각해도 좋다.

**표 1-2. 신업종의 발상법**

| 업 종 | | 컨셉 · 테마 | | 새로운 업태 |
|---|---|---|---|---|
| 품종분류개념으로, 반드시 물품의 이름이 나온다. 물건 가치의 충족, 물건중심의 판매점 | | 개념, 사고, 착상, 주의, 주장, 테마를 말한다. 철학용어이기 때문에, 구상화하여 시각에 호소하는 것이 필요 | | 판매법의 타입, 모습을 말함, 풍종명은 나오지 않는다. 서비스가치의 충족, 물건 프러스 알파의 서비스를 파는 상점 |
| 공예방 | → | 취미, 레저, 여유 활용, 손수만드는 즐거움을 판다 | → | DIY 점 |
| 수공예점 | → | 취미, 손수만들기의 즐거움을 판다. | → | HOBBY 숍 |
| 주류판매점 | → | 원스톱쇼핑의 편리함, 즐거움, 장기간 영업의 편리함을 판다 | → | 컨비니어 스토어 |
| 청과점 | → | 건강을 판다 | → | 무농약야채점 |
| 화장품점 | → | 건강적인 아름다움을 판다 | → | 뷰티&헬스장 |
| 문구점 | → | 어린이들의 환타지, 꿈을 판다 | → | 팬시 숍 |
| 야채절이점<br>제과점 | → | 조리의 간이함, 노동력을 덜고, 시간을 줄임의 편리함을 판다 | → | Delicatessen Shop |
| 제과점 | → | 식후의 분위기, 단란한 즐거움, 정을 판다 | → | 디저트 숍 또는 사롱 |

*자료: 三宅隆之 저, 『감성을 판다 SI 전략』

이하 국내 실제의 시설과 컨셉을 소개하면 다음과 같다.

· 베어스타운 - 젊음이 살아 숨쉬는 곳
· 무주리조트 - Variety leisure sports
· 지산 Forest Resort - For all seasons
· 롯데월드 - 모험과 신비의 나라
· 캐리비안베이 - 사계절의 워터피아
· LG백화점 - 생활의 변화가 시작되는 곳
· 롯데백화점 - Always wity you
· ACE골프장 - Upgrade your life
· 63빌딩 - 365일 언제나 즐거운 곳

### (3) 컨셉의 전개는 3W 2H로부터

컨셉의 전개란 창출된 컨셉을 기본으로 누구를 목표로 해서(whom), 언제(when), 무엇을(what), 어떻게(how), 얼마나(how much) 제공하는가를 생각하는 것이다.

이 단계에서는 기획내용도 이미지적인 것에서 현실적, 실제적인 것으로 이행되어 가는 것으로 목표층의 설정을 하고, 이 단계까지 기획된 것에 대해 목표층에 대한 시장조사를 행하며, 실제 소비자(생활자)와의 concept match는 어떠한 것인가를 확인하는 작업을 행한다. 또, 이 단계에서 임차인에 대한 의견청취조사도 사업의 수행을 원활히 하기 위해 중요하다.

다음으로는 구체적인 계획으로 이행하기 전에 창출된 컨셉을 여러 각도에서 검토해서 구체적인 계획에 필요한 공통언어(하얗다, 둥글다와 같은 공통의 범주)를 검출하는 것도 중요한 작업이다.

그리고 이 컨셉에 따른 시설의 디자인이나 장치의 계획, 운영계획, 임차인 모집계획, 선전광고계획 등을 행하게 된다.

### (4) 컨셉은 '보여주는 그림'으로 표현하자

컨셉을 표현하는 데는 왜 그런 컨셉이 형성되었나를 설명할 필요가 있다. 컨셉만이 아닌 기획에는 "왜 그런가"라는 이유나 과정을 표현하는 일이 많으나, 그것들은 말로 표현하기보다는 그림으로 표현하는 것이 의미전달을 용이하게 함과 동시에, 여러 페이지에 걸친 컨설팅보고서를 읽는 사업자에게 그 내용 모두를 읽고 싶게 만드는 효과가 있다. 읽고 싶게 하는 데는 보고 싶게 하는 방법이 효과적이고, 그러기 위해서는 그림이 아름다워야 한다. 이하에 표현법의 기본형에 대해 설명을 하겠지만 실제로는 이러한 기본형의 조합이나 변형을 통해 보고 있으면 조금이나마 즐거워지는 듯한, 그리고 이미지가 떠오를 듯한 표현을 하기 위한 그림의 구상이 필요할 것이다. 최근에는 3d-max 등 그래픽

도구가 발달함으로 인하여 초기 컨셉 수립 및 기본계획단계에서 개발 이후의 모습을 직접 시연할 수 있는 방안들이 출현하고 있는데, 이러한 기법들은 숙련되지 않은 일반인과 관리자들에게도 컨셉에 대한 추가적 아이디어의 제안을 가능케 하고 있다. 이외에도 레저타운의 경우처럼 인간의 감성에 작용하는 사업의 경우에는 스케치를 활용하여 풍경화 형태의 컨셉 제안이 효과적일 수도 있다.

### (5) 컨셉 표현의 구체적인 예

**◘ 커뮤니티-스포츠호텔의 제안 예**

도시특성, 지역특성, 부지특성의 조사에서 성립가능시설 중에 숙박시설, 판매시설, 스포츠시설이 있다고 가정한다.

우선 사회배경으로 휴일의 증가와 건강중시 성향의 고조, 사회상황으로 지가상승, 재택근무제(SOHO) 등을 들 수 있는데, 휴일의 증가로부터 여가의 선용이 관심사가 되고 여가의 선용을 기하기 위한 레저, 교양, 사교, 외식, 쇼핑 등에 대한 수요증가가 예상된다.

다음에 지가상승이라는 사회배경은 주택난에 따른 도심인구의 공동화현상에 따라 교외인구의 급증을 부르고, 재택근무나 유동적 시간근무에 따라 교외 주간인구의 증가는 교외시장의 확대와 함께 교외의 인구, 상업, 주택, 재정 등의 확대가 예상된다. 그 결과 이벤트 홀이나 쇼핑몰, 레스토랑 몰을 구비한 도심부의 호텔과 유사한 기능을 갖는 호텔이 성립 가능하게 되고, 건강중시 성향의 고조로 남녀노소 모두에게 지향성이 강한 스포츠, 그리고 여성층에게 특히 지향성이 강한 건강식을 고려하여 여가와 조합하면 '스포츠상품을 중심으로 한 쇼핑몰', '건강음식을 중심으로 한 레스토랑 몰', '클럽생활에 충실한 스포츠시설'을 갖춘 '도시형호텔'이라는 호텔을 제안할 수 있는 것이다.

게다가 지가상승에 따라 '호텔'이라는 명칭의 건물로 공간을 집약화·효율화함에 따라 경제적 효율성의 증대를 도모한다는 경영계획도 상정할 수 있다.

이것은 교외형 호텔 제안의 일례이지만, 금후 제안되는 시설은 시설의 복합화, 서비스의 복합화에 따라 좀 더 성장잠재성을 재고시키는 방향으로 제안하는 방법이 좋을 것이다.

여기서 문제가 되는 것은, 어떤 시설과 어떤 서비스를 결합시키는가 하는 것이다.

## (6) 컨셉 제안의 현실화

— Naming은 1인의 개념을 전파한다

과거에는 단순히 기업이름을 활용한 개발사업이 대부분이었지만 Image Making의 방법으로 Naming을 활용하는 경우가 보편화되고 있다.

예를들어 아파트 사업의 경우 그 단지의 특성을 반영하여 Royal, Tower, 건강, 녹색 등 긍정적 효과를 유발하는 명칭을 사용할 수도 있고, 오피스텔의 경우는 미래지향적, 첨단적 성향의 도출을 위한 비정형화된 명칭을 활용할 수 있다. 이러한 Naming은 사업 성공시 기업의 브랜드가치 상승으로 이어지고, 이는 향후 시리즈 형태의 추가사업 가능성을 도출하는 매우 효과적인 방안으로 사용되고 있다.

### ♜ 창조와 착상(아이디어)

— 문제의식으로부터 창조성 있는 기획이 나온다 —

창조라는 것은 착상과 아이디어와는 다르다는 것을 인식할 필요가 있다. 착상이나 아이디어는 단발적인 것이다. 한편, 기획에 있어서 창조는 크고 작은 여러 가지 아이디어가 합쳐서 하나의 기획과정 중에 다양한 아이디어가 개발·유도되어 그것이 유기적으로 결부된 것이다. 따라서 단발적인 발상이 아닌 하나의 방향성을 갖는, 단순히 꿈같은 소리가 아닌 현실적으로 가능한 내용을 함축하고 있는 것이다.

만유인력의 법칙을 발견한 뉴튼이 사과가 나무에서 떨어지는 것을 보고, 우연히 발견했다고 흔히 말하지만, 사실은 이와 다르다. 뉴튼은 스스로 그 우연성을 부정하면서 다음과 같이 단언하고 있다.

"나는 언제나 그것을 생각하고 있었다."

이렇게 항상 문제의식을 가지고 사물을 보는 자세에서 창조성이 커진다고 생각된다.

예를 들면, 부동산기획의 경우 길을 걷다가(통근길 등 지리적으로 상세히 아는 곳이 좋다) 빈 점포를 보게 되었다 하자. 다음에 어떤 업종이 들어오게 될까하고 스스로 질문을 던져보자. 예를 들어 국수집이 망한 경우, 다음은 어떤 가게가 될까 생각해보고 빵가게, 과일가게 등으로 대답을 해둔다. 후일 가게가 개업한 것을 보고, 맞았으면 '역시'라고 자찬을 하면 좋고, 만약 약국이 들어섰다면 왜 약국일까 하는 문제의식을 가지면서 가게의 개업상황을 보는 방법도 기획능력을 높이는 하나의 방법이다.

또, 자신이 살고 있는 거리를 대상(자신이 살고 있는 거리의 지역도가 머릿속에 들어 있다)으로 조감적 견지(하늘을 나는 새의 눈으로 보는 것같이)에서 나라면 이 거리를 어떻게 할 것인가를 시장, 도시계획가 또는 대자본가의 관점에서 생각해보는 방법도 부동산·건축기획의 창조성을 높이는 좋은 방법이라 생각한다.

창조성을 가진 기획제안을 하는 데는 사회동향도 신문 등을 통해서 항상 잘 보아둘 필요가 있다. 현대는 보통의 시대라고 말해진다. 인간의 본성을 고려하면 정보가 과다하고 변화가 심한 현대라고 해서 본성 자체가 변화될 수는 없으므로, 결국보통은 좋아지리라는 것은 극히 당연한 현상이다. 변화가 적고 자극이 적은 사회에서는 '일상성 중의 비일상성'이란 것이 유행하지만, 그 반대로 현대사회에서는 '비일상성 중의 일상'이 주류로 된다. 생활의 시간, 공간이라는 것은 늘 다르지만, 그 사용법은 본래 자신의 본성에 따르기 때문에 별장붐이나 교외형 호텔 등도 그 일례일 것이다.

인간의 '본성', 인간의 또는 한국인의 '변하는 것'과 '변하지 않는 것'은 무엇인가라는 문제의식이 금후 새로운 창조성으로 승화되어 풍부한 기획력을 발휘하기 위한 열쇠라 말할 수 있다.

제2장

# 부동산시장의 동향

# 1 기존 부동산시장의 특징

기존 부동산시장의 특징에 대해 몇 가지의 관점에서 설명한다.

## (1) 부동산의 가격결정방법

거래사례비교법: 근래의 거래사례를 참고해서 부동산의 가격을 결정하는 방법이다. 지금까지의 부동산시장에서 가격결정은 거래사례비교법이 중심이었다.

## (2) 금융의 종류

간접금융: 개인과 회사가 은행 등에 예탁한 자금이 은행 등을 경유해서 간접적으로 부동산을 구입하는 다른 개인과 회사에 대부되는 금융의 형태를 말한다. 지금까지의 부동산구입에 관한 금융은 간접금융이 중심이었다.

## (3) 부동산 투자의 최종 목적

Capital gain: 부동산의 가격상승이익이다. 지금까지의 부동산 투자는 capital gain을 취득하는 것을 최종적인 목적으로 하고 있는 경우가 많았다.

## (4) loan의 종류

소급형 loan: recourse loan이라고도 한다. loan의 구상권이 차용자의 모든 자산에 영향을 주는 방법의 차입이었다. 지금까지의 부동산을 담보로 한 차입은 거의 전부가 소급형 loan이다.

### (5) 전세 중심의 임차 형태

이제까지의 임대차시장은 전세를 중심으로 하여, 소유시장과 임차시장이 나뉘어져 있었으나, 향후는 이자율의 하락과 수익률 중심의 임대주택사업이 확장되어 갈 것으로 판단된다.

### (6) 부동산의 종류

거주용부동산: 지금까지는 개인이 부동산을 구입할 때, 자신이 거주할 부동산을 구입하는 경우가 대부분이며 극히 한정된 사람만이 투자용부동산을 구입하였다.

### (7) 투자의 대상

실물부동산: 지금까지 우리나라에서는 부동산의 증권화가 일반화되지 않았으며, 부동산 그 자체 즉, 실물부동산에 대한 투자가 대부분이었다.

## 2 최근 부동산업의 동향

부동산시장 내 수요자성향 및 부동산정보의 취득방법이 달라지고 있다. 기존 부동산시장의 수요자는 부동산에 관한 정보를 탐색하는데 많은 시간과 비용을 들이지 않으면 안 되었고, 부동산정보도 신문이나 잡지 등 한정된 매체에 의해 이루어져 왔다. 그야말로 발로 뛰던 시대

였던 것이다. 하지만, 국내시장은 물론이고, 세계시장에 눈을 돌려보면, 전산망을 통한 전국 및 전세계를 하나의 공동체로 묶는 부동산정보시장의 네트워크가 이루어지고 있다. 이는 부동산시장의 국지성을 극복하는데 결정적인 역할로서 작용할 것으로 생각된다. 이를 통해 부동산시장에서 활동하는 수요자는 많은 정보를 손쉽게, 저렴한 비용으로 접할 수 있게 되었다. 물론 다양한 부동산정보를 표준화한다는 것은 그리 쉬운 일이 아니다. 하지만, 각 부동산업별로 세분화된 정보는 어느 정도의 표준화를 도모할 수 있을 것으로 생각된다. 부동산업은 크게 공급업, 임대업, 서비스업 등으로 나뉘어 지지만, 일부 부동산업의 영역에 한해서만 정보제공이 부분적으로 이루어지고 있는 실정임을 감안할 때, 부동산업의 낙후성을 되짚어 보지 않을 수 없다.

그리고 부동산업종사자의 역할이 바뀔 것이다. 이는 시장 내의 부동산정보가 어떻게 가공되고 제공되는가를 의미한다. 정보의 국제화가 진행되고 있는 현재, 부동산업계 내지 부동산업종사자들은 국제적인 공동체를 형성할 필요가 있다. 한국의 각 부동산관련업체들이 외국과 업무제휴 및 협력기구를 만드는 등의 활동이 필요하다. 21세기에는 세계 각국의 공생이 중요한 과제이고, 한나라만이 살아남는 것은 허락되지 않는 환경이 조성될 것이다. 부동산 업무에 있어서도 세계화를 겨냥해서 추진해야 하며, 이를 위해서는 정보화가 절실하다. 따라서 부동산업도 홈페이지가 없으면 업무를 할 수 없는 상태라 해도 과언이 아니다. 인터넷의 보급은 대기업에 한정되어 있던 업무에 중소기업의 참가도 가능하게 하는 반면, 인터넷을 사용하지 않는 부동산업자는 시장에서 자연스레 퇴보하지 않을 수 없다.

그리고 부동산업자의 역할은 종래의 단순한 정보의 제공자에서 필요한 정보만을 사용자를 위해서 선택해서 제공하는 정보해석자로 변모해 가지 않으면 안 될 것이다.

# 3 향후 부동산시장의 움직임

우선, 자산관리의 업무가 중요시 될 것이다. 부동산증권화의 논의 및 진전과 함께, 오피스빌딩의 관리부문이 주목되고 있다. 지금까지의 빌딩관리는 건물유지관리, 청소, 경비 등의 업무를 중심으로 한 물리적인 시설유지·관리가 중점이었다. 하지만, 자산관리를 통해 빌딩의 수익을 극대화하기 위한 빌딩경영 전문업체가 점차 각광을 받을 것으로 예상되고 있다.

자산관리는 건물을 관리하고, 임차인으로부터 임료수수, 청소, 경비, 임차인과의 임대료갱신교섭 등의 일상업무를 통해서, 건물의 가치를 향상시키는 역할을 담당한다. 대규모빌딩의 소유자의 관련회사가 관리업무를 위탁시키는 경우가 많지만, 부동산증권화에 의해 빌딩의 소유자는 투자가로 되기 때문에 빌딩관리의 비용사용의 투명성이 요구되게 되었다. 이 때문에 부동산증권화를 계기로 해서, 전문자산관리기업에 관리를 위탁하게 될 것으로 예상된다.

또한, 증권화시장과는 거리가 먼 종래의 중소빌딩소유자에게 있어서도 자산관리기업의 선택은 빌딩경영을 좌우하게 될 것이다. 공실률을 최소로 하기 위해서는 임차인을 만족시키는 빌딩이 되지 않으면 안 되지만, 그를 위해서는 임료설정에 한정되지 않고, 세심한 서비스를 어떻게 임차인에게 제공할 수 있는가가 관건이 될 것이다. 향후 대규모빌딩의 대량공급 속에서 중소빌딩이 살아남기 위해서도 자산관리의 충실이 중요시될 것은 자명한 사실일 것이다.

또한 자산관리기업에 있어서도 빌딩소유자로부터 관리수탁을 하기 위한 차별화가 가장 중요한 사업의 성패요인일 것이다. 즉, 빌딩소유자와 임차인의 요구사항을 이해하면서, 단순한 시설관리에서 벗어나 소유자에게 다양한 자산효율화의 제안 등을 통한 자산관리에 충실한 업무전개가 필요할 것이다.

부동산의 투자상품 중 오피스빌딩이 부동산투자신탁상품으로 공급될 것으로 예상되지만, 투자판단기준의 하나로서, 또한 투자와는 좀 동떨어진 것처럼 보여지지만, 빌딩경영의 성공열쇠로서 자산관리업무에 대한 기대는 한층 높아질 것이다.

## 4 향후 부동산시장의 특징

향후 부동산시장의 특징에 대해서도 앞서 살펴본 바와 같이 몇 가지의 관점에서 설명한다.

### (1) 부동산의 가격결정방법: 수익환원법

그 부동산의 수익성을 고려해서 부동산의 가격을 결정하는 방법이다. 향후의 부동산시장은, 특히 투자용부동산시장에서 가격결정은 수익환원법이 중심이 될 것이다.

### (2) 금융의 종류: 직접금융

개인과 다른 회사의 자금을 직접 모아서 개인·회사가 부동산을 구입하는 금융의 형태를 말한다. 앞으로의 부동산 투자는 상당한 부분에 직접금융이 이용될 것이다.

### (3) 부동산 투자의 최종목적: income gain

부동산에서 경상적으로 얻어진 임대료 등의 수입이다. 앞으로의 부동산 투자에 있어서 income gain을 안정적으로 얻는 것이 중요하다.

### (4) loan의 종류: 비소급형 loan

Non-recourse loan이라고 하며, loan의 구상권이 담보물건인 부동산만으로 소급하는 방법으로 차입한다. 앞으로는 부동산을 담보로 한 차입은 non-recourse loan이 증가할 것이라고 생각된다.

### (5) 주택임차의 형태

기존의 전세가 월세로 전환되는 현상이 두드러지게 나타나고 있다. 이는 부동산시장과 금융시장의 구조적인 변화에 의해 발생되는 현상이며, 향후 월세를 중심으로 하여 정기적인 수익창출을 도모하는 임대주택이 활성화될 것이다.

### (6) 부동산의 종류: 투자용 부동산

지금까지 우리나라에는 거주용 부동산시장과 투자용의 부동산의 시장이 혼재하고 있었다. 앞으로는 투자용 부동산시장이 보다 충실하게 될 것이라고 생각된다.

### (7) 투자의 대상: 부동산투자신탁

2001년 7월에 부동산투자신탁이 본격적으로 도입되었다. 앞으로는 부동산 투자의 한 가지 선택형태로서 부동산투자신탁이 각광을 받게 될 것이다.

# 5 부동산 수익성의 특징

부동산 수익성의 특징을 경상적인 수익성, 가격변동에 따른 수익성의 두 가지 측면에서 설명하기로 한다.

## (1) 경상적 수익성

부동산을 임대함에 따라 임대료 등의 임대수입(income gain)을 얻는 것은 비교적 용이하다. 주택, 오피스빌딩, 창고 등의 건물이라면, 그 건물을 각각의 용도로 임대하고 수입을 얻는다. 또한 토지라면 주차장과 적재장 등의 용도로 임대한다. 그리고 차지인이 건물을 세우고 이용하는 것을 전제로 토지를 임대하는 경우도 있다.

부동산을 소유자 스스로가 주택과 본사빌딩 등에 이용하는 경우에는 수익을 내지 못한다. 그러나 그 부동산을 소유자가 이용하지 않고 임대를 하게 되면 수익이 발생하게 된다.

## (2) 가격변동에 따른 수익성

부동산의 가격은 그 시기의 수요와 공급의 관계에 따라 변동한다. 따라서 단기적으로 볼 때 부동산의 가격은 상승하기도 하고 하락하기도 한다.

그러나 장기적으로 보면 부동산 특히 토지는 일반적인 물가상승에 대체로 연동해서 가격이 상승하기 때문에 20년 이상의 장기간에 걸쳐 보유하면 자본이익(capital gain)을 안정적으로 얻는 것이 가능하다. 그 때문에 부동산은 인플레에 강한 자산이라고 일컬어지고 있다.

물론 물가상승은 그 부동산에 대한 수요를 전제로 하지만, 완전한 수요의 예상은 할 수 없으며 예를 들어 지방의 토지 등은 만일 30년간

보유를 계속해도 가격이 전혀 상승하지 않는 것도 있을 수 있다.

## 6 부동산 수익성 이외의 특징

부동산의 수익성 이외의 특징을 유동성, 개별성·특수성, 가격의 특성 등으로 설명하면 다음과 같다.

### (1) 유동성

유동성은 그 처분(매매)이 쉽게 이루어지는가 여부이다. 현금으로 바꾼다는 관점에서 환금성이라고도 한다. 일반적으로 부동산은 유동성이 낮다고 말한다. 희망하는 가격으로 처분하려고 해도 시간이 걸리며 가격을 낮추지 않으면 처분할 수 없기도 한다.

### (2) 개별성·특수성

부동산은 각각 개별성·특수성을 가지고 있다. 하나하나가 개성을 가지고 있으며, 설령 근접한 부동산이 있어도 완전히 같은 것은 있을 수 없다.

또한 국토의계획및이용에관한법률이나 건축법, 도시계획법 등 법규제의 영향을 크게 받기 때문에 물리적인 개성 이외의 특수성을 가지고 있다.

### (3) 가격의 특성

부동산은 작은 것이라도 그 가격은 최저 수백만·수천만 원에 이른다. 그 가운데는 수십억 원, 수백억 원인 거액의 것도 볼 수 있다. 1만 원이나 10만 원이라는 단위에서 부동산을 구입하는 것은 몇 명이 공유하지 않는 한 어려운 특성이 있다. 부동산은 임대수입(income gain), 자본이익(capital gain) 둘 다 기대되며, 인플레에 강하다라는 장점도 가지고 있다.

반대로 유동성이 낮고, 개별성·특수성을 가져서 바뀌기 어렵고, 투자단위가 고액이 되는 등의 단점을 가지고 있다. 이러한 단점이 해결된다면, 일반인이라도 쉽게 투자할 수 있게 될 것이다.

## 7 증권의 특징과 부동산의 증권화

증권은 "재산적 가치가 있는 사적 권리와 의무를 기재한 문서, 증권·채권 등의 유가증권과, 차용증과 같은 증거증권이 있다"라고 되어 있다. 일반적으로는 '증권 = 유가증권'의 의미로 사용되고 있다.

증권의 특징을 살펴보면 다음과 같다.

### (1) 경상적인 수익성(income gain)

증권 가운데 사채와 국채 등의 채권은 안정적인 이자수입을 노린 income gain중시형의 증권이다.

### (2) 가격변동에 따른 수익성(capital gain)

증권 가운데 상장주식은 장래의 가격상승이익을 노린 capital gain중시형의 증권이다.

### (3) 유동성(환금성)

증권은 공사채시장과 주식시장으로 대표되는 것처럼 유통시장을 가지고 있는 것이 많기 때문에, 비교적 환금이 용이한 유동성이 높은 투자상품으로 되어 있다.

### (4) 개별성 · 특수성

증권의 종류 · 품목마다 개별성 · 특수성이 있지만 동일 품목에 한한다면 어떤 증권회사에서 구입해도 구입시점에 의한 가격의 차는 있지만 내용은 같다.

부동산의 경우, 예를 들면 같은 아파트라도 층수 · 전용면적(소유자가 직접적으로 사용하고 있는 면적 등) · 방향에 따라 개별성 · 특수성을 가지고 있다.

### (5) 가격의 특성

상장주식의 경우, 시가가 싼 주식을 구입하고, 10주 단위에서 구입할 수 있는 소형주에 투자를 한다고 하면 10만 원 단위도 투자가능하다.

이에 비하여 부동산증권화상품의 수익성에 대한 특징은 우선, 부동산증권화는 부동산에 대한 투자를 쉽게 하기 위해서 투자단위를 소액으로 함과 동시에 투자한 권리의 유동성을 높일 목적으로 증권으로서의 성격을 부여한 것을 말한다. 그래서 부동산증권화상품은 그와 같은 성격이 부여된 투자상품이다.

부동산증권화상품의 수익성의 특징은 다음과 같다.

### 1) 경상적인 수익성(income gain)

부동산증권화상품의 경상적인 수익성(income gain)은 증권화의 대상이 된 부동산의 임대수입(income gain) 및 자본이익(capital gain)을 기초로 한다. 부동산의 임대수입 및 자본이익에서 부동산의 보유・매각에 관한 경비와 부동산증권화상품의 조성 및 유지・운영에 관한 경비의 양자의 차이를 빼서, 투자자에게 배당된다.

### 2) 가격변동에 따른 수익성(capital gain)

부동산증권화상품의 가격변동에 따른 수익성(capital gain)은 그 부동산증권화상품의 유통시장이 존재하는가의 여부에 차이가 있다.

유통시장이 존재하는 경우에는 통상의 상장주식과 같이, 현재의 시가가 구입가격을 상회하고 있는 경우는 그 증권을 시장에 매각함에 따라 capital gain을 얻는다.

유통시장이 존재하지 않는 경우는 증권의 발행주체인 영업자가 소정의 기간 경과후 환금에 응하게 된다. 이 경우 capital gain을 얻을 수 있는가는 증권의 성격 및 약정에 따라 다르게 된다. 특별목적회사(SPC)의 특정사채권과 같이 원본상환을 전제로 하는 것은 capital gain을 얻을 수 없다. 소정의 기간 경과시점의 매각익을 기초로서 투자가의 capital gain을 확정하는 약정으로 되어 있는 경우에는 부동산을 취득원가보다 고액으로 매각함에 따라 capital gain을 얻게 된다.

그리고 부동산증권화상품의 수익성 이외의 특징은 다음과 같다.

### 1) 유동성(환금성)

그 부동산증권화 상품에 유통시장이 존재하는 경우에는 그 때의 시가로 환금할 수 있다. 유통시장의 존재를 전제로 한다면, 일반적으로 유동성이 낮다고 말해지고 있는 부동산의 유동성을 높이는 것이 가능하게 된다.

유통시장이 존재하지 않는 경우에는 증권의 발행주체인 영업자가 소정의 기간 경과후에 환금에 응하게 된다. 그 기간 경과전의 환금은 기본적으로는 어렵다.

### 2) 개별성・특수성

증권화의 대상이 되는 부동산 자체는 각각 개별성・특수성을 가지고 있다. 아파트 등 구분소유건물이라도, 방마다 개별성・특수성을 가지고 있다. 그러나 부동산을 일단 증권화하면, 그 부동산에 관한 증권의 내용은 동일하다.

### 3) 가격의 특성

부동산의 가격은 최저라도 수백만 원, 대개는 수천만 원 이상, 물건에 따라서는 수십억 원의 고액이 된다. 그러나 부동산을 증권화 함에 따라 수십만 원으로 구입하는 것도 가능하다. 실제 미국의 REITs는 100주 단위, 즉, 150만 원 전후로 살 수 있다. 부동산은 임대수입(income gain), 매각익(capital gain)의 양자를 기대할 수 있고 인플레에 강하다는 장점을 가지고 있다.

부동산증권화는 부동산의 ①유동성이 낮은 점, ②개별성・특수성의 파악이 어려운 점, ③투자단위가 고액인 점 등의 부동산 투자의 단점을 해결하는 기능을 가지고 있다.

# 8 '자산유동화형' · '자산운용형' 부동산 증권화 상품

일반적으로 부동산증권화상품이라고 말하지만, 실제로는 두 가지로 나뉘어져 있다. 보유하고 있는 부동산을 처분 · 유동화할 목적을 가진 '자산유동화형'과 투자자의 자금을 예탁해서 운영해가는 '자산운용형' 두 가지이다.

부동산증권화상품에 대해서 몇 가지의 관점에서 설명한다.

① 내용

특정의 자산을 기업전체에서 분리해 내고, 그 cash flow와 자산가치를 뒷받침으로 투자자에게 증권 등을 발행함으로써 유동화를 꾀하는 것이다.

② 사업자의 목적

보유하고 있는 부동산을 처분 · 유동화하여 자금조달할 목적을 가지고 사업자 자신을 위해 행한다. 또한 보유자산을 대차대조표에서 벗어나게 함에 따라, ROE(return on epuity 자기자본이익율) · ROA(return on assets 총자산수익률)을 향상시켜, 나아가서는 주가의 상승으로 연결된다. 소위 'off balance효과'도 기대된다.

③ 투자자로부터 본 특징

사전에 자산이 특정되어 있기 때문에 투자자 자신의 부동산에 대한 판단능력을 기초로 투자된다.

그러면 '자산운용형' 부동산증권화상품은 무엇인가. 자산운용형에 대해서도 몇 가지로 나누어 설명하면 다음과 같다.

① 내용

투자자로부터 모아진 자금을 합동해서 전문가가 각종자산에 투자운용하고, 그 이익을 투자자에게 배분하는 것이다.

② 사업자의 목적

투자자의 자금을 맡아 운영할 목적을 가지고 투자가를 위해 행한다. 투자운영이라는 금융서비스 제공의 측면이 있다.

③ 투자자에서 본 특징

투자자 자신이 부동산에 대한 판단능력을 가지고 있지 않더라도, 사업자의 운영능력을 신뢰한 투자가 가능하다.

④ 예

미국에는 1960년대에 부동산투자신탁법이 제정되고, '자산운용형' 부동산증권화상품인 REIT(Real Estate Investment Trust, 부동산투자신탁)이 보급되었다.

일본에도 '자산운용형' 부동산증권화상품인 부동산투자신탁의 법제화 및 시장의 정비되고, 「증권투자신탁및증권투자법인에대한법률」의 개정법이 2000년 5월 31일에 공포되었다. 이를 받아들인 동경증권거래소에는 2001년 현재 부동산투자신탁을 중심으로 한 회사형투자신탁시장이 개설되어 있으며, 2001년 9월 26일에 2개의 부동산증권화상품이 주식시장에 상장되었다.

그러면 부동산증권화상품은 어떠한 구조인가. 부동산증권화는 부동산에 관한 권리를 증권으로서 발행하는 조직이다. 투자가가 부동산에 투자하려고 하는 경우에는 부동산을 직접 구입하는 것이 아니라, 부동산을 소유하는 회사의 주식과 사채 등의 유가증권을 구입하는 형태를 취한다.

부동산증권화 상품의 구체적인 구조는 '자산유동화형'과 '자산운용형'의 차이가 있다.

### (1) '자산유동화형' 부동산증권화 상품의 구조

'자산유동화형' 부동산증권화 상품의 일반적인 구조는 다음과 같다.

① 증권화의 대상이 되는 부동산의 보유자(originator)가 대상부동산의 증권발행체로 움직인다.
② 증권발행체는 대상부동산을 뒷받침해서 증권을 발행하고 그것을 투자자에게 판매한다.
③ 증권발행체는 투자자에 증권을 판매해서 얻은 자금으로 부동산 보유자에게 대상부동산의 구입대금을 지불한다.
④ 증권발행체는 대상부동산의 임대수입 및 매각수입을 함께 투자자에 배당 또는 금리를 지불한다.

### (2) '자산운용형' 부동산증권화 상품의 구조

'자산운용형' 부동산증권화상품의 일반적인 구조는 다음과 같다.

① 증권발행체가 증권의 발행에 대한 보증으로 투자자로부터 자금을 모은다.
② 모여진 자금은 자산운용회사의 판단에 기초해 부동산에 투자된다.
③ 증권발행체는 대상부동산의 임대수입 및 매각수입을 함께 투자가에게 배당을 행한다.

제3장

# 알기 쉬운 부동산 투자 분석

# 1 부동산 투자의 특징과 부동산 투자 분석

## (1) 부동산 투자의 특징

부동산 투자에는 고액의 비용이 든다. 부동산을 취득할 때의 거래비용, 수익을 지속적으로 창출하기 위한 유지비용 등이다. 예를 들면, 임대아파트 경영에는 거래비용으로 토지구입비용, 건물의 건설비용 등이 필요하고, 유지비용으로는 벽이나 계단 등의 보수비용이 필요하게 된다.

이렇게, 고액의 비용이 필요함에도 불구하고, 부동산 투자가 행해지고 있는 것은 비용이상의 큰 수익이 얻어지기 때문이다. 예를 들면, 임대아파트 경영의 경우 고액의 임대료수익을 획득할 수 있다. 이렇게 큰 수익을 획득할 수 있는 것이 부동산 투자 특징의 하나이다.

또한, 부동산 투자에는 투자개시시점으로부터 매각시점에 이르기까지 수익을 낳는 특징이 있다.

여기서 부동산 투자의 수익률은 명목치에 대해서는

명목수익률 = (매각가격 − 구입가격)(Capital Gain) + 각기의 수익 (Income Gain) / 구입가격

으로 정의되고, 실질치에 대해서는

실질수익률 = 명목수익률 − 물가상승률

로 정의된다.

더욱이, 부동산 투자에는 리스크가 동반하는 특징도 있다. 장래 얻어질 수익을 확실하게 알 수 없기 때문이다. 예를 들면, 임대아파트의 경영을 하는 경우, 스스로 바라고 있던 임대료로는 임차인을 구할 수 없고, 예상을 훨씬 하회하는 수익밖에 얻을 수 없는 경우가 있다.

이 리스크라는 용어에는 주의가 필요하다. 리스크라는 단어는 부동

산의 구입이 불이익을 가져올 것이라는 이미지를 안고 있지만, 부동산 투자이론에서 리스크라는 용어에는 그러한 의미는 없다. 리스크란 수익이 실제로 어떻게 되는가를 확실하게 알 수 없다는 의미이다.

예를 들면, 투자액이 1,000이고, 수익과 그 확률이 다음과 같이 되는 경우라도 부동산 투자는 리스크를 동반하고 있다고 말할 수 있다.

| 수 익 | 180 | 190 | 200 | 210 |
|---|---|---|---|---|
| 확 률 | 25% | 25% | 25% | 25% |

경우에는 부동산 투자의 수익이 180, 190, 200, 210의 어딘가에 해당한다. 실현확률이 어느 것이라도 25%이기 때문에 최악의 경우라도 18%의 수익이 예상된다. 이렇게 정(+)의 수익을 올리고 있음에도 불구하고 리스크를 동반하고 있다는 점이 중요하다.

따라서 부동산 투자의 특징은 다음과 같다.

· 수익이 크다.

· 투자기간이 장기간이다.

· 리스크가 따른다.

## (2) 부동산 투자 분석의 분류

이러한 특징에 따라 부동산의 투자이론은

·수익과 기간에 주목한 분석

·수익과 리스크에 주목한 분석의 두 종류로 대별된다.

전자의 대표가 순현재가치(NPV)나 내부수익률(IRR)이고, 후자의 대표가 자산선택이론(Portfolio이론)이다. 순현재가치나 내부수익률에서는 리스크를 명시적으로는 들지 않고, 수익 속에 포함시키는 형태로 분석을 한다. 즉, 투자시 중요한 지표를 수익성지표로 일체화하는 형태로 집약하는 것이다. 한편, 자산선택이론에서는 리스크를 명시적으로 들어, 수익과 리스크를 독립한 요소로서, 복수자산의 최적 조합을 해명하려는 것이다.

### (3) 실무가의 분석지표

부동산 투자의 의사결정을 할 때, 실제의 투자자는 다양한 투자지표를 사용한다. 부동산 투자는 장기에 걸치기 때문에 장기적인 시야로 투자의 퍼포먼스를 평가하는 점과, 단기에 한정해서 평가하는 것의 차이가 있는 점이 한 가지 이유일 것이다. 실제의 투자자는 단기간에 어느 정도의 퍼포먼스를 실현할 수 있는가 하는 점에 많은 주의를 할애하고 있다.

이러한 단기의 문제의식으로부터 만들어진 지표를 크게 나누면 다음 두 가지의 종류로 된다. 하나는 투하한 자본을 어느 만큼의 기간에 회수할 수 있는가를 판단하는 것이고, 둘째는 영업초년도의 이율에 착안하는 것이다.

첫째의 투하자본의 회수기간에 관한 지표에도 실제로는 크게 두 가지의 것이 있다. 자기자본의 회수기간과 누적적자해소시기의 두 가지이다. 부동산 투자는 장기적으로는 수익이 예상되어도 초기에 드는 비용이 높기 때문에, 당초의 수년간은 적자로 되는 경우가 많다. 그 때문에, 누적적자해소시기를 아는 것이 대단히 중요한 것이다. 영업초년도의 이율에 착안한 지표에도 종합환원이율과 Cash on Cash의 두 가지가 있다. 우선 종합환원이율($R$)은 총투자액($V$)에 대한 영업초년도의 영업순수익($NOI$)의 비율로서 정의된다. 또한 Cash on Cash는 영업초년도의 영업수익과 이자지불액(연상환율 $A$, 차입액 $B$)과의 차가 자기자본액($E$)에 대한 비율이다.

$$R = NOI / V \qquad \text{(1식)}$$

$$CC = E\frac{(NOI - A \cdot B)}{E} \qquad \text{(2식)}$$

여기서 이 두 가지의 변수 사이의 관계를 살펴보자. (1식), (2식)으로부터 차입금의 비율을 v로 할 때,

$CC = R - Av / 1 - v$로 되지만, 종합환원이율 $R$은 차입금비율 $v$에는 의

존하지 않는 변수이기 때문에 다음의 결과를 얻을 수 있다.

$$\partial CC / \partial v = CC - A / 1 - v \rangle 0 \Leftrightarrow CC \rangle A$$

즉, Cash on Cash가 연상환율보다 큰 때에는 차입금비율의 증대는 Cash on Cash를 증대시킨다. 또한 이때, Cash on Cash의 크기는 종합환원이율보다 크다. 실제 데이터에서는 Cash on Cash는 연상환율보다도 작은 것이 보통이기 때문에 Cash on Cash는 종합환원이율보다도 작고, 차입금비율의 증대와 함께 Cash on Cash는 감소하고 있다고 할 수 있다.

이상의, 자기자본의 회수기간, 누적적자해소시기, 종합환원이율, Cash on Cash라는 네 가지의 지표와 함께 자금의 제공자가 빈번하게 사용하고 있는 지표에 대해서도 언급해 둘 필요가 있다.

부동산 특성의 하나로서 거래단위가 크고, 그 취득에는 다액의 자금이 필요함을 지적할 수 있다. 부동산 투자를 하는 데는 타인으로부터 차입을 하지 않으면 안 될 만큼 다액의 자금이 필요한 것이다. 여기서, 부동산 투자의 결의를 할 때는 필요한 자금을 타인으로부터 차입할 수 있는가의 여부에 대해서도 고려해야 한다.

역으로 말하자면, 부동산 투자에 관해서 자금의 공급자가 무엇인가의 조건을 내세운다는 것이다. 이러한 자금공급자측이 요구하는 지표로서, 차입금비율($v$), 및 영업순수익・차입금상환비율($DCR$)의 두 가지가 자주 사용된다. 각각 수식으로 표현하면 다음과 같다.

$$v - B / V = \text{차입금} / \text{총투자액} \qquad (4\text{식})$$

$$DCR = NOI / A \cdot B = \text{영업순수익} / \text{연상환율} \cdot \text{차입액} \qquad (5\text{식})$$

이러한 것은 투자가의 자금제약조건을 나타내는 것이고, 미국에서 가장 빈번하게 사용되고 있는 종합지표의 하나이다.

# 2 순현재가치와 내부수익률－수익과 기간에 주목한 분석

전통적으로 부동산의 수익은 다른 자산의 수익에 비해 높다고 생각되어져 왔다. 다른 자산에 비해 높은 수익을 실현하는 것이 부동산이다. 리스크는 무시할 정도이고, 자금이 있으면 부동산 투자를 하는데 진력한다. 이러한 주장이 바블기 혹은 그 이전의 토지신화의 시대에는 지배적이었다. 일본뿐만이 아니라, 자산투자의 선진국인 미국에서도 그러한 주장이 종종 있어 왔다. 이렇게 수익에 주목한 투자로서 증권투자가 있다. 미국에서도 전전(戰前)의 개인투자자전성의 시대에는 이러한 경향이 강했다. 이러한 상황에서 사용된 투자분석수법이 순현재가치나 내부수익률인 것이다.

## (1) 기간의 모델화－현재할인

### ① 투자기간이 1기간으로 투자기 말에 매각하지 않는 경우의 현재할인

우선, 투자기간이 1기간의 경우에 대해서 생각한다. 금기에 투자하면 다음 기에 100만 원의 수익이 얻어지는 부동산 투자를 생각해 보자. 이 부동산 투자의 수익은 얼마일까. 단순하게 생각하면 이 100만 원이 수익으로 될지 모른다. 그러나 이 사고방식은 반드시 정확하지는 않다. 확실하게 100만 원의 현금을 획득할 수 있지만, 그 수익을 획득하는 시기를 염두에 두지 않으면, 정확한 수익을 계산할 수 없다.

매기의 이자율을 5%라면, 금기의 100만 원을 예금하면 1기 후에는 100원×1.05＝105만 원으로 예금잔고가 증가한다. 여기서, 금기의 100만 원과 1기 후의 105만 원과는 같은 가치라 생각된다.

따라서 다음 기의 100만 원의 가치는

$$100 : 105 = x : 100$$

$$100 / 1 + 0.05 = 95.238$$

이 된다. 1기 후에 획득하는 수익을 $R$, 이자율을 $r$로 표기해서 일반화하면 이 경우 현재가치 $V_1$은

$$V_1 = R / 1 + r$$

이 된다.

### ② 투자기간이 무한기간이고 투자기 말에 매각하지 않는 경우의 현재할인

다음에 투자기간이 다기간의 경우를 살펴보자. 이자율을 5%로 하고, 부동산 투자를 하면, 매기 100만 원의 수익이 얻어지는 것으로 한다. 이때, 100만 원을 예금하면, 1기 후에는 100만 원 × 1.05 = 105만 원, 2기 후에는 100만 원 × 1.052 = 110만 2,500원으로 된다. 이는 1기 후의 105만 원, 2기 후의 110만 2,500원이 현재의 100만 원과 같은 가치인 것을 의미하고 있다.

따라서 수익의 현재가치의 총합은 다음과 같이 계산할 수 있다.

$$\frac{100}{1+0.05} + \frac{100}{(1+0.05)^2} + \frac{100}{(1+0.05)^3} + \cdots$$

매기 획득하는 수익을 $R$, 매기의 이자율을 $r$로 표기해서 이를 일반화하면, 이경우의 현재가치의 총합 $V_1$은

$$\frac{R}{1+r} + \frac{R}{(1+r)^2} + \frac{R}{(1+r)^3} + \cdots$$

로 된다.

③ 투자기간이 1기간을 넘고 유한기간으로 투자기 말에 매각하는 경우의 현재할인

투자기간이 유한하고, 투자기 말에 해당부동산을 매각하는 경우에 대해 생각해 보자. 금기 3기간에 걸쳐 매기 100만 원의 수익을 얻을 수 있고, 그 후에 200만 원으로 그 부동산을 매각하는 것이 가능한 것으로 하자. 이자율은 매기 5%라 하면 다음 식이 장래수익의 현재가치의 총합을 나타내는 것이 된다.

$$\frac{100}{1+0.05}+\frac{100}{(1+0.05)^2}+\frac{100}{(1+0.05)^3}+\frac{200}{(1+0.05)^3}\cdots$$

매기에 획득하는 수익을 $R$, 매기의 이자율을 $r$, 투자기간을 $T$, 투자기말의 당해부동산의 가치를 $V_T$로 표기해서 이를 일반화하면 이 경우 현재가치의 총합 $V_3$는 다음과 같다.

$$V_3=\frac{R}{1+r}+\frac{R}{(1+r)^2}\cdots+\frac{R}{(1+r)^T}+\frac{V_T}{(1+r)^T}$$

④ 명목이자율과 실질이자율

이자율이 18%라고 하자. 만약 물가상승률이 이보다 크다면 18%라 해도 반드시 높은 이자율이라 말할 수 없다. 물가상승률 18%라면, 실질적인 이자율은 18－18＝0으로 된다. 명목으로 보면 자산이 1.18배로 되어도 물가도 1.18배로 되어 있기 때문에 실질적인 자산가치는 불변이다. 만약 물가상승률이 20%라면 실질적인 이자율은 마이너스로 되어 버린다. 여기서 보다 의미 있는 이자율로서 실질이자율의 개념을 다음과 같이 정의한다.

실질이자율 = 명목이자율 − 물가상승률

### (2) 순현재가치(NPV: Net Present Value)

투자대상으로 생기는 장래수익의 현재할인가치로부터 투자액의 현재가치를 뺀 액을 순현재가치라 부른다. 이때, 순현재가치가 정(+)이라면 투자를 행하고, 부(−)라면 행하지 않는다.

수식으로는 다음과 같이 표현된다.

투자기간이 1기간으로 투자기 말에 매각하지 않는 경우

$V_1 - I > 0$ 이라면 투자를 한다.

투자기간이 무한기간이고 투자기말에 매각하지 않는 경우

$V_2 - I > 0$ 이라면 투자를 한다.

투자기간이 1기간을 넘고 유한기간으로 투자기말에 매각하는 경우

$V_3 - I > 0$ 이라면 투자를 한다.

여기서, $V_1$, $V_2$, $V_3$는 위의 식에서 정의한 장래수익의 현재할인가치이고, $I$는 투자액이다.

이 식의 좌변이 우변보다 큰 경우, 즉, 장래수익인 현재할인가치가 비용을 상회하는 경우에는 이 부동산에의 투자의 정(+)의 수익을 낳고, 역의 경우에는 손실이 발생한다. 이렇게 해서 (식의 부등호의 방향에 따라) 부동산 투자의 가능 여부가 결정되는 것이다.

### (3) 내부수익률(IRR: Internal Rate Of Return)

내부수익률이란 투자에 의해 획득할 수 있는 수익률을 나타내는 하나의 지표이다. 우선 구체적인 예를 보기로 하자.

현재, 400만 원의 투자를 함에 따라, 금기 3기간에 걸쳐서 매기 100만 원의 수익을 획득하고, 3기 말에 200만 원으로 그 부동산을 전매하는 것이 가능하다고 하자. 매기의 이자율을 $r$로 하면 다음 식이 장래수익의 현재가치를 나타낸다.

$$\frac{100}{1+r} + \frac{100}{(1+r)^2} + \frac{100}{(1+r)^3} + \frac{200}{(1+r)^3}$$

내부수익률이란 상기식의 값을 투자액 400만 원과 같게 하는 $r$값을 구하는 것이다. 바꾸어 말하면,

현재의 투자액(400만 원) = 수익의 현재가치의 총합 이 되도록 할인율이 내부수익률로 되는 것이다. 지금 예로 $r=13\%$가 내부수익률이 된다.

수익으로 나타내면 내부수익률 $r_e$는 다음 식을 만족하는 값이다.

$$\frac{100}{1+r_e}+\frac{100}{(1+r_e)^2}+\frac{100}{(1+r_e)^3}+\frac{200}{(1+r_e)^3}=400$$

이 *IRR*과 이자율의 크기를 비교함에 따라 투자결정을 하는 것이다. 즉, $re > r$ 이면 투자하고, 역이면 투자를 하지 않는 것이다.

## (4) 순현재가치와 내부수익률에 위험성의 고려

수익에 리스크를 고려

이제까지의 검토에서는 부동산 투자의 리스크가 고려되지 않았지만, 실제의 부동산 투자에는 리스크가 따른다. 부동산은 높은 수익을 기대할 수 있지만, 반드시 그 수익을 확실하게 기대할 수 없다. 구체적으로는 부동산 투자는 다음과 같은 리스크가 따른다.

① **신용리스크**: 부동산으로부터 생기는 현금흐름(Cash Flow)의 회수불능리스크

② **시장리스크**: 시장예측의 불확실성에 기초한 리스크(가격변동리스크, 금리변동리스크)

③ **사업리스크**: 부동산사업 그 자체에 내재하는 리스크

④ **유동성리스크**: 부동산사업의 자금운용·조달의 불일치로부터 생기는 현금흐름 회수의 지연리스크

이러한 리스크는 개개의 투자가가 제어할 수 있는 것이 아니기 때문에, 객관적인 리스크라고 불리고 있다. 부동산 투자에는 이러한 객관적

인 리스크 외에 각각의 투자자가 투자결과를 어떻게 평가하는가 하는 주관적인 리스크도 있다. 투자자에 따라서 리스크에 대한 태도가 다른 것이다.

그럼 이러한 리스크를 모델에 조합시켜 보자.

가령, 1기 후의 수익이 100만 원이라 예상되었다 해도, 그 수익을 확실하게 실현할 수 있는 것은 아니다. 현재가치를 계산하는 단계에서는 정도의 차는 있다 해도 불확실한 것이고, 리스크를 고려한 상황하에서 예측밖에 할 수 없다. 투자가 잘 되면 100만 원 이상의 수익을 얻을 수 있을지 모르지만, 실패하면 원금을 회수할 수 없을지도 모른다. 예를 들면 장래수익이 다음의 확률로 실현되는 것을 알았다고 하자.

| 수익액 | 0(완전실패) | 90만 원 | 210만 원 |
|---|---|---|---|
| 확 률 | 1/3 | 1/3 | 1/3 |

즉, 생각되는 가능성은 3가지이고, 그 어느 것이라도 확률 3분의 1로 실현하는 것이라 가정한다. 이 경우 1기 후의 장래수익의 기대치는

$$0 \times 1/3 + 1/3 \times 90\text{만 원} + 210\text{만 원} \times 1/3 = 100\text{만 원}$$

으로 된다.

동일한 것을 다른 수치로 이해해 보자. 어느 투자프로젝트가 다음의 장래수익으로 실현되는 것을 알았다.

| 장래수익 | 100만 원 | 200만 원 |
|---|---|---|
| 확 률 | 1/2 | 1/2 |

이때 기대수익은

$$100\text{만 원} \times 1/2 + 200\text{만 원} \times 1/2 = 150\text{만 원}$$

으로 된다.

이자율에 리스크를 고려한다.

한편, 수익환원시에 사용한 이자율에 대해서도 리스크를 고려해 볼 수 있다. 명목이자율이 동일하다해도 리스크가 있다면, 실질이자율은 작게 된다. 즉, 리스크의 크기에 맞추어서 리스크프리미엄을 빼지 않으면 안 된다.

이제까지는 실질이자율 = 명목이자율 − 물가상승률 이었지만, 리스크를 도입하면, 실질이자율은 새롭게 다음과 같이 정의된다.

실질이자율 = 명목이자율 − 물가상승률 − 리스크 프리미엄

이때 투자결정은 다음과 같이 된다.

실질수익률 ≧ 실질이자율이라면 투자실행하고

실질수익률 < 실질이자율이라면 투자하지 않는다.

실제의 투자에 있어서 다음과 같은 비교를 할 수 있다. 우선, 장래 얻어질 수익을 수익률 및 이자율로 할인한 다음의 것을 계산한다.

투자기간이 1기간의 경우

$$V_1(r) = \frac{R}{1+r}$$

$$V_1(i) = \frac{R}{1+i}$$

투자기간이 무한기간의 경우

$$V_2(r) = \frac{R}{1+r} + \frac{R}{(1+r)^2} + \frac{R}{(1+r)^3} + \cdots$$

$$V_2(i) = \frac{R}{1+i} + \frac{R}{(1+i)^2} + \frac{R}{(1+i)^3} + \cdots$$

투자기간이 1기간을 넘는 유한기간의 경우

$$V_3(r) = \frac{R}{1+r} + \frac{R}{(1+r)^2} \cdots + \frac{R}{(1+r)^T} + \frac{V}{(1+r)^T}$$

$$V_3(i) = \frac{R}{1+i} + \frac{R}{(1+i)^2} \cdots + \frac{R}{(1+i)^T} + \frac{V}{(1+i)^T}$$

그리고 투자가는

투자기간이 1기간의 경우

$V_1(r) \leqq V_1(i)$라면 투자를 실행하고,
$V_1(r) > V_1(i)$라면 투자하지 않는다.

투자기간이 무한기간의 경우

$V_2(r) \leqq V_1(i)$라면 투자실행
$V_2(r) > V_2(i)$라면 투자하지 않는다.

투자기간이 1기간을 넘는 유한기간의 경우 :

$V_3(r) \leqq V_3(i)$라면 투자실행
$V_3(r) > V_3(i)$라면 투자를 실행하지 않는다, 라는 결정을 한다.

## 3 자산선택이론－수익성과 위험성에 주목한 분석

순현재가치법이나 내부수익률법에서는 그 투자에 따른 수익이 정(正, +)인가 부(負, －)인가밖에 알 수 없다. 그러한 극단적인 두 가지의 자산비교는 가능하다 해도, 그 이외의 비교는 불가능하다. 예를 들면, 같은 순현재가치나 내부수익률을 만들어 내는 두 개의 프로젝트가 있다하 고, 어떤 것을 선택해야 하는가, 동일한 순현재가치나 내부수익률을 만들어 내는 자산을 어떠한 비율로 보유하는가 등의 결정에 있어서 내부수익률법은 큰 도움이 되지 않는다.

그러한 문제를 푸는데 유용한 것이 자산의 리스크에 관한 정보이다.

같은 수익률을 기대할 수 있다 해도, 그것이 어떤 확신으로 예상되는가를 알면 2가지의 의미 있는 차이를 발견할 수 있다.

리스크에 대한 정보를 알 수 있으면, 내부수익률이 크기 때문에 반드시 그 자산에의 투자가 다른 자산에의 투자에 비해서 합리적이라 말할 수 없다는 점을 알 수 있다. 수익률이 작은 것을 보전할 만큼의 리스크의 감소가 있다면 2개의 자산은 동등하게 된다. 중요한 것은 밸런스이고, 한 지표의 대소만을 봐서 간단하게 2개의 자산의 비교를 할 수 없다.

자산선택이론에서는 투자기간에 대해서는 명시적으로 다루지 않지만, 리스크에 주목함에 따라 복수의 자산비교나 자산의 합리적인 구성에 대해 설명하기로 한다.

### (1) 자산선택이론에 있어 수익률과 리스크의 표현

자산선택이론에서는 투자가가 자산의 수익률의 평균과 그 분산을 알고 있다 가정하고 분석을 한다. 분포의 평균은 수익률의 예상을 나타내기 때문에 자산의 수익을 나타내는 척도라고 생각된다. 한편, 분산은 자산의 수익률이 평균으로부터 어느 정도 떨어질 것인가를 나타내기 때문에 자산의 리스크를 나타내는 척도로서 사용할 수 있다. 이하에서는 자산의 기대수익률의 평균을 수익, 그 분산을 리스크라는 말로 표현하기로 한다.

예를 들면, 부동산 투자의 수익률이 발생할 가능성이 이하에서와 같이 주어졌다고 하자. 즉, 부동산 투자를 해도 수익률이 0으로 될 경우가 1, 20%의 수익률로 될 경우가 3, 40%로 될 경우가 6이라 하자.

이 경우, 수익률의 평균은 30%, 분산은 180으로 된다.

### (2) 자산선택이론과 소비자이론과의 유사성

자산선택이라면 특수한 행동과 같은 인상을 주지만, 소비자이론과 유사한 점이 많이 존재한다. 경제학에서는 소비자행동을 고찰할 때 예산제약하에서의 효용최대화라는 가설을 둔다. 소비자는 자신의 만족 즉 효용을 예산제약하에서 가능한 만큼 높게 하려는 소비재의 조합을 선택한다고 가정하는 것이다. 이때, 재화의 수를 증가시키면 시키는 만큼 효용은 높게 되지만, 예산의 범위에서 소비하지 않으면 안 되는 제약이 있다.

이상과 같이 소비자의 행동을 설명하기 위해 생각해 낸 것이 무차별곡선의 개념이다. 무차별곡선이란 동일한 만족을 만들어 내는 재화의 조합을 결합한 곡선이다. 두 개의 재화밖에 존재하지 않는 단순한 경우를 예로 들면, 횡축에 제1재, 종축에 제2재의 소비량을 들었을 때, 무차별곡선은 <그림 3-1>과 같이 원점에 대해서 凸의 형태로 된다.

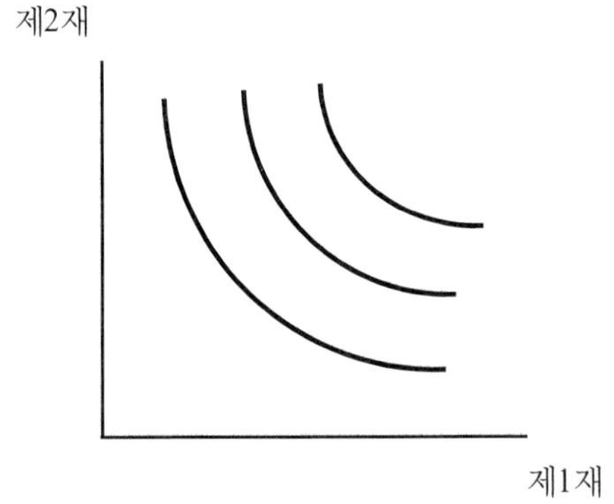


그림 3-1. 효용함수

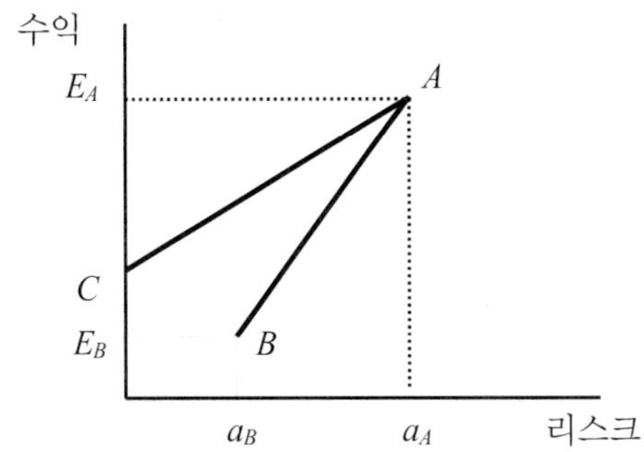


**그림 3-4. 효율프런티어($\sigma_{AB}$ = 1. －1)**

그렇지만, 이제까지 보아 온 경우는 대단히 특이한 경우이다. 대부분의 자산은 반드시 역방향으로 수익률이 변동하거나, 완전히 같은 방향으로 변동하지 않는다. 한편, 자산의 수익률이 변동할 때, 다른 쪽의 수익률이 완전히 반대로 움직이는 것도 아니고, 완전하게 같은 방향으로 움직이는 것도 아닌 것이다.

이렇게 어떤 상관은 있을지라도 정부(正負)의 의미에서도 완전한 상관이 아니고, 상관계수 $\sigma_{B}$가 1이나 －1이 아닌 것이 보통의 경우이다.

$\sigma_{B}$이 －1과 1과의 사이값을 갖는 경우에는 두 개의 자산을 조합시키는 것에 의해 얻어지는 리스크와 수익의 조합은 <그림 3-5>처럼 위로 凸의 형태를 한 곡선으로 그려진다. 상술한 바와 같이 $\sigma_{B}=-1$의 경우에는 AC선상의 모든 점, $\sigma_{B}$=1의 경우에는 AB선상의 모든 점이 달성가능하기 때문에, $\sigma_{B}$가 그 중간값을 갖는 경우에 <그림 3-5>와 같이 AB선와 AC선에 싸여진 곡선으로 된다는 것은 직감적으로 명확할 것이다. 한쪽의 자산수익률이 변동할 때, 다른 쪽은 수익률이 완전히 반대로 움직이는 것도 아니고, 완전히 같은 방향으로 움직이는 것도 아니다. 어떤 상관은 있지만 정부의 의미에서도 완전한 상관은 없다라는 경우에는 <그림 3-5>와 같은 형태를 한 곡선을 얻을 수 있는 것이다.

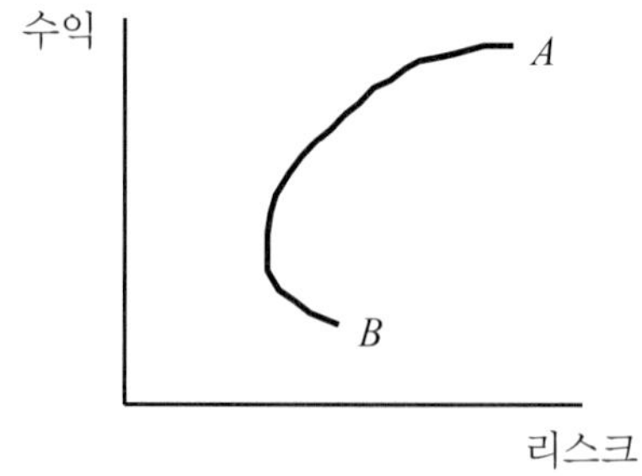


**그림 3-5. 효율 프런티어($-1 < \sigma AB < 1$)**

이러한 생각은 세 개 이상의 자산이 있는 경우에도 그대로 확장할 수 있다. 복수의 자산을 조합시키면, 수익률에 대해서는 단순평균의 수익밖에 예상할 수밖에 없지만, 위험에 대해서는 일반적으로 단순평균보다도 작은 리스크를 달성할 수 있는 것이다.

임의의 두 개의 자산에 대해서 <그림 3-5>와 같은 곡선을 그릴 수 있기 때문에, 포트폴리오전체에서는 그러한 곡선의 포괄선상의 점은 모두 표현할 수 있다. 이 포괄선보다 하방에 있는 점도 달성가능하지만, 리스크·수익의 조합이 명확하게 많지 않기 때문에 합리적인 투자가는 포괄선상의 점의 어떤 것을 선택하게 된다. 이 곡선보다도 좌상방향의 점은 어떠한 포트폴리오를 짜도 달성할 수 없기 때문에 이 곡선은 효율프런티어라 불리어진다.

## (5) 자산선택에 있어 최적점의 결정

소비자이론에서는 예산제약선과 무차별곡선의 접점이 합리적인 소비자의 선택점이었다. 자산선택의 경우에도 마찬가지이다. 투자가의 자산선택문제는 효율프런티어선상에서 자신의 효용을 최대화하는 점을 선택한다라는 문제로 바꿀 수 있기 때문에 효율프런티어와 무차별곡선이 접하는 점을 합리적인 투자가는 선택하게 되는 것이다.

수익률에 관한 예측이 동일할 때, 어느 투자가에 있어서도 효율프런티어는 같은 형상으로 되지만, 그것은 어느 투자가도 동일 포트폴리오를 갖는다는 것을 의미하는 것은 아니다. 리스크·수익에 관한 선호가 다르면, 무차별곡선의 형상도 다르기 때문에 다른 포트폴리오를 선택하는 것이 일반적이다. 무차별곡선이 <그림 3-6>처럼 그려지는 경우에는 투자가가 선택하는 점은 $E_1$으로 나타나고, 무차별곡선이 <그림 3-7>과 같이 그려지는 경우에는 투자가가 선택하는 점은 $E_2$로 표현된다.

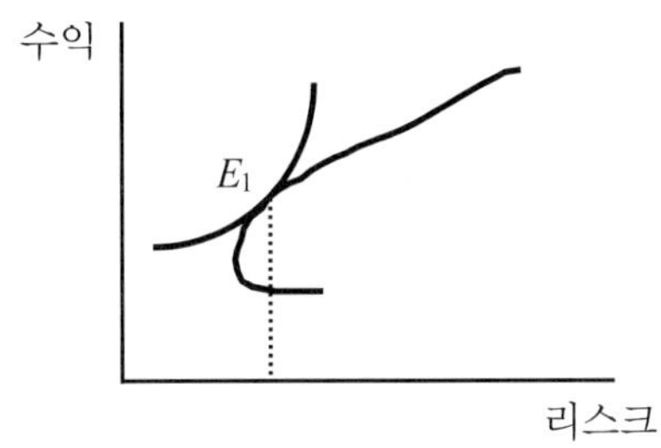


그림 3-6. 최적점(1)

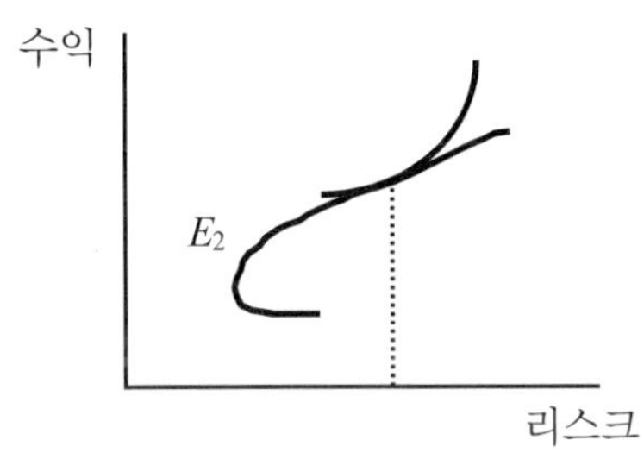


그림 3-7. 최적점(2)

## (6) 안전자산이 존재하는 경우에의 확장

이제까지 논의에서는 어느 자산에도 리스크가 존재하는 것으로서 논의해왔다. 만약 리스크가 전혀 없는 자산이 있다고 하면, 이제까지의 논의는 어떻게 변할 것인가. 결론적으로 <그림 3-8>처럼 정리된다.

위험자산만으로 구성되는 포트폴리오의 효율프런티어는 두 개의 자산을 조합시켜서 얻어지는 점의 포괄선으로 얻을 수 있다. 안전자산이 도입되어도 아주 마찬가지이고, 안전자산을 포함하는 경우의 효율프런티어는 <그림 3-8>처럼 위험자산만을 생각한 효율프런티어와 안전자산의 수익을 나타내는 *F*점과의 포괄선으로 된다. 위험자산의 수익률이 어떻게 변화해도, 정의로부터 안전자산의 수익률은 전혀 변하지 않기 때문에, 이 경우의 효율프런티어는 직선으로 된다.

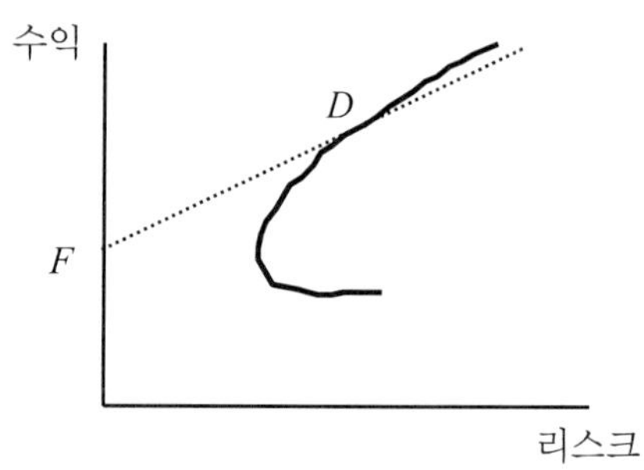


**그림 3-8. 안전자산이 있는 경우**

투자가는 이 직선상의 점에서 가장 효용을 높게 하는 점, 즉 무차별곡선과의 접점을 선택하게 된다. 무차별곡선이 <그림 3-9>처럼 그려지는 경우에는 투자가가 가장 효용을 높게 하는 점은 *E*점으로 나타난다. 여기서 안전자산과 위험자산을 어떠한 비율로 보유하는가에 대해서는 투자가의 효용이 관련되지만, 위험자산의 보유비율을 결정할 때에는 투자가의 효용은 무관계이다. 왜냐하면, *F*점을 통해서 위험자산만을 조합시켰던 효율프런티어에 접하는 선과의 접점 *D*가 정해진 단계에서, 위험자산간의 보유비율이 정해져버리기 때문이다.

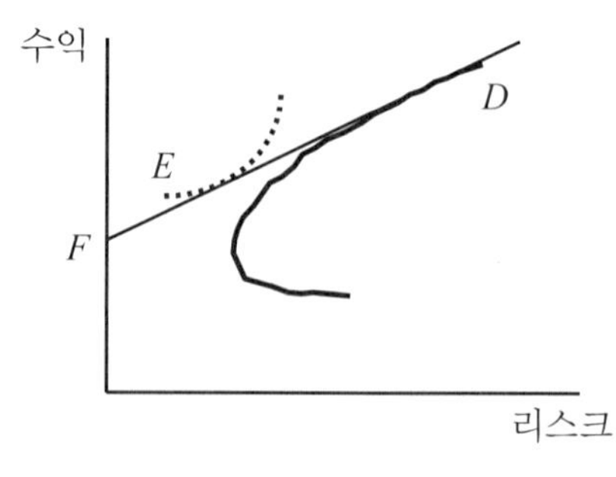


**그림 3-9. 안전자산이 있는 경우의 최적점**

즉, ①위험자산간의 보유비율, ②위험자산과 안전자산의 보유비율이라는 두 개의 비율은 독립하게 결정할 수 있다. 이 것을 분리정리라 부른다.

## 4 레버리지 효과

<그림 3-10>과 같이 효율프런티어와 무차별곡선이 $E_1$점에서 접하고 있는 경우, 이는 *M*으로 표현되는 포트폴리오와 안전자산과를 a : b의 비율로 보유하는 것이 최적인 것을 의미하고 있지만, <그림 3-11>처럼 효율프런티어와 무차별곡선이 $E_2$의 점에서 접하고 있는 경우에는 차입한 자산과 자기자금을 모두 포트폴리오 *M*에 투자하는 것이 최적인 것을 의미하고 있다. <그림 3-11>에서는 차입에 의해서 리스크가 높아지면 동시에 기대수익률도 증가하고 있다. 이러한 차입의 효과를 레버리지 효과라 부른다.

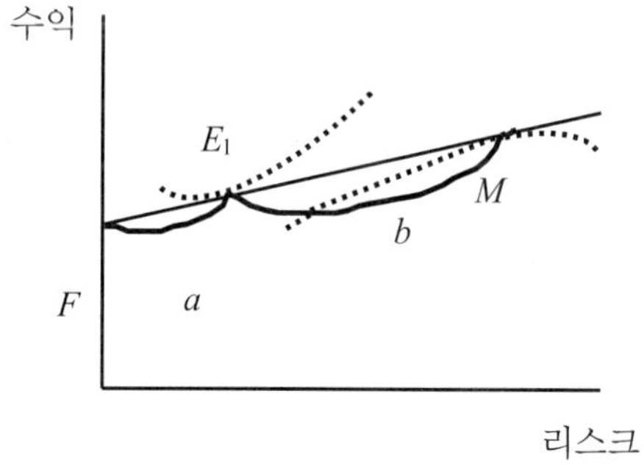


**그림 3-10. 레버리지 효과-1**

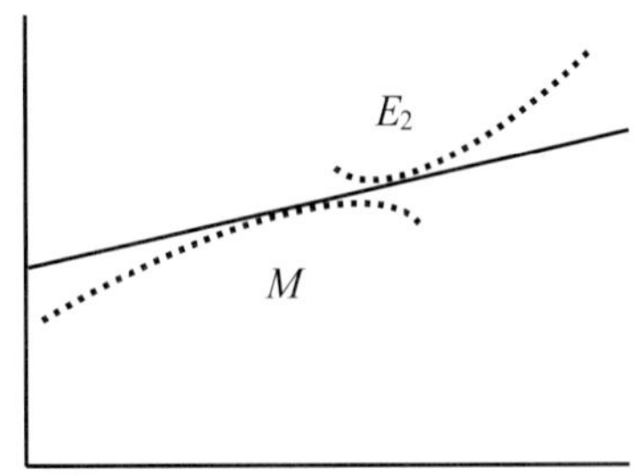


그림 3-11. 레버리지 효과-2

## 5 자산선택이론의 역할

방대한 자료를 정리해서 해석하는 작업은 대형컴퓨터로 밖에 할 수 없었다. 그 때문에 자산선택이론보다 오히려, 오랜 경험에서 길러진 감각이나 단순한 내부수익률법에 기초해서 투자를 행하는 것이 주류였다. 그러나 컴퓨터의 발달, 데이터의 축적은 이러한 현상을 계속 변화시키고 있다. 이제까지는 값비싼 컴퓨터로밖에 할 수 없었던 계산을 소형 개인컴퓨터로도 간단하게 처리할 수 있다.

그 결과, 자산선택이론은 결코 이론을 위한 이론이라는 성격을 갖는 것이 아닌, 일반 개인이라도 자택의 컴퓨터를 사용해서 간단하게 사용할 수 있는 환경이 가능해 지고 있다.

금융거래에 부과되어 있던 여러 가지 규제가 금융빅뱅에 의해 철폐되고, 새로운 투자기회가 늘어나고 있다. 그 중에서 투자자에게도 리스크·수익의 관계를 의식한 투자를 행하는 것이 요구되고 있고, 리스크를 거의 고려하지 않고 안정된 투자·저축을 할 수 있던 시대에서, 리스크에 자각적인 투자를 행해야 할 시대로 변화하고 있다. 연금기금, 생명보험회사 등은 고객으로부터 맡겨진 자산을 가능한 한 효율 좋게 운용할 것을 요구받고 있다.

이러한 시대변화 속에서 리스크·수익을 적절하게 관리하는 수법으로서의 분산투자, 자산선택이론의 역할은 지대하다 할 것이다.

## 6 시간의 경과를 고려한 투자계산

### (1) 사고방식

투자분석에서는 부동산의 초기투자와 그 부동산에서 얻어지는 적립가능자금의 흐름(cash flow)의 관계를 검토하는 것이 적절하게 이루어지고 있다.

어떤 투자기간 내에 투자액의 어느 정도를 회수할 수 있는지, 그 기간이 경과한 후에 그 부동산을 매각했을 때, 그 대금을 계산하여 본다.

적립가능자금의 흐름을 구할 때는 제경비 등을 공제하고, 매각대금에 관해서는 소득세와 수수료 등을 공제하고 난 후의 남은 금액을 계산하여 본다.

그림에서 볼 수 있는 것처럼, 부동산의 초기투자 후, 1~4년까지 투자에 대한 회수가 행해지고, 그것이 적립가능자금의 흐름으로 표현되어 있다.

5년에 그 부동산을 매각하는 것에 의해 최종적으로 회수가 행해지지만, 투자분석에서는 이들의 관계를 현재시점에서 할인하여, 시점을 얻는 것에 의해 검토된다.

## (2) 몇 가지 계산방법

### ① 현재가치를 구한다.

**▣ case 1**

10년 후에 얻어지는 1천만 원은, 현재가치로 계산하면 얼마가 될 것인가. 단, 할인율은 연 3%로 한다.

(계산방법)

후술할 공식 *A*를 사용한다.

$A = 1 / (1 + 0.03)^{10} = 0.774$

10,000,000원 × 0.774 = 7,440,000(원)

**▣ case 2**

현재 1천만 원의 자금이 있는데, 이것을 부동산 투자에 사용하는 것으로 한다. 그 부동산은 10년 후에 1천5백만 원으로 될 것이 기대되는 것으로 하면, 이 자산은 현재가치가 얼마 증가하는 것이 되는가. 단, 할인율은 3%로 한다.

(계산방법)

$15{,}000{,}000 / (1 + 0.03)^{10} - 10{,}000{,}000$

$= 15{,}000{,}000 \times 0.744 - 10{,}000{,}000$

= 1,160,000(원)

② 매년의 수입을 복리로 계산하는 것에 의한 최종년까지의 합계를 구한다.

■ **case**

어떤 임대물건에 관해 매년 1천2백만 원의 수입이 있을 때, 여기에서 10년 후의 합계를 구해보자. 단 매년 3%의 이자로 복리계산에 의해 수입이 증가하고 있는 것으로 한다.

(계산방법)

| (년) | ① | ② | ③ | … | ⑩ |
|---|---|---|---|---|---|
| (수 입) | 12,000,000 | 12,000,000 | 12,000,000 | | 12,000,000 |

(단순합계) 12,000,000(원) × 10(년) = 120,000,000(원)

제1년의 1천2백만 원을 3%의 복리계산으로, 10년 후의 합계를 구한다.

$12{,}000{,}000 \times (1 + 0.03)^{10} = 12{,}000 \times 1.344$

$= 16{,}128{,}000$(원)

제2년에 관해서도 동일하게 계산한다.

$12{,}000{,}000 \times (1 + 0.03)^{9} = 12{,}000 \times 1.305$

$= 15{,}660{,}000$(원)

*수입계산을 할 때는 연초인가 연말인가에 의해 결과가 달라지기 때문에, 실제의 계산에서는 그것을 사전에 결정해 둔다.
이하, 동일하게 계산하여 합계를 구하는 것으로 되지만, 뒤에 언급할 공식 *B*를 사용하면 개산(概算)이 용이하게 된다.

3%의 연리에서의 10년간의 합계 = 11.467

$12{,}000{,}000 \times 11.467 = 137{,}604{,}000$(원)

단, 복리표를 사용한 경우에는 이미 오차가 포함되어 있기 때문에, 결과는 조금 다르게 된다.

부동산 투자 분석에서는 의뢰자의 의뢰내용에 의해 정밀도를 높인 것도 있고, 또한 어림셈으로 시간에 맞추는 것도 있다. 정밀도를 높일 필요가 있는 경우에도 우선 어림셈계산을 해본다.

### ③ 매년의 수입을 일정한 할인율을 사용하여 현재가치로 구한다.

■ **case**

앞의 ②번 case를 사용한다.

(계산방법)

제1년 12,000,000 × 1 / 1 + 0.03

= 12,000,000 ÷ 1.03

= 11,650(원)

제2년 12,000,000 × 1 / $(1 + 0.03)^2$

= 12,000,000 ÷ 1.061

= 11,310,000(원)

이하, 동일하게 복리표를 사용하여 구하지만, 후술의 공식 C를 사용하는 것에 의하면 용이하게 구해진다.

3%의 연리로 매년의 현재가치의 10년간의 합계 = 8.532

12,000,000(원) × 8.532 = 102,384,000(원)

결국, 매년 1천2백만 원씩 기대되는 수입을 현재가치로 환산하면, 102,384원이 된다.

요컨대, 10년간 있는 것에 12,000에 10배하는 것을 8.532배로 바꾸어 계산하는 것이 된다.

④ 일정한 금리를 고려한 건물의 내용년수 만료시까지에 필요한 매년의 수입(순익)을 구한다.

■ **case**

어떤 부동산에 1천만 원을 투자하면, 10년 후 그 투자는 13,440,000원이 될 것이 기대된다. 단 가치는 매년 3%씩 증가하는 것으로 한다.

그런데 이 부동산에서 발생되는 수입은 3%의 복리에 의한 이자를 생각하면 좋다고 한다면, 매년 이자를 포함한 수입은 얼마나 되면 좋을 것인가.

(계산방법)

(A) 1천만 원의 투자는 10년 후에는 3%의 복리계산으로 다음과 같이 된다.

$$10{,}000{,}000(\text{원}) \times (1 + 0.03)^{10} = 10{,}000 \times 1.344$$
$$= 13{,}440{,}000(\text{원})$$

(B) 이 부동산에서 발생되는 수입을 $x$이라 하면, 각 연도마다에서 3%의 이자를 생각하면 다음과 같은 식이 된다.

| | |
|---|---|
| 제 1 년 | $x \times (1 + 0.03)^{10}$ |
| 제 2 년 | $x \times (1 + 0.03)^{9}$ |
| ⋮ | ⋮ |
| 제10년 | $x \times (1 + 0.03)$ |

이 합계가 10년 후의 3% 이자 예상의 합계가 된다.

여기에서 $x$는 공통항이 되기 때문에, 복리계산식만을 구하면 알맞다.

따라서 앞의 ②번 case에 의해

$$(1 + 0.03)^{10} + (1 + 0.03)^{9} + \cdots + (1 + 0.03)$$
$$= 11.467{,}000(\text{원})$$

이 된다.

이것을 사용한 계산결과는 다음과 같이 된다.

13,440,000 ÷ 11.467,000 = 1,172,000(원)

여기에서, 후술의 공식 D를 사용하면, 이것을 간단하게 구할 수 있다.

이율 = 3%
기간 = 10년
공식 *D*의 값 = 0.117
구한 값 10,000,000(원) × 0.117 = 1,170,000(원)

작은 오차는 있지만, 개산(概算) 값으로 사용하는 수치이다.

결국, 매년 1,170,000원씩의 수입을 올리는 것으로 수입에 대한 3%의 이자를 기대할 수 있는 것이면, 최종적으로 13,440,000원의 가치를 발생시키는 투자라고 할 수 있다(개산 계산을 위한 단수(端数)는 일치하지 않는다).

## (3) 투자계산에 필요한 공식

투자분석에서 계산을 수반할 때에는, 통상 복리의 계산이 행해진다.

복리계산에 의한 수치는, '복리표'의 수표를 사용하여 구하지만, 계산기에 의해 계산한다. 계산기는 컴퓨터에 없어도, 연수계산 매뉴얼이 들어가 있는 것이면 충분하다.

여기에서는 계산기를 사용하지 않고서도 할 수 있는 복리표가 준비되어 있기 때문에, 개산 값으로 적당한 때는, 이 표를 기초로 필요한 값을 구하는 것이 가능하다.

■ **기본식** (복리계산식)

일정률을 $r$이라 한다.

일정기간을 $n$이라 한다.

이들 기호를 사용하여, 다음의 복리계산식을 구성할 수 있다. 이것을 $R$로 한다.

$$R = (1 + r)^n$$

*$n$은, $n$승으로, $(1 + r)$을 $n$회 곱한다라는 의미

(예) $(1 + 0.05)^3 = 1.05 \times 1.05 \times 1.05 = 1.157625$

이 값은 복리표에서 5%, 3년으로 <u>1.158</u>로 표시되어 있다.

■ **공식 A** (현가율을 구하는 식)

현재가치(현가)율 $A$(복리식에 의함)는 다음 식에 의해 계산된다.

$$A = 1 / (1 + r)^n = 1 / R = 1 \div R$$

$$R = (1 + r)^n$$

(예) $r = 3\% = 0.03$

$n = 10$(년)

$R = (1 + 0.03)^{10} = 1.344$

$1 \div 1.344 = \underline{0.744}$

■ **공식 B** (종가율을 구하는 식)

기간 $n$ 만료까지의 가치(복리식에 의함)의 합계는 다음 식에 의해 계산된다.

$$B = (1 + r)^n - 1 / r = R - 1 / r = (R - 1) \div r$$

$$R = (1 + r)^n$$

(예) $r = 3\% = 0.03$

$n = 10$(년)

$R = (1 + 0.03)^{10} = 1.344$

$B = (1.344 - 1) \div 0.03 = 0.344 \div 0.03 = \underline{11.467}$

### ▣ 공식 C (매기의 수입의 현가율을 구하는 식)

매기의 수입을 각각 현재가치로 한 것의 합계액을 한번에 계산하는 율(率) $C$는, 다음의 식에 의해 계산된다.

$C = (1 + r)^n - 1 \ / \ r \times (1 + r)^n$

$= R - 1 \ / \ r \times R = (R - 1) \div (r \times R)$

$R = (1 + r)^n$

(예) $r = 3\% = 0.03$

$n = 10$(년)

$R = (1 + 0.03)^{10} = 1.344$

$C = (1.344 - 1) \div (0.03 \times 1.344) = \underline{8.532}$

### ▣ 공식 D (자본회수계수, 연부상환율)

어떤 투자액의 일정기간 매기의 회수율은 다음 식에 의해 계산된다.

$D = r \times (1 + r)^n \ / \ (1 + r)^n - 1$

$= r \times R \ / \ R - 1 = (r \times R) \div (R - 1)$

$R = (1 + r)^n$

(예) $r = 3\% = 0.03$

$n = 10$(년)

$D = (0.03 \times 1.344) \div (1.344 - 1) = 0.117$

### ▣ 공식의 응용

① 공식 $C$는, 공식 $A$와 공식 $B$에서 만들어진다.

$C = R - 1 \ / \ r \times R = R - 1 \ / \ r \times 1 \ / \ R = B \times A$

(예) $r = 3\%$

$n = 10$(년)

$C = 8.532$

$A = 0.744$

$B = 11.467$

$C = B \times A = 11.467 \times 0.744 = 8.531^*$

*단수정리의 계수에서 소수점 4번째 자리의 숫자는 오차가 보여진다.

② (ㄱ) 공식 $D$는 공식 $C$의 역수로 만들어진다.

(ㄴ) 또한, 공식 $A$의 역수와 공식 $B$의 역수로도 만들 수 있다.

(예) $r = 3\%$

$n = 10$(년)

(ㄱ) $D = 0.117$

$D = 1 \div C = 1 \div 8.532 = 0.117$

(ㄴ) $D = 1/B \times 1/A = r \ / \ (1 + r)^n - 1 \times (1 + r)^n$

$= 1 \ / \ 11.467 \times 1.344^{*} = 0.117$

$^{*}1/A = 1 \div [1 \ / \ (1 + r)^n] = (1 + r)^n$

$= (1 + 0.03)^{10} = 1.344$

## (4) 투자안의 비교방법

몇 가지의 투자안이 있을 때, 비교는 여러 가지 방법을 사용하여 이루어지지만, 일반적으로 구별하기 쉬운 것은 투자액에 의한 방법이다.

그 밖에도 여러 가지 방법이 있고, 투하자본회수율와 투하자본이익률 등의 率을 사용한 방법과 차입금반환기간과 회수기간 등 기간에 의해 비교하는 방법이 있다.

여기에서는 투자액에 관한 비교를 몇 가지의 수법에 의해 살펴보도록 한다.

수법 가운데, 대표적인 것은 다음의 세 가지이다.

### ① 현가법

매기의 수입을 일정률로 나누어 현재가치로 하고, 그것들을 합한 것으로 최초의 투자액과 비교하여 분석한다. 계산이 복잡하게 되기 때문에 수입은 초년도의 것을 그대로 계속하는 것(매년 동일한 수입)으로 하고, 일정률은 금리뿐 아니라, 기대율과 리스크 등 제요소를 합하여 결정한다. 일정률을 결정하는 것은 어려운데 몇 가지의 경우가 참고된다.

식은 전술한 공식 A를 사용한다.

② 종가법

어떤 기간만료시에 현재 투자한 금액의 가치를 구하고, 한편 매기의 수입을 그 기간만료시의 가치로 하여 그 합계를 낸 것을 비교하여 분석한다.

기간만료시의 가치를 구하는 것은 일정률을 사용한 것이 많은데, 이 일정률과 매기의 수입의 사고방식은, 앞서 기술한 현가법과 거의 같은 것으로 생각해도 좋다.

기간을 어떻게 설정할 것인가가 어려운데, 사업의 라이프사이클과 수명을 생각하여 결정된다.

다만, 그 기간이 건물의 내용년수의 범위 내로 되어야 하는 것은 당연한 것이다.

식은 전술한 기본식과 공식 *B*를 사용한다.

③ 연가법 또는 연금법

매기의 수입(순익)액과 투자에 있어서 전 기간에 관한 회수액을 평균한 것을 비교하여 분석한다.

회수액에 관한 평균치를 계산하는 것이 어렵다.

식은 자본회수계수(또는 연부상환율)라 불려지는 것을 사용한다.

이것은, 일정기간과 일정률을 기초로 식이 성립하게 된다.

식은 전술한 공식 *D*를 사용하는 것에 의해 계수를 구할 수 있다.

사용방법은 투자액에 자본회수계수를 곱하는 것만으로 매기의 이자율을 고려한 회수액을 구할 수 있다. 이 식은 loan의 차입금의 원리균등변제액을 구하는 식과 동일하다.

### ④ 현가법과 종가법의 계산 예

i ) 현가법

투자액을 2,000, 매기의 수입을 일정액 100으로 하고, 이것을 일정률 매기 5%의 할인율로 현재가치를 구하는 계산 예를 보자.

| 제1기 | | 제2기 | | 제3기 | | 제4기 | | 제5기 |
|---|---|---|---|---|---|---|---|---|
| $\frac{100}{1+0.05}$ | + | $\frac{100}{(1+0.05)^2}$ | + | $\frac{100}{(1+0.05)^3}$ | + | $\frac{100}{(1+0.05)^4}$ | + | $\frac{100}{(1+0.05)^5}$ |
| 100÷1.05 = 95 | | 100÷1.103 = 90 | | 100÷1.158 = 86 | | 100÷1.216 = 82 | | 100÷1.276 = 78 |

= 95 + 90 + 86 + 82 + 78 = 431

| (투자) | | (회수) | | (잔액) |
|---|---|---|---|---|
| 2,000 | − | 431 | = | 1,569 |
| $(x)$ | | $(y)$ | | $(z)$ |

ii) 종가법

투자를 2,000으로 하고, 회수는 매기 100으로 연 3%의 이율로 적립되는 것을 기대할 수 있는 계산 예를 본다. 기간은 만 4년이다.

▶투 자

$$2{,}000 \times (1 + 0.03)^4 = 2{,}000 \times 1.1216 = \underline{2{,}252}$$

▶회 수

$$100 \times (1 + 0.03)^3 + 100 \times (1 + 0.03)^2 + 100 \times (1 + 0.03)$$

$$= 100 \times 1.093 + 100 \times 1.061 + 100 \times 1.030 = 109 + 106 + 103$$

$$= \underline{318}$$

⑤ 구체안의 비교

다음으로 A안과 B안의 두 가지 투자안에 관한 분석을 본다.

| 투자안 | 초기투자(천원) | 수입(천원/년) | 비용(천원/년) | 이익(상각전) |
|---|---|---|---|---|
| A | 50,000 | 2,400 | 500 | 1,900 |
| B | 80,000 | 3,800 | 900 | 2,900 |

분석은 (a) 시간의 흐름을 고려하지 않은 검토와 (b) 시간의 흐름을 고려한 검토를 행한다. 후자에 관해서는 현가법으로 비교하여 보는 것으로 한다.

(a) 시간의 흐름을 고려하지 않은 비교

① 수입을 초기투자로 나누어 본다.

A : 2,400 / 50,000 = 4.80%

B : 3,800 / 80,000 = 4.75%

② 이익을 초기투자로 나누어 본다.

A : 1,900 / 50,000 = 3.800%

B : 2,900 / 80,000 = 3.625%

단순계산을 해보면 수입에 관해서도, 이익에 관해서도 A안의 방법이 B안보다 유리하다고 할 수 있다.

(b) 시간의 흐름을 고려한 비교

현가법에 의한 비교를 행한다. 다음의 계산에 의한 회수율도 A안의 방법이 유리하다고 할 수 있다.

▶전제조건

기간 = 20년

이율 = 연 2.0%

▶A안

회수액을 계산한다.

1,900 × (1/1.0220 + 1/1.0219 + ··· + 1/1.022 + 1/1.02)

*( )안을 먼저 계산한다. 전술한 공식 C를 사용한다.

$1/1.02^{20} + 1/1.02^{19} + \cdots + 1/1.022 + 1/1.02$

$= (1.02^{20} - 1) \div (0.02 \times 1.02^{20}) = (1.486 - 1) \div (0.02 \times 1.483)$

$= 16.35$

*1.0220 = 1.486

1,900 × 16.35 = 31,062 ··· 회수액

투자액의 잔고

50,000 − 31,065 = 18,935

회수율

31,065 / 50,000 = 62.13%

▶B안

2,900 × 16.35 = 47,415 ··· 회수액

투자액의 잔고

80,000 − 47,415 = 32,585

회수율

47,415 / 80,000 = 59.27%

# 제4장

# 부동산개발사업별 구체적 기획 방법

# 1 아파트 기획 · 개발의 핵심사항

## (1) 입지조건

아파트도 타 부동산업과 마찬가지로 입지가 상당히 중요하다.

입지에 관해서는 부지조건보다 환경조건이 보다 중요한데, 이것에 관해서는 교통시설, 편의시설 및 혐오시설 및 자연환경의 네 가지에 관해 설명한다.

### ① 교통시설

지하철역 등 대중교통수단으로부터 어느 정도의 거리에 있는가가 핵심이 된다. 버스편의지역은 지하철을 이용할 수 있는 지역보다 열악하지만, 승용차의 이용이 많은 지역에는 도로망 확충이 잘 되어있을 경우 입지가 가능하다. 지하철에서의 거리가 일정수준 이상일 경우라도 환승체계가 잘 갖추어져 있다면 아파트 입지에 큰 제약은 없는 것으로 볼 수 있다.

### ② 편의시설

공익적 시설(예: 병원)이나 상업시설(예: 백화점, 할인점 등)에 관해서는 아파트의 고객층에 따라 이용 정도가 다르기 때문에, 예상 고객층을 고려하여 집어넣어야 한다.

20~30대용 아파트, 특히 독신자용 아파트에는 편의점이나 CD · 서점 등의 점포가 근처에 있는 것이 바람직하고, 또한 가족용 아파트에서는 여러 개의 병원(의원)을 이용할 수 있는 것이 바람직하다. 최근에는 건강에 대한 관심증대로 운동시설 및 조깅, 산책코스는 중대형 단지에서는 필수조건이 된다.

③ 혐오시설

오물처리장, 소각장 등의 혐오시설에 관해서는 그 접근 정도가 문제가 된다. 원칙적으로 외관상 걱정이 되지 않는 것이면 문제가 되지는 않는다.

④ 자연환경

최근 아파트 입지에서 가장 중요시되는 것이 조망권 항목이다. 한강 등 수계조망, 산, 공원, 바다 등 경관이 우수한 곳에 대한 조망가능성이 아파트 가격에 절대적인 영향을 미치고 있다.

### (2) 건물

① 넓이 · 방배치

아파트는 넓이가 제1의 핵심이 되는데, 방배치는 사용이 편리한 것으로 제2의 핵심사항으로 생각해도 좋다. 붙박이장등 수납공간과 홈오토메이션 등 기자재 선택이 중요시된다. 또한 채광성 및 통풍성을 위한 3-bay 이상의 유니트가 대세를 이루고 있다.

② 마감재 수준

가격 또는 임대료수준과의 균형을 검토하면서 마감재 수준을 결정해야 한다. 등급을 내리면 수요자들에게 인기가 떨어지게 되는 점에 유의할 필요가 있다.

③ 주차공간

주차공간도 상품특성의 핵심중 하나라고 할 수 있다. 정해진 토지 면적, 형상, 접도 등의 부지조건 가운데 주차공간을 어떻게 배치할 것인가는 기획상에서 중요한 것이 된다. 특히 최근에는 지상주차장을 없애고 단지 내 공원을 조성하는 추세를 보이면서 지하주차장 확대로 인한 건축단가 상승 및 보안문제에 대한 해결책이 다양하게 모색되고 있다.

## (3) 수지의 핵심

① 분양가 및 임대료의 설정

우선, 인근의 분양가, 매매가, 임대료수준을 조사한다. 다음으로 수집한 데이터는, 건물의 넓이, 건축년도 등 제 조건이 다른 것이 많기 때문에 계획하고 있는 아파트로 치환하여 동일한 레벨로 비교한다.

② 건축비

유사한 아파트를 찾아 그것에 관한 건축비의 견적을 내본다. 건축비 이외에 취득과 관련한 비용(제세공과금 등)도 견적을 내본다.

③ 제 경비

아파트를 유지관리하기 위한 비용으로, 다음의 항목이 된다.

· 관리비
· 수선비
· 제세공과
· 보험료
· 그 외 잡경비

④ 수지계획을 세울 때의 유의점

첫째, 분양률 및 공실률을 어느 정도로 볼 것인가
둘째, 현금흐름에 무리는 없는가
셋째, 세법상의 특례 검토
넷째, 경비율은 일반적으로 보아 적당하다고 할 수 있는가

# 2 임대아파트 기획 · 개발의 핵심사항

## (1) 입지조건

임대아파트 입주자의 다수는 독신 및 젊은 샐러리맨 세대이다. 당연한 것이지만, 일상생활의 편리성이 입지를 결정하는 기준이다.

아래와 같은 사항이 임대아파트의 입지조건이다.

① 업무시설이 집적되어 있는 도심부로의 통근시간 및 통근경로

② 통근 · 통학을 하는데 이용하는 역이나 버스정류장까지의 거리

③ 일용품 · 식료품 등을 판매하는 상업시설이나 은행 등의 생활편익시설까지의 거리

이들 사항이 모두 갖추어져 있어야 한다는 것은 아니다. 상정한 입주자의 가족구성이나 생활양식에 따라 각 사항의 우선순위는 다르게 된다는 점에 유의해야 한다.

## (2) 시장의 특성

가족의 형태에 따라 시장을 구분하면,

첫째, 자녀가 없는 신혼부부층

둘째, 자녀가 어느 정도 성장한 중장년층

셋째, 자녀가 독립하여 여유가 있는 층

으로 크게 나눌 수 있는데, 입주자마다 시장이 다르다.

① 자녀가 없는 신혼부부층

결혼 후, 주택을 구입하기까지의 단계에 살고 있는 등, 5년 정도에 이주하는 층으로 방배치 계획도 3DK · 3LDK가 중심이 되고 있고, 생

활의 편리성에 선택의 중점을 두고 있다.

② 자녀가 어느 정도 성장한 중장년층

주택소유지향이 높은 층으로 분양주택이 중심이었다. 그러나 지가 및 주택가격상승의 영향으로 주택의 취득이 곤란하게 되어 이후 시장의 확대가 예상된다. 기업의 주택정책도 자가주택촉진에서, 자가주택촉진과 임대료보조의 두 가지를 병행하여 행하는 패턴으로 변화하고 있다. 이 층의 경우, 자녀가 생활의 중심적 위치에 있기 때문에, 주택의 선택에 있어서 생활환경에 중점을 두게 된다.

③ 자녀가 독립하여 여유가 있는 층

현시점에서는 자가주택소유율이 높은 층으로, 당장은 기대하기 어려운 시장으로 생각된다.

임대아파트의 입주자는 근교형에서 교외형으로 추이하는 것과 동시에, 편리성에서 주거환경을 중시하는 경향이 나타나게 되었다. 어떠한 층을 타깃으로 할 것인가에 따라 방배치 · 면적 등이 달라지기 때문에, 지역의 특성을 충분히 파악한 후에 사업을 기획해야 한다.

### (3) 개발규모 · 건물 등급

임대아파트는 입주자의 이전을 전제로, 불특정 다수의 개인에게 임대하는 것이 된다. 건물의 관리 · 방범 · 안전을 고려하면 700세대 이하의 규모가 바람직한 규모이나 부지면적이나 용적률에 따라서 다른 용도와의 복합화에 의한 개발을 검토할 수도 있다.

가족의 거주형태나 생활가치관의 다양화에 따라 최근에는 통일성이 있는 쾌적한 생활공간이 요구되어, 내외장 · 인테리어 · 설비 등에서 고급감과 고기능성이 요구되고 있다. 또한 방범서비스나 프론트서비스를 부가한 아파트도 출현하고 있다. 임대아파트의 기획에 있어서는 입주자의 다양한 요구와 지역의 특성에 대응한 상품기획이 중요하다.

## 3 임대오피스 기획·개발의 핵심사항

### (1) 입지조건

오피스빌딩은 사업법인이 경제활동을 하는 시설이기 때문에, 기업이 그 입지에서 수익을 발생시킬 수 있는가, 없는가가 입지조건의 핵심이 된다.

① 기성시가지내에서 업무관계시설이 집적하고 있는 지역

② 오피스 안에서 일하는 종업원의 통근에 지장이 없는 교통편리성이 높은 지역

③ 행정시설이나 상업지에 근접한 지역

등이 오피스빌딩의 건설에 바람직한 입지이다.

### (2) 시장의 특성

임대오피스빌딩의 임차인의 다수는 사업법인이다. 전후의 경제성장과 함께 사업법인의 오피스빌딩에 대한 수요는 안정적으로 증가하여 왔다.

2000년대부터는 아래의 이유에 따라 오피스빌딩에 대한 수요가 급격히 상승했다.

① IT·벤처산업의 신설이나 확장 등의 산업구조의 변화

② 사무의 OA화에 의해 1인당 바닥면적 증가

③ 국제화를 반영한 외국계 기업의 신규 진출

한편 공급 면에서는

① 기존의 업무관계시설 집적지역 및 그 주변에서는 오피스빌딩개발이 한층 줄어들어, 신규공급 여력이 없다.

② 도심재개발사업에서는 기존 임차인과의 교섭과 권리자간의 권리조정에 시간을 요한다는 등의 이유로 오피스빌딩의 공급은 수요에 대응할 수 없게 되어, 임료의 급격한 상승을 초래함과 동시에, 오피스빌딩 시장은 기존의 도심부로부터 주거겸용의 오피스텔 확대를 통하여 도심주변부로 확대하였다.

### (3) 개발규모・건물 등급

기본적으로 건물규모는 토지의 면적에 비례하는 것이다. 일반적으로 개발규모가 커지는 만큼 방화시설・구조체・비상용 엘리베이터 등의 행정상의 규제가 부가되기 때문에 유의해야 할 필요가 있다.

업무의 전산화와 국제화를 반영하여 기업은 많은 컴퓨터를 오피스 내에서 사용하게 되었다. 그 결과 최근의 오피스빌딩은 설비 등급이 높아지게 되어 투자비용도 상승하였다. 즉 인텔리전트 빌딩이 출현한 것이다. 일반적으로 인텔리전트 빌딩이란 고도정보사회에 대응할 수 있는 정보・통신시설, 업무의 효율성 향상에 기여하는 서비스시설, 업무확장에 대응할 수 있는 각종 용량, 자유롭게 출퇴근할 수 있는 방범(security)시설 등을 구비한 오피스빌딩을 말한다.

그러나 여기에서 유의해야 할 것이 있다. 임차인이 이용하지 않는 설비나 여유가 있는 용량은 과잉투자가 되어 부동산사업의 수익을 압박하는 것이 된다. 거기에서 건물등급의 설정에 있어서는, 입지・규모・경합하는 건물 등으로부터 적정한 등급을 파악해야 한다. 또한 건물의 존재는 장기간에 걸쳐지기 때문에, 장래의 수선이나 추가투자에 관하여 당초 계획단계에서부터 염두에 두어야 한다.

# 4 창고 기획 · 개발의 핵심사항

## (1) 입지조건

창고는 기업의 생산활동이나 유통활동의 과정에서 이용되는 것이기 때문에, 창고의 입지조건은 생산활동이나 유통활동과 밀접하게 관련되어 있다.

현재는 자동차 · 철도 · 비행기 · 선박이 물류의 기본적인 수단이기 때문에 창고의 입지조건은 고속도로를 포함한 주요간선도로, 화물철도의 거점, 공항, 항만 등의 시설의 이용가능성이 가장 중요한 핵심이 된다. 또한 창고는 공간을 제공한다라고 하는 성격 때문에 부지는 대규모가 되고, 대형자동차에 의한 물자의 반입을 행하기 때문에 부지에 접하고 있는 도로의 폭 등도 중요한 입지조건이다.

한편, trunk room은 개인이 자택에서 관리하기 곤란한 물자를 보관하기 때문에 이용자와의 거리가 문제이다. 자택에서 관리장소를 확보하기 어려운 아파트 등이 배후지에 존재하고 있는 도심부 및 도심주변부에 교통편리성이 높은 지역이 바람직한 입지이다.

## (2) 시장의 특성

기업이 경제활동을 행하는데 있어 당연히 창고는 필수불가결한 시설이다. 그러나 항시 이용하는 것은 아니고, 필요한 시기에 필요한 시간만 이용되고 있다. 기업이 자사에서 취득하여 이용하고 있는 경우는 일부 대기업을 제외하면 소수이기 때문에 안정적인 시장이다.

고도성장기에 도심에 건설된 창고 부지가 수익성이 높은 사무소빌딩으로 재건축된 일이나 고속자동차도로가 정비된 결과, 창고사업 시장은 도시부에서 도심주변부 또는 교외로까지 확대하고 있다.

trunk room 시장은 주거환경의 변화 가운데, 다양한 개인의 수요에 대응한 결과 나타나게 되었다. 또한 주거환경의 개선이 곤란한 상황 가운데 대도시로부터 그 주변부로까지 넓어져 왔다. 최근에는 물류·이사전문업체가 겸하여 시장에 진출하는 특성을 보이고 있다.

### (3) 개발규모 · 건물 등급

창고는 그 성격상 비교적 규모가 큰 공간을 이용자에게 제공하는 것이다. 따라서 창고용지의 부지면적은 대규모의 것이 된다.

건물 등급에 관해서는 외관 재료나 내장의 마무리재료보다 보관하고 있는 물건의 품질을 변화시키지 않기 위한 공조설비 등에 중점을 두는데, 최근에는 컴퓨터로 온도나 습도를 일정치로 관리하고 있는 창고나 trunk room도 출현하고 있다.

창고나 trunk room은 '타인의 재산'을 보관하기 위한 시설이기 때문에, 건물의 관리, 방범 · 안정기능에서 충분히 유의할 필요가 있다.

## 5 입체주차장 기획 · 개발의 핵심사항

### (1) 입지조건

① 주차장의 절대수가 부족한 도심부에 위치하고 있는 부지로 안전조례 등의 행정규제에서 다른 용도(사무소빌딩 · 점포)로 개발을 할 수 없는 부지

② 자동차를 이용하여 출입하는데 편리성이 우수하고 출입하는 차량에 용이한 접도조건을 갖춘 부지

③ 주변에 백화점 · 문화시설 등의 불특정다수의 내방자가 다수 모여

있는 지역

④ 도심 주차장 설치제한이 있는 지역 등이다.

입체주차장의 경합상품은 평면주차장이다. 주변에 미이용지가 많은 경우, 특별히 비용을 투자하지 않아도 주차장경영은 가능하다. 이러한 지역에서는 비용을 투자한 입체주차장 쪽이 평면주차장보다 요금도 높게 되어, 입체주차장의 경쟁력은 약해지게 된다. 주변의 토지이용상황과 접도조건의 좋고 나쁨이 핵심이 된다.

### (2) 시장의 특성

입체주차장의 사업화에 있어서는 그 부지에서의 주차장의 이용목적을 파악해야 한다. 상업용・통근・매물・차의 상치(常置)장소 등의 목적이 있을 것이다. 또한 이용자가 주변의 거주자인가 외부인인가의 구별도 해야 할 필요가 있다.

이러한 이용목적이나 이용자의 특성에 따라 영업형태를 변화시키고 지역의 특성에 적응한 운영을 행해야 한다.

### (3) 개발규모

자주식 주차장빌딩에 관해서는 넓은 부지를 보유하는 것이 건축상의 조건으로, 100대 이상의 대규모주차장으로 이용되는 경우가 많고, 사업적으로도 효율적이다.

한편, 기계식 입체주차장빌딩은 부지면적이 협소한 경우에도 계획이 가능한 것이 특징이다. 형태로서는 독립한 입체주차장빌딩이나 사무소빌딩 등에 편입된 경우 등이 있고, 이용되고 있는 사례도 많다.

# 6 상업시설 기획 · 개발의 핵심사항

## (1) 입지조건

① 백화점

i ) 도심부의 고도상업 집적지역

ii) 부도심의 주요 지하철역, 환승지점

iii) 지방중핵도시의 고도상업 집적지역

iv) 배후지에 비교적 소비력이 높은 지역

v ) 아파트 등 수요자 밀집지역

② 할인점

i ) 자동차를 이용하는 내점객 등의 비율이 높기 때문에, 접면하고 있는 도로의 폭과 계통(系統) 등의 도로조건이 좋은 지역

ii) 터미널에 인접한 지역

iii) 생활필수품을 중심으로 취급하기 때문에 인근 배후지에 많은 인구를 가진 지역

## (2) 시장의 특성

상업시설의 시장을 파악함에 있어서는, 그 상권이 되는 지역의 주민(구매자)에 대하여, 어떤 업태로, 어떤 상품과 서비스를 제공하는 시설로 할 것인가, 그를 위해 어떠한 임차인을 유치할 것인가, 어떠한 상품의 구성이 상업시설을 사업으로서 성공시킬 것인가 하는 것이 핵심이다.

상업시설의 상품구성에는 몇 가지의 기준이 있는데, 그 주요한 내용은 다음과 같다.

① 성별 · 연령

가장 중요한 기준이 되는 구매자의 선정방법이다. 전문점 · 상품 등의 종류도 대부분이 성별 · 연령별에 따라 수입 · 흥미 · 관심사에 따라 분류할 수 있다.

② 가격대

가격에 의해 타깃을 선정하는 방법이다. 그러나 동일한 사람이 상품에 따라서 구매가격대를 변화시키고 있다는 점에 주의해야 한다.

③ 기호 · 생활양식에 따른 분류

복식 · 인테리어에 있어서 중요시되는 감각적인 요소로, 생활양식, 가족구성 등에서 개인의 생활에 반영된다.

사업시설은 업태에 따라 수익성이 달라지기 때문에, 이상과 같은 기준을 이용하여 대상을 축소시키고, 지역의 특성에 대응한 시설구성 · 상품구성을 파악하는 것이 중요하다.

### (3) 개발규모 · 건물등급

백화점은 매장면적이 클수록 매장효율(평방미터당 매상고)이 증가하는 경향이 있기 때문에, 최근 대도시권에서 신축되는 백화점은 대형화하고 있다. 한편, 슈퍼마켓의 경우, 매장면적과 매장효율 사이에는 밀접한 관계가 없다는 결과가 나타났다. 이것은 슈퍼의 경우, 매장면적의 증가가 상품종류의 증가보다도 양적 증가를 가져오기 때문에 판매효율의 증가와는 결부되지 않기 때문이다.

상업시설이 문화센터 · 문화시설과 복합화한 결과, 지역의 핵심시설로서 '거리의 얼굴'이 되어 내외장이 고급화하고 있는 경향이다. 외국계 할인점이 국내 진출 후 고전하는 부분이 바로 창고형 시설로 설치됨이었고, 이에 대한 해결책을 찾는 것이 ONE-STOP 쇼핑을 가능하도록 하는 백화점식 구성 추구인 것이 이 예라 할 수 있다.

# 7 편의점 기획 · 개발의 핵심사항

편리성을 판매물건으로 하는 편의점(convenience store)은, 대형점이나 전문점과는 다른 몇 가지 경영에 관한 특징을 지적할 수 있다.

① 소규모이다.

② 가족적 경영이다.

③ 상품의 종류가 풍부하다.

④ 영업시간이 길다.

⑤ 연중무휴이다.

⑥ 기본은 셀프서비스방식이다.

⑦ 주택가에 한하지 않고 도심에도 입지한다.

⑧ 서비스 메뉴가 점포를 특징짓는다.

⑨ 프랜차이즈 시스템에 가입하고 있는 점포가 많다.

최근의 경향으로는 각종 공공요금의 수납대행, 복권 및 티켓판매 등 업무확대에 의하여 매상고를 높이는 방침이 채용되고, 외화의 환전이나 환금을 하는 점포도 나타나고 있다.

기획상의 핵심사항으로는 다음과 같다.

## (1) 마케팅 · 리서치

편의점 업계의 최근 경향으로, 점포수가 급증하고 있고, 24시간 영업점도 상당한 세력으로 증가하고 있다. 이러한 상황하에서 가장 중요한 것은 입지조건이다.

계획하고 있는 점포의 지역특성은 어떠한가. 주택지역, 상업지역, 업무지역, 교외의 간선도로지역(road side) 등 상권의 지역설정을 할 필요가 있다.

그 다음으로, 경쟁점포의 상황을 조사하게 되는데, 판매하는 상품의 종류 및 제공하는 서비스 메뉴의 아이디어와 그 내용이 핵심이 된다.

FC가맹을 조건으로 하는 것에 의하여 제 조건의 조사는 실시되지만, 경영하는 것은 오너(franchisee)이고, 당연히 최종 책임을 져야하기 때문에 조사도 독자적으로 확실하게 해야 한다.

### (2) 사업계획

#### 1) 점포의 개요

① 점포의 면적

면적은 일률적으로 결정되지 않지만, 일반적으로는 100~150평방미터 정도로 생각된 다.

② 점포의 특징

다른 경쟁점과 차별화를 도모하기 위해, 건물과 점포에 어떠한 특징을 부여할 것인 지를 생각한다.

③ 기타

내장, 비품, 설비, 기기류(機器類)에 관하여 검토한다.

#### 2) 자금계획

자금계획상 중요한 점은 개업시의 필요자금이다.

① 건축자금(외부구조, 내장비를 포함)

② 비품류의 구입자금

③ 매입대금

④ 프랜차이즈 가맹시 필요자금

- 보증금
- 가맹금

⑤ 기타

또한, FC에 가맹하면, 매상대금은 본부로 송금할 의무가 있는 것이 많기 때문에, 그것도 고려해 두지 않으면 안 된다.

3) 경영의 실제

편의점 경영의 실제에서 중요한 것은 판매원의 채용이다. 최근의 경향으로는 24시간 영업을 하는 점포가 많기 때문에, 아르바이트를 포함하여 판매원의 인사관리를 항상 생각해야 한다.

### (3) 이후의 과제

편의점이 소매업계에서 최상의 자리에 위치하고 있는 것은 통계숫자를 조사할 필요도 없이 실감할 수 있다. FC본부에서는 편의점에 적당하다고 생각되는 토지와 건물의 조사를 상당한 범위에 걸쳐서 행하고 있다.

그러나 FC본부는 부동산 업무에 관한 전문가는 아니기 때문에, 아무래도 부동산 전문가의 지원이 필요하게 된다. FC에 가맹할 것인가 말 것인가는 별도로 하고, 현재 입지하고 있는 건물에 관한 유효활용으로서 편의점이 적당할 것인가 아닌가에 대한 컨설팅을 할 필요가 있다고 생각된다.

결국, 편의점은 특정의 FC가 선행되는 것이 아니라, 우선 입지분석을 행하고, 그 다음에 FC를 선택할 것인가 아닌가, 선택할 경우에는 어떤 FC가 적당할 것인가라고 하는 컨설팅이 경쟁시대에는 필수불가결한 것으로 생각된다.

## 8 로드 사이드 점포 기획 · 개발의 핵심사항

로드 사이드(road side) 점포가 이렇게 급격하게 성장하여 온 이유는, 첫째, 주택(인구)의 교외화의 경향이다. 구시가지내의 사람들이 교외

주택지로 이주하여, 도심부에서 휴일・야간인구의 감소가 현저하게 나타났다.

둘째, 자동차의 보급에 의해 사람들의 이동범위가 확대되었다. 종래의 도보・자전거・버스・철도 등에 비하여 행동형태가 다양화하였고 정해진 형태를 가지지 않는다. 입지조건이 좋은 도로변은 역전지구와 동등할 정도의 효용을 가지게 되었다.

셋째, 소비자지향의 변화, 다양화에 의해 '편리한 장소에 있는 상점'보다 '움직이며 다닐 수 있게 된 상점'이 선호되게 되었다.

넷째, 임대사업의 경우, 임차인으로부터 건축비 상당액을 건설협력금・부금 등으로 거둬들이게 되어, 토지소유자의 자금부담을 경감시켰다.

다섯째, 투자액이 적고 비교적 안정된 임료가 얻어져 수익성이 비교적 좋다는 것이다.

여섯째, 대도시에서 지방도시까지, 적정한 주변인구와 접도조건을 갖춘 부지이면 비교적 용이하게 사업화가 가능하다는 것 등을 들 수 있다.

### (1) 입지조건

① 최근 발전하고 있는 주택지를 배후에 둔 소비능력이 높은 지역

② 도시와 도시의 중간지대에 있고 기존 번화가로부터 적당한 거리에 있는 지역

③ 주요 간선도로, 또는 그에 연결된 산업도로・생활도로에 접면하고, 차의 통행량이 10,000 대 1 정도 되는 지역

④ 기존점포(되도록 경쟁관계가 아닌 업태가 좋다)가 어느 정도 집적하고 있는 지역

⑤ 입지조건은 간판 등이 자립하고, 토지의 정면 폭이 넓은 부지

## (2) 시장의 특성

로드사이드점포도 일종의 상업시설이기 때문에, 시장특성도 파악하여 업종업태를 구성하는 것이 중요하다.

## (3) 개발규모

로드사이드점포에는 10~30대의 주차장 공간이 필요하기 때문에, 부지면적은 한 점포만의 출점을 전제로 하면, 1,000평방미터 이상의 규모가 필요하게 된다.

최근, 주목을 받고 있는 것이 '복합화'이다. 하나의 부지에 복수의 로드사이드점포가 들어가 출점하는 것으로, 집객력의 향상을 도모하고 있다. 다른 종류의 점포를 복합하면, 저마다 다른 목적의 고객이 방문하는 것으로 시설에 대한 집객 향상 효과를 기대할 수 있다. 또한 내점객의 피크시간대가 다른 점포를 구성하는 것으로, 효율적으로 주차장 공간을 확보하는 것이 가능하게 된다.

**표 4-1. 로드 사이드 점포 단계별 전형적 점포**

| 개발단계 | 전형적 점포 | 토지이용 | 사회 · 경제적 요인 등 | 토지사정 | 토지평가 | 도시계획의 과제 |
|---|---|---|---|---|---|---|
| 제1단계 | 건설자재치장, 주유소, prodriver식당, 자동차판매점 | 준공업적토지이용(화물자동차이용형토지이용) | | | 구입자, 토지를 빌려 쓰는 사람에 의해 시장가격형성 | 개발에 대한 규제 |
| 제2단계 | 빠찡꼬<br>패밀리 레스토랑 | 상업적 토지이용의 형성, 오락, 상업적 토지이용의 출현 | 대도시근교도시의 확대<br>(주택의 교외화)<br>제1차 motorization<br>(my car시대) | 중심시가지에서의 토지부족, 교외부에서의 구입자, 매수시장(교외로드 사이드에서)의 변동기 | 토지의 사용가치를 중심으로 하여 가격형성<br>개별성이 강함 | |
| 제3단계 | 물판점(안경, 양복)<br>대형점(슈즈, 전기, 자용품 )<br>디스카운트점 | 물판사업적 이용 | 대형점포시대 | 교외부에서의 대규모 부지를 활용한 단층점포(소유지) | 토지정보가 폐쇄적<br>토지시장에서의 도전이 비즈니스 성공의 열쇠 | 대상개발으로의 대응 |
| 제4단계 | 서점<br>서비스(렌털점, Take out 전용음식점, 패스트푸드),<br>레저시설(풀바) 등 | 서비스, 문화, 레저용도적 상업토지 이용출현 | 제2차 또는 제3차motorization시대(문화적 요소로서의 차: 여성 · 약자층의 이용 등)<br>생활양식의 변화(주휴 2일제시대, 생활시간의 심야화 등)<br>생활의 개성화시대<br>정보화시대(town지의 발달 등) | 교외부토지시장의 형성, 교외점의 소형화, 차지, order lease방식의 점포 | 시장가격의 형성<br>토지소유자의 의식변화 | |

| 제5 단계 | 복합점포, 도심형 점포(알코올 매점 등) | 토지가격(지가, 지대) 등에 대응한 토지이용 복합적 상업지 이용(도심형 토지이용) | 교외부의 소비시장의 확대(뉴패밀리, 약자소비) | 교외부의 분화 교외부토지시장의 도심부화(토지부족, 시장의 확립) | 일부교외부에서의 집적화의 본격적 상업지화, 공지의 촉진 | |
|---|---|---|---|---|---|---|

## 9 호텔 기획 · 개발의 핵심사항

도시개발사업 중에서, 호텔은 핵심시설로서의 자리매김으로, 도시의 로비로도 불려지게 되었다. 현재의 호텔은 숙박시설과 그것에 부가한 음식(飲食)기능, 커뮤니티기능, 레저 · 스포츠기능, 회의장기능, 생활서비스기능 등에 이르는 많은 기능을 갖춘 사회생활에서 없어서는 안 될 중요한 도시시설이 되었다. 이 때문에 각지의 재개발사업 중심시설에 호텔이 선택되는 경우가 증가하고 있다.

호텔사업의 특징은 초기투자가 매우 크다는 것이다. 호텔은 집객산업이기 때문에, 시설 그 자체의 매력이 수익에 반영되어 왔다. 초기투자가 크기 때문에, 토지를 소유하고 있어도 자금회수에는 장기간을 요하고, 반드시 수익성이 높지는 않다. 그러나 감가상각기간이 30년으로 사무소빌딩 등에 비하여 짧기 때문에, 당초의 상각 메리트는 크다.

또한 시티 호텔 등의 호텔사업은 사회적 평가가 높고, 지역에 대한 공헌도도 높기 때문에 사업에 참가하는 기업의 이미지가 향상되는 효과도 기대할 수 있다.

부동산사업 중에서도, 호텔은 임대오피스나 맨션과는 달리, 특별한 경영전략과 종업원의 육성 등 여러 가지의 노하우를 필요로 한다. 또한 호텔은 입지나 요금수준과 함께 지명도나 서비스 내용이 재방문객 획득에 기여하고, 호텔사업의 성패를 좌우하게 된다. 그 결과 호텔사업은 소유·경영·운영이 분리되기 쉬운 사업이라고 할 수 있다.

호텔사업은 토지·건물의 소유, 그것을 유효하게 활용하는 경영, 그리고 서비스의 노하우로 하는 경영이 유기적으로 융합되어 성립하고 있다. 소유·경영·운영의 세 가지 기능을 어떻게 분담할 것인가에 따라 다섯 가지의 사업방식으로 분류된다.

**표 4-2. 호텔의 사업방식**

| 운영방식 | | 소유직영 방식 | 임대방식 (리스) | 영리운영 수탁방식 | 프랜차이즈 방식 | 업무제휴 방식 |
|---|---|---|---|---|---|---|
| 소유형태 | 토지 | 소유자 | 소유자 | 소유자 | 소유자 | 소유자 |
| | 건물 | 소유자 | 소유자 | 소유자 | 소유자 | 소유자 |
| | 신탁 | 소유자 | 호텔회사 | 소유자 | 소유자 | 소유자 |
| 경영주체 | | 소유자 | 호텔회사 | 소유자 또는 제3자 | 소유자 | 소유자 |
| 운영주체 | | 소유자 | 호텔회사 | 호텔회사 | 소유자 또는 제3자 | 소유자 |

## (1) 입지조건

호텔은 입지산업으로 불려지는 것처럼, 입지의 좋고 나쁨이 호텔의 이미지와 업적을 좌우한다. 이전에 호텔은 대도시의 일등지에 있는, 고품질의 건물로 서비스를 제공하는 곳이었다. 그러나 호텔이 일반 생활에 융화된 현대에는 대도시·지방중핵도시뿐만 아니라, 중도시·지방도시로도 호텔은 그 사업범위를 확대하고 있다.

호텔은 공간이라고 하는 가치를 시간적으로 분할하여 파는 것에서 수익을 얻는 시설이다. 이 공간 가치의 평가는 입지조건에 큰 영향을 받는다. 호텔의 입지조건에 의하여 영업내용이나 성격이 결정되는데, 반대로 호텔의 성격도 입지조건에 의해 반영된다.

호텔의 입지조건은 일반적으로

① 업무시설집적지역이나 행정시설에 근접하고 있는 지역

② 상업시설집적지역에 근접하고 있는 지역

③ 주요 관광지 내 혹은 근접거리에 있는 지역

④ 주요간선도로에 접면하는 입지

등이 있지만, 호텔의 성격에 따라 그 우선순위는 달라진다.

### (2) 시장의 특성

① 도시특성 · 지역유동현상 · 상위구상 등을 검토하고, 도시의 잠재성을 파악한다.

② 수요분석 · 경쟁시설조사 · 소비자특성조사를 행하고 기존시설과의 차별화를 도모한다.

③ 사업자의 의도 · 조건 · 부지조건을 고려하여 기본구상을 정리한다.

④ 도시 · 지역과의 관련에서 부지가 가진 잠재적 가치를 인식하여 가장 어울리는 기본구상을 작성한다.

### (3) 개발규모 · 건물 등급

호텔의 성격이 단지 숙박시설에서 도시와 지역의 커뮤니티시설로 변화한 것이나 경제사회동향의 변화를 반영하여 시설의 대형화와 고급화가 나타나게 되었다. 여유롭게 넓어진 객실과 로비 · 입구주변을 중심으로 한 고급지향이 그 구체적인 예이다.

# 10 골프연습장 기획 · 개발의 핵심사항

골프연습장은 골프인구가 증가하고 있는 것에 더하여, 코스에서 플레이하는 것과 는 달리 선호하는 시간에 이용할 수 있고, 기상변화에도 영향을 받지 않으며 경제적 부담도 적다는 것이 시장을 확대시키고 있는 큰 이유이다. 또한 최근에는 주부나 청소년을 중심으로 연습장에서의 플레이 자체를 즐기는 층도 출현하고 있다.

이러한 상황을 배경으로 골프연습장을 부동산사업으로 추진하는 움직임이 활발하게 이루어지고 있다. 도심주변부에 있는 농지를 전용한 사업이나, 공장이었던 토지(工場跡地)를 이용한 신규사업에서 골프연습장이 채택되고 있는 경우가 쉽게 보여지게 되었다.

골프연습장을 사업이라는 점에서 보면, 아래와 같은 특성이 있다.

· 장치형 산업이기 때문에 사업운영에 있어서 전문적인 노하우가 필요하지 않다.

· 유휴지의 활용에 적당한 투자규모로 철거도 비교적 용이하다.

· 용적률의 대상이 되지만, 지형의 열악성을 극복하기 쉬워, 비교적 입지의 제약을 받지 않는다.

· 관리 · 운영의 수법이 매뉴얼화 되어 있기 때문에 신규참가가 용이하다.

## (1) 입지조건

도심형 연습장의 경우, 입지 제약은 그리 받지 않는다. 지형이 나쁜 곳이나 북향의 경사지에도 건설이 가능하고 충분히 사업화할 수 있다. 다만 골프의 성격상, 방문객의 이동에는 자동차가 이용되는 곳이 많기 때문에, 연습하는 타석수에 대응하여 주차장이 확보될 수 있는 부지면적이 필요하게 된다.

한편, 교외 로드사이드형 연습장의 입지조건으로는,

① 도심부 또는 지방도시의 근교에 위치

② 배후에 어느 정도의 인구를 가진 주택지에 인접

③ 자동차로의 이용흡수를 도모하기 위해 주요간선도로나 주요생활도로에 접면하도록 한다 등을 들 수 있다.

### (2) 시장의 특성

종래, 골프연습장의 주요 수요자는 중견 샐러리맨이 그 주류를 차지하고 있었다. 거기에 수년 동안의 레저붐과 생활수준의 향상을 이유로 학생 · 주부 등의 모습도 보여지게 되어 골프연습장 그 자체가 변화하고 있다. 또한, 이전에는 1,000평 이상의 부지에 네트를 친 '스윙연습장'이었지만, 소규모의 공간이면서 비디오 등을 이용하여 레슨프로가 지도하는 것으로 하여, 부가가치를 더한 새로운 유형의 연습장이 도심부의 기성시가지를 중심으로 출현하고 있다.

### (3) 개발규모 · 건물 등급

골프라는 스포츠의 성격상, 부지에 관해서는,

① 자동차를 이용하는 방문고객이 많기 때문에, 타석수에 대응한 주차장을 확보할 수 있는 부지 규모가 필요하다.

② 골프공의 비행거리가 하나의 기준이 되는 스포츠이기 때문에, 장변(長邊)방향에서 150~200m의 거리를 확보할 수 있는 부지여야 한다.

등의 조건을 갖추고 있는 것이 바람직하다.

최근 신설된 골프연습장의 투자액은 수년전의 2배를 초과하는 규모이다. 증가분의 대부분이 시설의 자동화와 클럽하우스의 고급화에 투자되고 있다. 시설의 자동화는 자동 tee-up식과 prepaid card식을 도입하여 고객단가와 가동률의 향상을 목표로 한 것이다. 이러한 것들이 갖추어진 장소는 일인당 연습시간을 단축시켜, 쓸데없이 기다리는 시간을 해소하여 1타석당 이용객수를 증가시키게 된다.

한편, 클럽하우스의 고급화는 최근의 방문고객의 변화에 대응한 것이다. 종래의 샐러리맨 중심의 고객층뿐 아니라, 학생·주부라고 하는 새로운 고객층에도 대응하여 레스토랑이나 프로숍을 설치하여 집객력의 증대를 도모하고 있다.

## 11 복합시설 기획·개발의 핵심사항

최근의 대규모 쇼핑센터에서는 물건을 판매하는 점포 이외에 스포츠 레저 시설이나 금융기관을 병설하고 있는 곳이 보인다. 또한 초고층 오피스빌딩의 최상층이나 지하부분에는 음식·물품판매 등의 시설이 보이는데, 건물 안에 하나의 상점가를 형성하고 있는 예가 종종 보인다. 이렇게 복수의 용도를 하나의 건물이나 부지에 조합시킨 시설을 '복합시설'이라고 한다. 복합시설에는 수익성이 높고, 상징성을 가진 중심시설과 그것에 부가가치를 더하는 시설이 공존하는 유형과 각 용도가 각각 독립하여 상승효과를 발휘하는 유형이 있다.

복합화의 장점으로는

① 대규모 시설에 하나의 용도로 건물을 건축하고, 수요이상의 바닥을 공급하면, 사업으로서는 성립하기 어렵다. 거기에서 허용용적률에 맞는 바닥을 복수의 용도로 공급하여 각 용도의 공급량을 수요에 맞추어 크기를 설정하면, 시장특성과 적합한 사업채산성이 충족되어 토지를 유효하게 활용할 수 있다.

② 복합화된 시설에는 거주자·취업자·내방자 등 많은 목적을 가진 사람이 존재한다. 이 대량의 인구유인효과에 의해 사업기회가 증가하여, 상업시설에 대한 수요를 창출한다.

③ 엔터런스 홀 · 복도 · 기계실 · 주차장 등의 공용부분을 공유화할 수 있고, 유효면적의 증가와 투자부담의 경감효과를 얻을 수 있다.

복합화의 단점으로는

① 동일 부지와 건물에 복수의 용도가 혼재하기 때문에 교통동선이 혼란을 유발하기 쉽다.

② 다양한 목적의 내방자가 시설 내에 들어오기 때문에 다른 용도도 배려한 방범시설이 필요하게 된다.

③ 복합화는 어떤 의미에서 대규모화 · 대형화와 동일하기 때문에 건축비의 증대를 초래하기 쉽다. 따라서 이것을 감수할 것인가 아닌가가 복합시설에 의한 부동산사업의 핵심이다.

### (1) 입지조건

복수 용도의 건물을 건설하기 위해서는 어느 정도의 부지규모가 필요하다. 또한, 시설의 구성에 따라 방문자 · 방문고객의 수도 달라지기 때문에 부지의 교통조건 · 도로조건 등을 고려한 용도의 조합이 필요하다.

단지 몇 가지의 용도를 조합시킨 시설은 토지이용의 세분화에 지나지 않는다. 복합시설을 기획하는데 있어서는 부지가 존재하는 지역특성과 생활양식에 대응하여 대상을 추려내어 명확하게 시너지효과를 발휘할 수 있어야 한다. 각 시설이 상호간에 관련되어 있어, 단독의 시설보다도 집객력이나 수익성이 향상되지 않으면, 복합화의 의미가 없게 된다.

대규모개발은 그 지역의 사회경제구조를 크게 전환시키는 영향력을 가진다.

개발의 내용에서는 주변의 주민 · 환경에 악영향을 미치지 않기 위해서 통상의 개발의 경우로 비교하여 안정상 · 위생상의 규제가 엄격하게 이루어지고 있다는 점에 유의해야 한다.

반대로, 부지 내의 공지율을 높이거나 공공시설 등의 정비를 행하고 있는 등의 일정한 요건을 충족한 '우량 프로젝트'에 대해서는, 건물의 높이제한, 사선제한, 용적률의 최고한도 등의 규제를 완화하는 제도가 있다.

### (2) 시장의 특성

복합시설은 어떤 의미에서 '수요창조형의 사업'이다. 비즈니스・숙박・구매・관람 등의 다른 수요를 결부시키고, 상호간에 수요를 창출하여 새로운 시장을 형성하는 것이다.

복합시설의 사업기획에 있어서는,

① 도시의 상위계획・도시동향 등 입지하는 도시가 가진 잠재적 활력을 확인한다.

② 기존시설의 유무・주변환경・소비자 행동 등 수요조사를 행한다.

③ 부지조건・교통조건 등을 조사하여 활용할 개발수법을 검토한다.

④ 이상을 검토한 다음, 개발규모를 확정하고, 수요에 대응한 시설계획・개발기본구상 등의 과정을 거쳐 수요에 대응한 시설구성인가 아닌가, 각 용도의 관련성에 무리가 없는가 등을 충분하게 조사・검토할 필요가 있다.

표 4-3. 단계별 상품기획

| 용도 | 기본업태 → 발전업태 → 첨단업태 |
|---|---|
| ① 주거 | ·단독주택·사택·기숙사·학생회관·유학생회관·미래주택원룸아파트·리스아파트·단신부임자용주택·아파트·가족형아파트·라이프케어아파트·커뮤니티주택·여성전용아파트·실버아파트 |
| ② 업무 | ·개인사무소·중규모사무소·대규모사무소·주택전시장·다목적 전시장·인텔리전트빌딩·쇼룸·임대오피스·컨벤션센터·정보화빌딩·스튜디오·임대스튜디오·정보센터 |
| ③ 판매 | ·소매점·전문점·대형전문점·통신판매·무인점포·백화점·도매센터·카탈로그숍·슈퍼마켓·디스카운트스토아·주니어데파트·무인화쇼핑·컨비니언스스토어·IY숍·뷰티크·커뮤니티마트·베이비숍 |
| ④ 음식 | ·음식점·고급레스토랑·패밀리레스토랑·자연식레스토랑·음식빌딩·스테이크하우스·클레이프하우스·다방·테이크아웃점포·이벤트찻집·드라이브인점포·교외형 레스토랑·애견동반찻집 |
| ⑤ 숙박 | ·여관·리조트호텔 ·회원제호텔 ·영빈관·시티호텔·비즈니스호텔·캡슐호텔·유스호스텔·모텔·리스호텔·노인용 호텔 |
| ⑥ 서비스 | ·이미용원·뷰티살롱 ·피부미용전문살롱·뉴미디어미용실·목욕탕·사우나·동전세탁·생활정보센터·부동산업·리스업·리모델링센터 |
| ⑦ 오락 | ·영화관, 극장·라이브하우스·자동차극장·컨벤션센터·주택전시장·관광농원·피크닉랜드·테크로파크·동식물원·유원지·수족관·레저랜드·사파리파크·철도공원 |
| ⑧ 스포츠 | ·수영장·골프연습장·체육관·스케이트장·볼링장·요가교실·스포츠센터·야구장, 축구장·테니스클럽·헬스센터·스포츠공원·대형실내경기장 |
| ⑨ 위락 | ·나이트클럽·카페·포장마차·카바레·디스코클럽·스트립극장·게임센터 |
| ⑩ 운수 | ·창고·각종전용유통창고·자동창고·주차장·입체주차장·자동차판매·중고차판매·자동차수리공장·무인가솔린스탠드 |
| ⑪ 교육 | ·사립학교·전문학교·외국인학교·유치원·미술관·도서관·과학관·연수센터·문화센터 |
| ⑫ 종교 | ·사찰, 성당, 교회·신흥종교시설 |
| ⑬ 복지 | ·국공립탁아소<br>·노인정, 휴양소·실버타운·노인전용시설 |
| ⑭ 의료 | ·의원·의료센터·건강증진센터<br>·병원·종합병원·클리닉·마사지센터·재활센터 |
| ⑮ 공업 | ·작업소·공장·연구소·바이오테크공장 |

제5장

# 부동산개발컨설팅의 실제

-기획테마별 사례 소개-

# 서울 동작구 ○○동 ○○주상복합아파트 마케팅 제안서

# I. 프로젝트 개요

제안의 목적

○ 시장규제 실시 이후 부동산시장의 변화에 따른 위험성 상존
○ 근린지역의 주거 쾌적성 저하로 인한 컨셉 설정의 난이성 내재

■ 특화된 전략수립으로 부동산시장의 위험성 극복
■ 적정 분양가와 유니트의 구성으로 가망수요의 유효수요화 추구
■ 구매포인트의 제시를 통한 사업의 원활한 진행을 위한 여건 마련
■ 사업 시행 초기단계부터 마케팅적 사고의 제안을 통한 사업의 원활한 수행 지원

## 현장위치

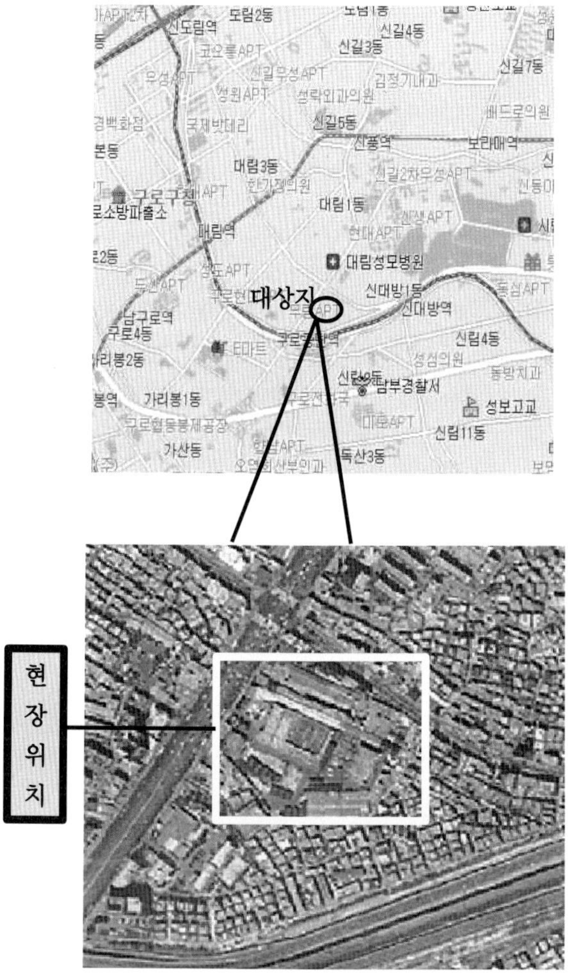


## 사업개요

| 구 분 | 내 용 |
|---|---|
| 소 재 지 | 서울 동작구 신대방동 ○○번지 외 |
| 대지면적 | 24,727.10m$^2$(7,479.95평) |
| 연 면 적 | 201,320.93m$^2$(60,899.58평)<br>지상층연면적 128,809.81m$^2$(38,965평)<br>지하층연면적 72,511.12m$^2$(21,935평) |
| 용 적 률 | 513.39% (허용 564.56%) |
| 용 도 | 공동주택, 업무시설, 판매시설, 기타 |
| 구 조 | 철근콘크리트조, 철골조 |
| 규 모 | 아파트 ○개동(○○○세대)<br>32평형 ○○○세대<br>49평형 ○○○세대<br>51평형 ○○○세대 |
| | 오피스텔 58,901.05m2(17,817.49평) |
| | 판매시설 14,030.29m2(4,244.15평) |
| 기부체납 | 6,621.62m$^2$(18.94%)<br>도로부지:4,793.62m$^2$,<br>공원용지:1,398.00m$^2$<br>공공청사부지(동사무소) : 430.00m$^2$ |
| 주차대수 | 1,618대 (법정 1,562대) |

# Ⅱ. 시장분석

## 시장여건의 변화

[과거] 공급자 위주의 시장

- 지가와 건축비, 근린시장의 가격형성요인 및 시세에 따른 막연한 분양가 산정
- 주변여건에 따른 산술평균적 예상분양률의 산정 및 업무처리
- 공급자 수익성 위주의 유니트 구성
- 경쟁 최소화를 위한 분양시기 선택
- 노하우 및 과거 사례에 따른 영업전략의 수립 및 업무처리
- 수요자 및 계약자의 상황을 고려하지 않은 공급자의 시장 주도 상황 유지
- 일반대중에 대한 영업전략 수립

[현재] 수요자 위주의 시장

- 근린, 유사 사례와 시계열 분석에 의한 합리적인 적정 분양가 도출
- 상품별, 지역별 특성과 광역시장의 동향을 고려한 예상 분양률의 산정 및 업무처리
- 수요자 선호 유니트의 구성과 수요자의 욕구 충족을 위한 상품 개발
- 상품별 특화전략을 통한 첨단 마케팅 기법
- 상품별 특성에 따른 분양시기의 산정 및 공격적인 영업
- 시장표적을 줄여 마케팅 여력을 집중하는 전략 추진

| 2002년 분양결산 | ■서울 동시분양 청약경쟁률 전고후저(前高後低)<br>- 2002년 서울 동시분양에서는 모두 9,972가구 모집에 61만여 명이 몰려 사상 최고의 경쟁률(61.9 대 1)을 기록<br>- 월별 청약경쟁률은 7차 동시분양(168.8 대 1)을 기점으로 하반기 들어 뚜렷한 감소세를 보이는 '전고후저' 현상을 보임<br>- △ 1가구 2주택자 1순위 자격 상실, △ 재당첨 금지, △ 분양권 전매 제한 등 정부의 부동산 안정대책이 '약효'를 발휘했기 때문으로 분석 |
|---|---|

〈2002년 서울지역 동시 분양 1순위 청약 경쟁률〉

| 회차 | 분양가구수(가구) | 신청자수(명) | 경쟁률(%) |
|---|---|---|---|
| 1차 | 922 | 40,627 | 44.1 |
| 2차 | 1,399 | 45,972 | 32.9 |
| 3차 | 1,176 | 93,890 | 79.8 |
| 4차 | 1,164 | 85,717 | 73.6 |
| 5차 | 932 | 77,902 | 83.6 |
| 6차 | 557 | 44,357 | 79.6 |
| 7차 | 451 | 76,122 | 168.8 |
| 8차 | 696 | 39,990 | 57.5 |
| 9차 | 636 | 36,422 | 57.3 |
| 10차 | 178 | 3,436 | 19.3 |
| 11차 | 1,731 | 58,589 | 33.8 |

〈2002년 서울지역 동시분양 1순위청약 경쟁률 그래프〉

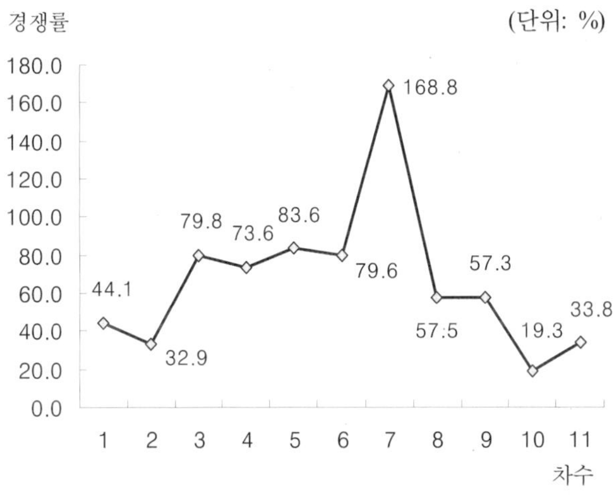


■연초부터 발표된 정부의 주택시장 안정화 대책에도 불구하고 청약경쟁률의 꾸준한 상승세 지속
■브랜드인지도 및 선호 평형대에 따라 경쟁률 차이 심화 현상 표출
■4월 초 3차 동시분양부터 청약 1순위자 급증으로 경쟁률 급등 → 분양권 전매 제한을 한달 앞둔 상황에서 경쟁률 사상 최고치 기록(168.8:1)
■주상복합 상품의 틈새시장 공략 → 정부의 규제를 피할 수 있는 주상복합 상품의 붐
■10차 동시분양부터 정부의 주택시장 안정대책이 효과를 보이면서 주상복합, 오피스텔, 테마쇼핑몰 등의 상품으로 투자자들의 수요가 분산

## 주상복합아파트

- 2002년 하반기 주상복합아파트 과열
- 경쟁률 : 삼성물산 트라팰리스 94.5:1, 잠실 롯데캐슬 골드 1차 334:1, 2차 228:1, 목동 현대하이페리온Ⅱ 57:1
- 2002년 서울지역 평당매매가는 2001년 1,012만원보다 평균 15% 오른 1,166만원 기록
- 2003년 2월부터 20가구 이상의 주상복합아파트 분양보증 의무화
- 300가구 이상의 주상복합건물 학교용지 부담금 부과

**추세**

- 실주거용보다는 투자용 성격이 강함
- 아파트 / 오피스텔 분리형 단지의 선호 증가
- 청약통장이 없는 수요자들에게 기존 아파트의 대체상품으로 인기 높음
- 평형의 다양화, 녹지공간의 확보 : 수요자들의 요구 반영추세
- 2003년에는 지난해에 이어 주상복합 물량의 증가 및 가격의 상승세를 보일 것임
- 주상복합아파트 벽식 금지, 기둥식(라멘조)만 허용

**〈신규 주상복합아파트 분양가: 2002년 10월 이후〉**

(단위: 천원)

| 소재지 | 아파트명 | 세대수 | 층수 | 입주예정 | 평형 | 전용률 | 분양가 | |
|---|---|---|---|---|---|---|---|---|
| | | | | | | | 분양가 | 평당가 |
| 서초구 서초동 | A | 254 | 25 | 2005.12 | 31 | 80% | 45,870 | 1,480 |
| | | | | | 36 | 80 | 52,360 | 1,454 |
| | | | | | 44 | 81 | 65,870 | 1,497 |
| | | | | | 50 | 80 | 74,640 | 1,493 |
| 양천구 목동 | B | 576 | 41 | 2006.11 | 49 | 83 | 59,980 | 1,224 |
| | | | | | 56 | 73 | 71,640 | 1,279 |
| 송파구 신천동 | C | 400 | 37 | 2004.11 | 60 | 75 | 78,000 | 1,300 |
| | | | | | 67 | 75 | 87,100 | 1,300 |
| | | | | | 76 | 75 | 98,800 | 1,300 |
| 종로구 수송동 | D | 438 | 5~18 | 2005.04 | 17 | 70 | 24,296 | 1,429 |
| | | | | | 36 | 70 | 51,516 | 1,431 |
| | | | | | 53 | 70 | 77,888 | 1,470 |

■10월 이후의 주상복합아파트 분양가 경향은 지역별로 큰 시세차를 보이지 않으며, 최상의 입지 및 유니트와 자재를 공급함으로써 지역 내 신규 분양 아파트와 큰 가격차를 보이지 않음(오히려 신규 분양 아파트 분양가를 상회하기도 함)

| 오피스텔 | - 2002년 상반기에 강남역세권에 집중되다가 하반기에는 구로, 마포, 강동 등 비강남권으로 확산<br>- 2002년 오피스텔 분양물량 사상최대로 공급초과 우려<br>- 최근 들어 오피스텔 분양이 크게 늘어나면서 대부분 주거용으로 신축<br>- 저금리 여파로 실거주보다는 임대를 목적으로 투자한 수요가 대부분<br>- 정부는 오피스텔을 주택으로 간주하여 1가구 2주택시 양도소득세를 부과하는 방안을 검토중<br>- '중도금 무이자 융자' 시장전체에 확산 |
|---|---|

| 추세 | - 고객수요에 맞춰 상품의 차별화(임대용 오피스텔 / 국내 체류 외국인을 겨냥한 Serviced Residence 등)<br>- 건물 내 휘트니스 센터와 수영장을 갖추는 등 시설 및 서비스의 고급화<br>- 주상복합 내 오피스텔 계약률 증가 추세<br>- 오피스텔에 대한 수요자의 관심 증가<br>- 공급물량의 증가로 인해 일산 등 일부 지역은 가격하락 추세 |
|---|---|

## Ⅲ. 시장분석

### 동일수급권의 개념

수요와 공급의 형태가 동일한 지역으로 인근지역과 유사지역이 있음

〈동 일 수 급 권〉

| 인 근 지 역 | 유 사 지 역 |
| --- | --- |
| - 사업지가 속한 지역<br>- 지리적 위치의 근린성이 있는 지역<br>- 토지이용현황이 동일한 지역<br>- 사업지의 가격형성에 직접 영향을 미치는 지역 | - 인근지역과 유사한 지역적 특성을 가진 지역<br>- 용도적・기능적으로 유사한 지역<br>- 수요자에게 동일한 효용을 제공하는 지역<br>- 사업지의 가격형성에 간접영향을 미치는 지역 |
| - 도림동, 신길동, 대림동, 대방동, 신대방동, 신림동 일부 지역 | ◆ 5개 유사권역 선정<br>(구로권역, 신정/목동권역, 영등포권역, 중랑/동대문권역, 사당/역삼권역)<br>- 영등포와 사당/역삼권역은 개별 사례의 비교 대상<br>- 구로, 신정/목동, 중랑/동대문권역은 지역 요인 비교 대상 |

동일수급권 분석의 의의

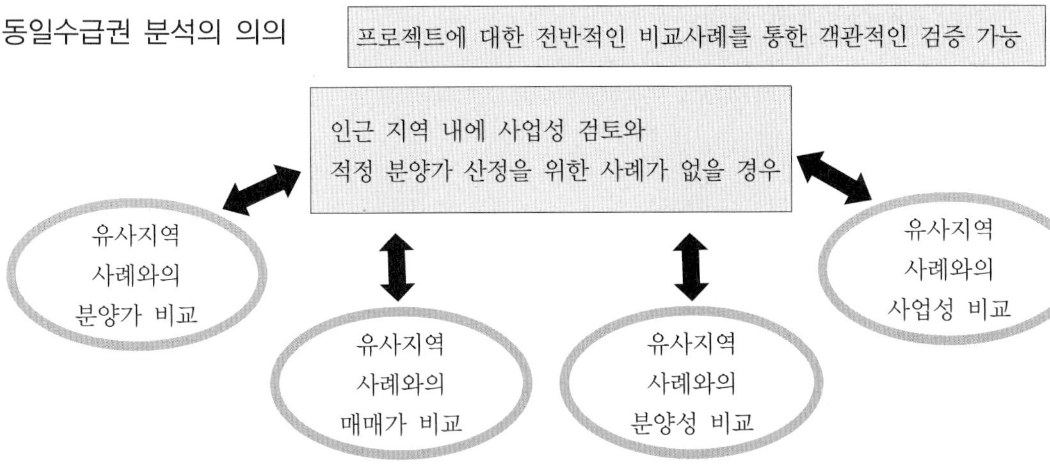


지역지수 산출(2002년 6월 기준)

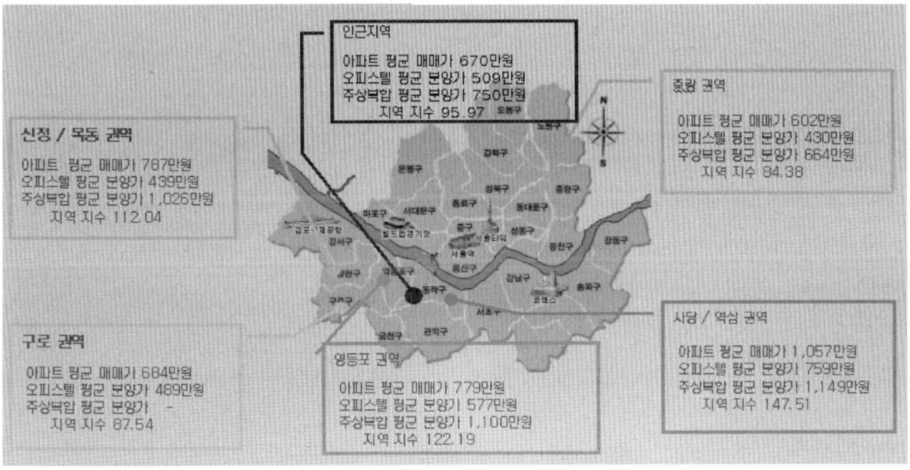

# Ⅳ. 개발컨셉의 개요

본 제안서의 컨셉은 '신화창조'를 통한 독립국가의 건설임
또한 골프와의 연계를 통한 고급주거단지의 창출을 목표로 하고 있음
과거에는 관심유도를 위해 네이밍을 일반 공모하는 경우도 있었으나 이 경우 초기 홍보 컨셉의 설정이 불가하다는 치명적 약점으로 인하여 최근에는 브랜드명과 연계한 초기 네이밍 제시를 통한 이미지 홍보활동이 일반화되었음

## 개발 컨셉

**알바트로스(Albatross)**

| ○○헤스티아<br>(○○HESTIA)<br>HESTIA: 가정의 수호신 | ○○아틀라스<br>(○○ATLAS)<br>ATLAS: 하늘을 받치고 있는 거대종족 |
|---|---|
| 건강한 아파트,<br>건강한 사람들이 있는 곳<br>○ ○ 헤스티아<br>건강한 삶을 사는 여러분들께 드리는<br>최고를 위한 수호신입니다. | 하늘을 받치고 있는 두 개의 기둥<br>○ ○ 아틀라스<br>주변 어느 곳에서도 보이는<br>지역 최고의 오피스텔입니다. |

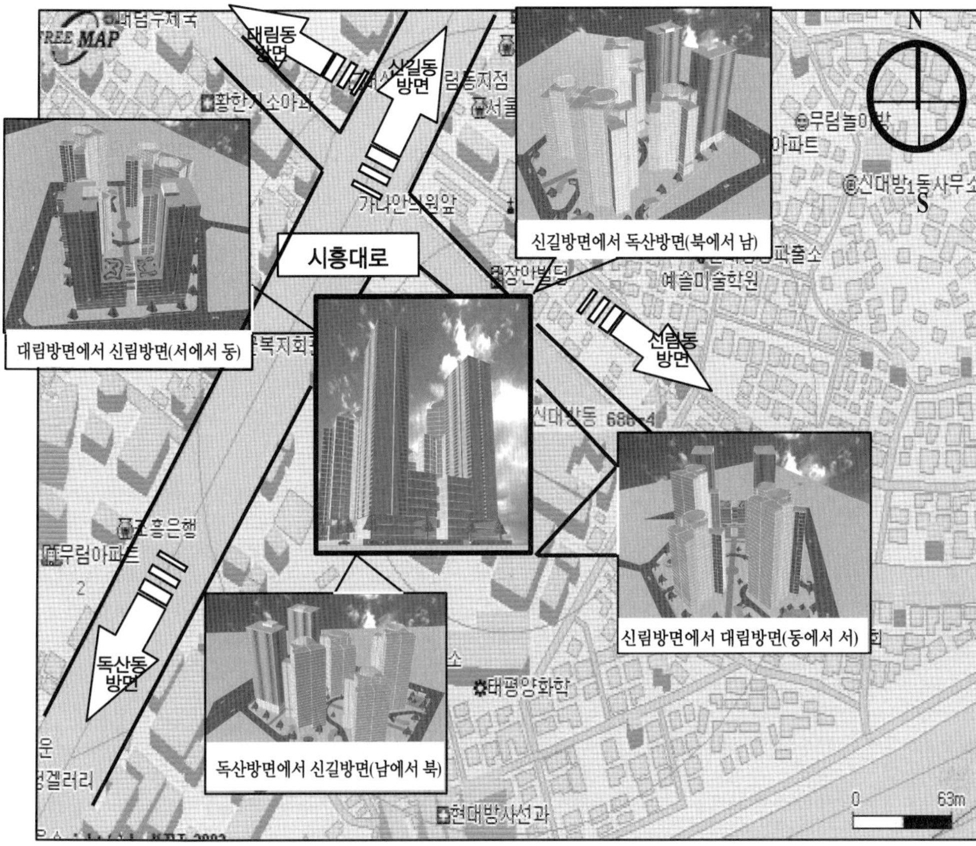

대림동 방면
신길동 방면
시흥대로
신림동 방면
독산동 방면
대림방면에서 신림방면(서에서 동)
신길방면에서 독산방면(북에서 남)
신림방면에서 대림방면(동에서 서)
독산방면에서 신길방면(남에서 북)
가나안의원앞
예술미술학원
조흥은행
무림아파트
태평양화학
현대방사선과
N
S
0
63m


〈단지의 형태〉

## 개발컨셉의 세부 제안

- 본 개발컨셉의 검토는 1차 제안서 제출 이후 최근 확정된 평면 및 도면을 기준으로 제안하는 것

기본적으로 분양성에 영향을 줄 수 있는 내부 유니트 및 단지 조경, 마케팅 개발 상품을 다룸

현 평면상으로도 기제시한 대로 수납공간의 부족이 야기될 가능성이 크므로, 수납공간에 대한 전반적인 보충이 요망됨(가구를 살 필요 없는 아파트)

## 단지 특화 방안

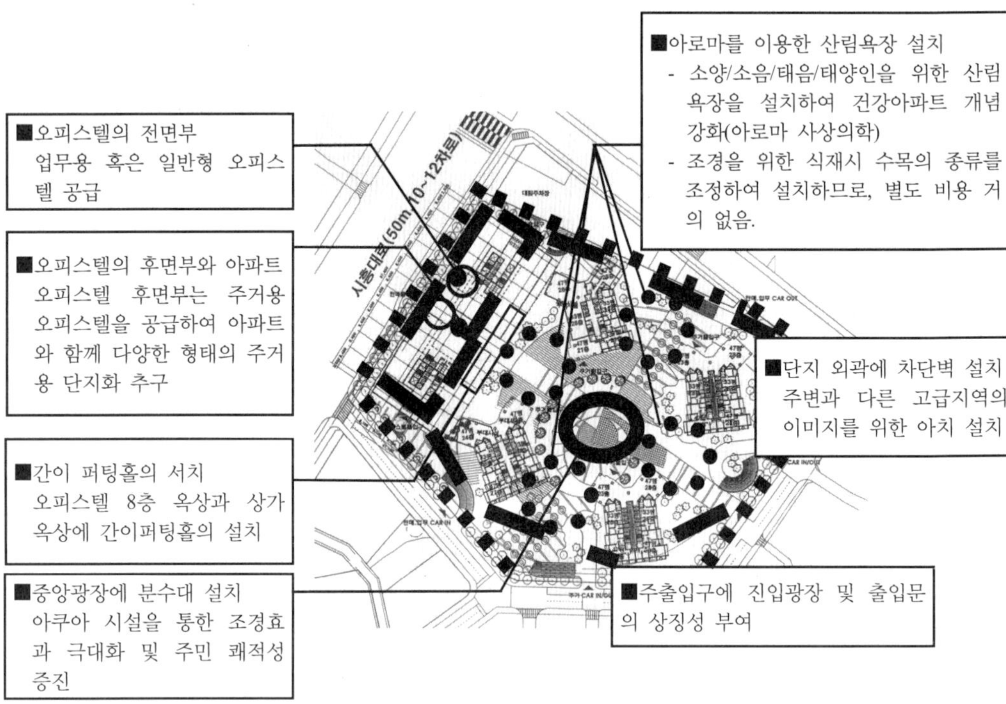

## 세부특화방안(퍼팅홀 활용방안)

**옥외공간의 활용**

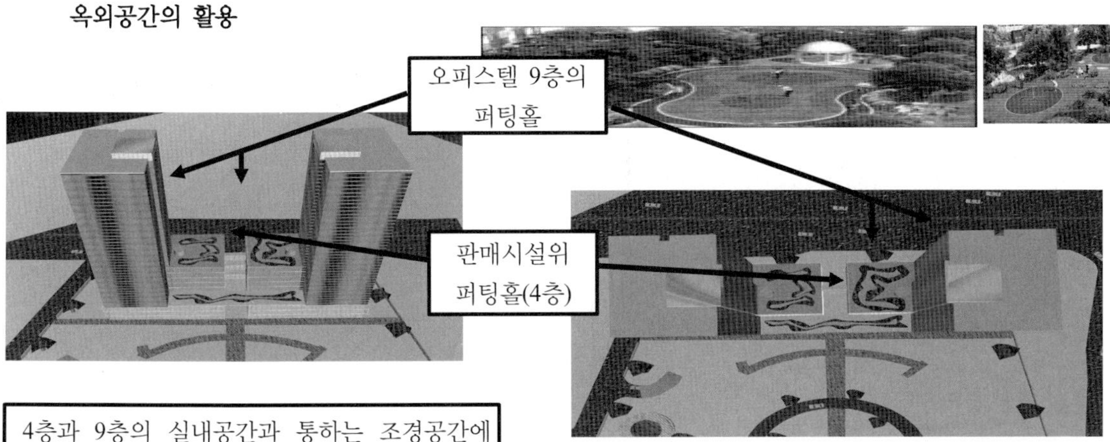


4층과 9층의 실내공간과 통하는 조경공간에 어울리는 옥외 퍼팅홀 도입으로 인조잔디를 이용한 4계절 운동시설로 활용

주변지역에서의 리더적인 역할로서 차별화된 단지 유니트의 구성으로, 마케팅적인 측면에서 수요객을 유인하고 삶의 질적 향상을 느낄 수 있는 공간으로 형성됨

## 판매시설의 동선 분석

➡ 판매시설 이용자의 보행동선

⇨ 판매시설 이용자의 차량용 동선

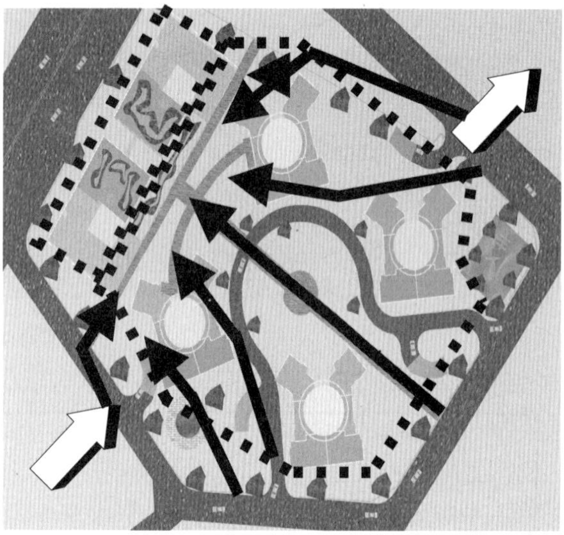

판매시설에 대한 접근로를 살펴보면

■단지 전면부 시흥대로 방면의 접근과 단지 내부에서의 접근으로 분류할 수 있음.

■단지 전면부에서의 접근은 시흥대로 주변의 재래상권에 대비되는 고급 상가의 개념 정립을 통한 고객 흡인 가능성이 가장 크며, 단지 남서부의 단독주택 밀집 지역 주민들에 대한 흡인가능성도 일부 존재하고 있음

■후면부에서의 접근은 101동과 102동이 상가 후면에서의 접근로를 일부 결절시키고 있으나, 1층 공간이 필로티 처리되어 접근상 장애는 존재하지 않는 것으로 판단됨

■전체적으로 단지 내외부에서의 접근성을 고려할 때 시흥대로변의 판매시설이 그 가치가 높게 형성될 것으로 판단됨

주변상권 및 단지 특성을 고려한 적정 업종의 분포(업종별 부담능력을 고려하여 선정)

| 구분 | 업 종 | 비 고 |
|---|---|---|
| 3층 | **학원가**: 보습학원, 영어학원, 속셈학원, 유아원, 미술학원, 피아노학원, 컴퓨터학원, 종합체육관, 서예학원, 무용학원, 웅변학원, 어린이영어교실 등 | 중형평형 위주의 구성으로 인하여 충분한 학원수요의 확보가 가능한 입지 |
| | **클리닉**: 내과/소아과, 안과, 치과, 이비인후과, 정형외과/재활의학과, 피부과, 한의원 등 | 주변 노후 크리닉 시설에 대한 개별접촉 결과 입주의사가 높음을 확인하였고, 계약의향자 다수 기확인(○○소아과, ○○피부비뇨기과, ○○내과소아과, ○○치과, ○○안과, ○○이비인후과, ○○정형외과 등) |
| 2층 | **편의시설**: 잡화점, 미용실, 보수센터(인테리어), 철물/전기, 비디오대여, 포토갤러리, 세탁소, 인테리어소품점, 거울/유리/수족관, 청소용역, PC용품/소모품점 등 | 배후단지에 대한 독점적 지위와 시흥대로로 인한 유동인구 확보 가능한 상권 형성 |
| | **식당가**: 한식, 중식, 레스토랑, 일식, 분식, 치킨호프, 도시락/주문식사배달점, 해물전문, 보쌈/족발, 우동전문점, 갈비/삼겹살, 찌게전문점, 기타 전문음식점 | 주변 식당가에 비해 일부 고급형으로 MD될 경우 인근지역의 고급식당 부재로 인한 고객흡인 가능 |
| 1층 | 부동산, 안경점, 시계/귀금속, 편의점, 커피숍, 약국, 은행, 출금기, 제과점, 패스트푸드점, 아이스크림, 문구/팬시, 이동통신, 가정소품, CD/음반점, 피자전문점, 스포츠/사우나용품, 화장품코너, 기타 판매점 | 유동인구와 함께 주변의 낙후된 시설과의 비교우위를 통한 충분한 수요자 확보 가능(배후단지의 수요는 최소고객단위임) |
| 지하1층 | 스포츠클럽(수영/헬스/에어로빅/스쿼시/실내골프 등), 사우나, 찜질방, 피부관리, 스포츠마사지, 발관리전문점 등 | 시설공사는 입주자 부담, 공사는 위탁시 시공사에서 별도 공사 |

# V. 적정가격의 검토

- 본 가격은 2002년 10월의 시점에서 검토된 가격에, 이후 분양가격의 추이와 시장현황을 고려하여 2003년 1월 시점 현재의 적정가격을 제시함.

계량적 접근을 통한 적정분양가 제안

신뢰도 95% 수준으로 계상

■동일수급권의 회귀방정식 제시를 위한 변수의 선정내용 및 분석단위

- 분석자료: 각 권역별 최근 분양 주상복합아파트 및 오피스텔
  (2000년 이후 분양한 사업 대상)

<table>
<tr><th colspan="2">변 수 유 형</th><th>변 수 명</th><th>주 요 내 용</th><th>단 위</th></tr>
<tr><td colspan="2" rowspan="2">종 속 변 수</td><td>분 양 가 격</td><td>실분양가격</td><td>천원</td></tr>
<tr><td>평 당 가 격</td><td>무이자조건 없는 가격</td><td>천원</td></tr>
<tr><td rowspan="7">독 립 변 수</td><td rowspan="3">구조특성변수</td><td>총 세 대 수</td><td>단지내 총세대수</td><td>개</td></tr>
<tr><td>평형별세대수</td><td>각 평형별 세대수</td><td>개</td></tr>
<tr><td>층 수</td><td>최상층</td><td>층</td></tr>
<tr><td rowspan="3">세대특성변수</td><td>평 형</td><td>분양평형</td><td>평</td></tr>
<tr><td>전 용 면 적</td><td>전용면적</td><td>평</td></tr>
<tr><td>전 용 률</td><td>전용면적/평형</td><td>%</td></tr>
<tr><td>지역특성변수</td><td>동 명</td><td>동별 평균치 표준지가</td><td>천원</td></tr>
</table>

- 주상복합아파트는 평당 가격모형의 설명력이 분양가격 모형보다 높게 나타남.
- 오피스텔은 분양가격 모형의 설명력이 평당가격 모형보다 높게 나타남.
  (적정분양가를 산출하여 평형별로 평당가격 산출)

모든 자료를 분양가와 평당가를 종속변수로 이용하여 독립변수를 모두 투입하여, 중요도가 낮거나, 유의도가 낮은(95%이하) 변수들을 단계적으로 제거하면서 적정회귀식을 도출하는 방식(BACKWARD)을 이용

최종적으로, 주상복합아파트 분양가 모형산출 변수로는 전용률, 지가수준, 세대수, 평형을 사용함(평당가격 산출모형)

오피스텔 분양가 모형산출 변수로는 평형, 지가수준, 층수, 전용률을 사용함(분양가격 산출모형)

아파트 평당분양가 = 171.744 × (전용률) + 10.337 × (지가수준) + 17.194 × (총세대수)
+ 55.593 × (평형) − 23,119 (상수항) 모형설명력 (R제곱값 : 0.885)

오피스텔 분양가 = 7,004 × (평형) + 56 × (지가수준) + 239.4 × (층수) + 83.8 × (전용률)
− 59,414(상수항) 모형설명력 (R제곱값 : 0.926)

■○○ 주상복합아파트 평당분양가 산출결과 (32,46평)

32평 분양가 = (171.774 × 78 ) + (10.337 × 800)
+ (17.194 × 545) + (55.593 × 32)
− 23,119

산출 평당분양가 : 9,699천원
± 5% 고려시 9,214~10,184천원

49평 분양가 = (171.774 × 78) + (10.117 × 800)
+ (17.194 × 545) + (55.593 × 49)
− 23,119

산출 평당분양가 : 10,643천원
± 5% 고려시 10,112~11,176천원

■○○ 주상복합오피스텔 분양가 산출결과 (20평 기준)

20평 분양가 = ( 7,004 × 20 ) + ( 56 × 800)
+ (239.4 × 25) + (83.8 × 50)
− 59,414

산출 분양가 : 135,641천원

± 5% 고려시 129,144~142,738천원

20평형 평당 분양가 : 6,782천원

± 5% 고려시 6,443~7,121천원

## 시장접근 방식에 의한 적정분양가 검토

본 자료에 쓰이고 있는 평균가격은 단순한 산술평균이 아닌 세대수를 반영한 평균임

- 즉 1억원 100세대와 10억원 1세대가 있을 경우 대부분은 평균가를 10억 + 1억 ÷ 2 = 5.5억으로 계산하지만
- 본 자료는 [ (1억 × 100) + (10억 × 1) ] ÷ 101 = 1.08억으로 계산하여 오차범위를 극소화

동일수급권의 아파트 가격지수 분석은

- 인근지역의 아파트 평당 평균매매가격(7,779천원)을 기준(100)으로 인근지역 및 유사지역의 아파트 매매가격 및 분양가, 분양권 가격을 특성화, 가격지수로 환원시켜 산출하고, 이 가격지수의 평균을 통하여 지역의 수준(지역지수)를 산정함

| 권　역 | 아파트지수 | 오피스텔지수 | 주상복합지수 | 지역지수 |
|---|---|---|---|---|
| 인근지역 | 100.00 | 70.31 | 98.59 | 89.63 |
| 신정/목동 | 109.90 | 83.68 | 137.53 | 110.37 |
| 구로 | 97.94 | 64.27 | 61.05 | 74.42 |
| 영등포 | 117.61 | 74.04 | 70.31 | 87.32 |
| 사당/역삼 | 154.76 | 98.07 | 144.99 | 132.60 |
| 중랑/동대문 | 80.72 | 55.27 | 85.35 | 73.78 |

- 지역별 매매가와 분양가와의 차이(프리미엄)를 지수간 격차로 산출하고, 산출된 지수격차로 동일수급권 전지역의 산술평균화한 통합지수격차(103.70)를 구하고,

- 인근지역의 평균 평당 분양가에 위에서 구한 통합지수를 적용(7,779천원 × 103.70)하여 통합지수를 전 동일수급권 내에서 사용할 수 있는 지수로 일반화하여 현황 최대매매가, 즉 현재시점에서 과거의 모든 자료로 산출 가능한 최대의 매매가(8,066천원)를 산출하고, 통합지수와 인근지역의 지수격차(109.99)를 보정하여 지수를 반영한 매매가를 산출함(9,332천원)

- 이렇게 산출된 지수반영가격에 대하여 시점수정을 실시하여 적정매매가를 산출함
  시점수정은 과거의 낮은 분양가를 현재가치로 환산하여 현재의 상황에서 매매할 경우로 환원하는 방법이며, 대상지역의 경우 지역 내 최근 주상복합 및 오피스텔의 분양이 거의 없는 관계로 인하여 지수오류를 범할 수 있기에 지역요인의 비교보다는 2000년의 낮은 분양가를 극복하기 위하여 시점수정 실시함
  시점수정 방법은 2000년, 2001년의 평당 분양가의 가중평균과 2002년의 분양가의 가중평균을 보정하여 사용

- 산출된 적정 매매가에 지역의 주상복합지수를 곱하면 인근지역의 주상복합 적정 분양가를 산출(10,146천원 × 98.59 = 10,002천원)

- 오차비율(± 5%)을 적용하여 적정 주상복합 분양가격대를 평가하면
  9,502천원 ~ 10,502천원의 가격대를 형성하게 됨

□오피스텔의 가격은

- 위에서 산정된 적정매매가(10,146천원)에 인근지역의 오피스텔 지수(70.31)를 적용하여 지역 내 적정 오피스텔의 가격으로 산출 할 수 있음
- 이 경우 10,146천원 X 0.7031 = 7,134천원의 오피스텔 기준 분양가를 산정할 수 있음
- 오차비율(± 5%)을 적용하여 적정 오피스텔 평당 분양가격대를 평가하면
  6,777천원 ~ 7,490천원의 가격대를 형성하게 됨

| 통계적 분양가 산출 결과 | 시장접근적 분양가 검증 결과 |
|---|---|
| 아 파 트 32평형 평당 분양가<br>9,214 ~ 10,184천원<br>49평형 평당 분양가<br>10,112 ~ 11,176천원<br>오피스텔 20평형 평당 분양가<br>6,443 ~ 7,121천원 | 아파트 평당 기준 분양가는<br>9,502천원 ~ 10,502천원<br><br>오피스텔 평당 기준 분양가는<br>6,777천원 ~ 7,490천원 |

〈각 평형의 등급 구분〉

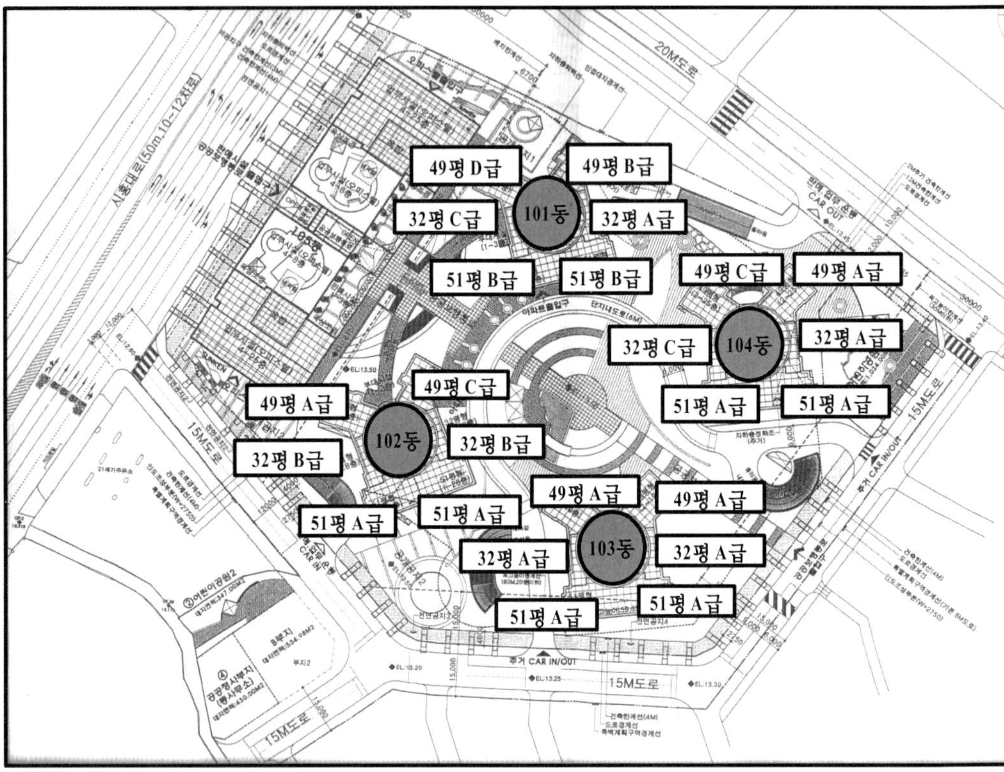
49평 D급
49평 B급
32평 C급
101동
32평 A급
51평 B급
51평 B급
49평 C급
49평 A급
32평 C급
104동
32평 A급
49평 C급
49평 A급
51평 A급
51평 A급
102동
32평 B급
32평 B급
49평 A급
51평 A급
51평 A급
49평 A급
103동
32평 A급
32평 A급
51평 A급
51평 A급
20M도로
15M도로
15M도로
15M도로
15M도로
주거 CAR IN/OUT

## 아파트 가격 책정의 기준

■ 각 동의 향, 조망을 고려하여 같은 평형이라도 동의 배치에 따라 차등을 둠.
■ 같은 동에서도 층별 위치를 고려하여 4단계로 차등을 둠.

## 가격차등분류

| 구 분 | 32평 | 49평 | 51평 |
|---|---|---|---|
| 11층 이상<br>(기준가격) | A급: 기준가<br>B급: －5,000천원<br>C급: －10,000천원 | A급: 기준가<br>B급: －5,000천원<br>C급: －10,000천원<br>D급: －15,000천원 | A급: 기준가<br>B급: －10,000천원 |
| 4~10층 | 기준가 대비 －5,000천원 | 기준가 대비 －10,000천원 | 기준가 대비 －15,000천원 |
| 2, 3층 | 기준가 대비 －10,000천원 | 기준가 대비 －20,000천원 | 기준가 대비 －30,000천원 |
| 1층 | 기준가 대비 －15,000천원 | 기준가 대비 －30,000천원 | 기준가 대비 －45,000천원 |

✔각 동의 등급은 조감도와 배치도를 참고하여 작성(뒷면 그림 참조).
✔기본적으로 총 분양액은 최종제안때와 동일하며, 층·향·위치별로 차등을 세분화시켰음.
✔각 평형의 기본가격은 11층 이상으로 하였으며, 각 급수에 따라 기본가격 책정.

## 각 동별/세대별 평당 분양가 제안(아파트)

### 101동

| 동급 | D | C | B | B | A | B |
|---|---|---|---|---|---|---|
| 라인 | 1호라인 | 2호라인 | 3호라인 | 4호라인 | 5호라인 | 6호라인 |
| 향 | 북서향 | 서향 | 남향 | 남향 | 동향 | 북동향 |
| 층수 | 21 | 22 | 19 | 19 | 22 | 21 |
| 평형 | 49 | 32 | 51 | 51 | 32 | 49 |
| 22 | | 10,690,000 | | | 11,000,000 | |
| 21 | 11,464,000 | 10,690,000 | | | 11,000,000 | 11,668,000 |
| 20 | 11,464,000 | 10,690,000 | | | 11,000,000 | 11,668,000 |
| 19 | 11,464,000 | 10,690,000 | 11,574,000 | 11,574,000 | 11,000,000 | 11,668,000 |
| 18 | 11,464,000 | 10,690,000 | 11,574,000 | 11,574,000 | 11,000,000 | 11,668,000 |
| 17 | 11,464,000 | 10,690,000 | 11,574,000 | 11,574,000 | 11,000,000 | 11,668,000 |
| 16 | 11,464,000 | 10,690,000 | 11,574,000 | 11,574,000 | 11,000,000 | 11,668,000 |
| 15 | 11,464,000 | 10,690,000 | 11,574,000 | 11,574,000 | 11,000,000 | 11,668,000 |
| 14 | 11,464,000 | 10,690,000 | 11,574,000 | 11,574,000 | 11,000,000 | 11,668,000 |
| 13 | 11,464,000 | 10,690,000 | 11,574,000 | 11,574,000 | 11,000,000 | 11,668,000 |
| 12 | 11,464,000 | 10,690,000 | 11,574,000 | 11,574,000 | 11,000,000 | 11,668,000 |
| 11 | 11,464,000 | 10,690,000 | 11,574,000 | 11,574,000 | 11,000,000 | 11,668,000 |
| 10 | 11,260,000 | 10,534,000 | 11,280,000 | 11,280,000 | 10,844,000 | 11,464,000 |
| 9 | 11,260,000 | 10,534,000 | 11,280,000 | 11,280,000 | 10,844,000 | 11,464,000 |
| 8 | 11,260,000 | 10,534,000 | 11,280,000 | 11,280,000 | 10,844,000 | 11,464,000 |
| 7 | 11,260,000 | 10,534,000 | 11,280,000 | 11,280,000 | 10,844,000 | 11,464,000 |
| 6 | 11,260,000 | 10,534,000 | 11,280,000 | 11,280,000 | 10,844,000 | 11,464,000 |
| 5 | 11,260,000 | 10,534,000 | 11,280,000 | 11,280,000 | 10,844,000 | 11,464,000 |
| 4 | 11,260,000 | 10,534,000 | | 11,280,000 | 10,844,000 | 11,464,000 |
| 3 | | 10,378,000 | | 10,986,000 | 10,688,000 | 11,260,000 |
| 2 | | | | 10,986,000 | 10,688,000 | 11,260,000 |
| 1 | | | | 10,692,000 | 10,532,000 | 11,056,000 |

▪101동 분양수입 : 56,147,924천원 (평균평당분양가 11,190천원)

### 102동

| 동급 | A | B | A | A | B | C |
|---|---|---|---|---|---|---|
| 라인 | 1호라인 | 2호라인 | 3호라인 | 4호라인 | 5호라인 | 6호라인 |
| 향 | 북서향 | 서향 | 남향 | 남향 | 동향 | 북동향 |
| 층수 | 21 | 28 | 28 | 28 | 28 | 21 |
| 평형 | 49 | 32 | 51 | 51 | 32 | 49 |
| 28 | | 10,844,000 | 11,770,000 | 11,770,000 | 10,844,000 | |
| 27 | | 10,844,000 | 11,770,000 | 11,770,000 | 10,844,000 | |
| 26 | | 10,844,000 | 11,770,000 | 11,770,000 | 10,844,000 | |
| 25 | | 10,844,000 | 11,770,000 | 11,770,000 | 10,844,000 | |
| 24 | | 10,844,000 | 11,770,000 | 11,770,000 | 10,844,000 | |
| 23 | | 10,844,000 | 11,770,000 | 11,770,000 | 10,844,000 | |
| 22 | | 10,844,000 | 11,770,000 | 11,770,000 | 10,844,000 | |
| 21 | 11,770,000 | 10,844,000 | 11,770,000 | 11,770,000 | 10,844,000 | 11,566,000 |
| 20 | 11,770,000 | 10,844,000 | 11,770,000 | 11,770,000 | 10,844,000 | 11,566,000 |
| 19 | 11,770,000 | 10,844,000 | 11,770,000 | 11,770,000 | 10,844,000 | 11,566,000 |
| 18 | 11,770,000 | 10,844,000 | 11,770,000 | 11,770,000 | 10,844,000 | 11,566,000 |
| 17 | 11,770,000 | 10,844,000 | 11,770,000 | 11,770,000 | 10,844,000 | 11,566,000 |
| 16 | 11,770,000 | 10,844,000 | 11,770,000 | 11,770,000 | 10,844,000 | 11,566,000 |
| 15 | 11,770,000 | 10,844,000 | 11,770,000 | 11,770,000 | 10,844,000 | 11,566,000 |
| 14 | 11,770,000 | 10,844,000 | 11,770,000 | 11,770,000 | 10,844,000 | 11,566,000 |
| 13 | 11,770,000 | 10,844,000 | 11,770,000 | 11,770,000 | 10,844,000 | 11,566,000 |
| 12 | 11,770,000 | 10,844,000 | 11,770,000 | 11,770,000 | 10,844,000 | 11,566,000 |
| 11 | 11,770,000 | 10,844,000 | 11,770,000 | 11,770,000 | 10,844,000 | 11,566,000 |
| 10 | 11,566,000 | 10,688,000 | 11,476,000 | 11,476,000 | 10,688,000 | 11,362,000 |
| 9 | 11,566,000 | 10,688,000 | 11,476,000 | 11,476,000 | 10,688,000 | 11,362,000 |
| 8 | 11,566,000 | 10,688,000 | 11,476,000 | 11,476,000 | 10,688,000 | 11,362,000 |
| 7 | 11,566,000 | 10,688,000 | 11,476,000 | 11,476,000 | 10,688,000 | 11,362,000 |
| 6 | 11,566,000 | 10,688,000 | 11,476,000 | 11,476,000 | 10,688,000 | 11,362,000 |
| 5 | 11,566,000 | 10,688,000 | 11,476,000 | 11,476,000 | 10,688,000 | 11,362,000 |
| 4 | | 10,688,000 | 11,476,000 | 11,476,000 | 10,688,000 | |
| 3 | | 10,532,000 | 11,182,000 | 11,182,000 | 10,532,000 | |
| 2 | | 10,532,000 | | 11,182,000 | 10,532,000 | |
| 1 | | 10,376,000 | | 10,888,000 | 10,376,000 | |

▪102동 분양수입 : 70,681,326천원 (평균평당분양가 11,291천원)

### 103동

| 동급 | A | A | A | A | A | A |
|---|---|---|---|---|---|---|
| 라인 | 1호라인 | 2호라인 | 3호라인 | 4호라인 | 5호라인 | 6호라인 |
| 향 | 북서향 | 서향 | 남향 | 남향 | 동향 | 북동향 |
| 층수 | 19 | 22 | 20 | 20 | 22 | 19 |
| 평형 | 49 | 32 | 51 | 51 | 32 | 49 |
| 22 | | 11,000,000 | | | 11,000,000 | |
| 21 | | 11,000,000 | | | 11,000,000 | |
| 20 | | 11,000,000 | 11,770,000 | 11,770,000 | 11,000,000 | |
| 19 | 11,770,000 | 11,000,000 | 11,770,000 | 11,770,000 | 11,000,000 | 11,770,000 |
| 18 | 11,770,000 | 11,000,000 | 11,770,000 | 11,770,000 | 11,000,000 | 11,770,000 |
| 17 | 11,770,000 | 11,000,000 | 11,770,000 | 11,770,000 | 11,000,000 | 11,770,000 |
| 16 | 11,770,000 | 11,000,000 | 11,770,000 | 11,770,000 | 11,000,000 | 11,770,000 |
| 15 | 11,770,000 | 11,000,000 | 11,770,000 | 11,770,000 | 11,000,000 | 11,770,000 |
| 14 | 11,770,000 | 11,000,000 | 11,770,000 | 11,770,000 | 11,000,000 | 11,770,000 |
| 13 | 11,770,000 | 11,000,000 | 11,770,000 | 11,770,000 | 11,000,000 | 11,770,000 |
| 12 | 11,770,000 | 11,000,000 | 11,770,000 | 11,770,000 | 11,000,000 | 11,770,000 |
| 11 | 11,770,000 | 11,000,000 | 11,770,000 | 11,770,000 | 11,000,000 | 11,770,000 |
| 10 | 11,566,000 | 10,850,000 | 11,480,000 | 11,476,000 | 10,850,000 | 11,566,000 |
| 9 | 11,566,000 | 10,850,000 | 11,480,000 | 11,476,000 | 10,850,000 | 11,566,000 |
| 8 | 11,566,000 | 10,850,000 | 11,476,000 | 11,476,000 | 10,850,000 | 11,566,000 |
| 7 | 11,566,000 | 10,850,000 | 11,476,000 | 11,476,000 | 10,850,000 | 11,566,000 |
| 6 | 11,566,000 | 10,850,000 | 11,476,000 | 11,476,000 | 10,850,000 | 11,566,000 |
| 5 | 11,566,000 | 10,850,000 | 11,476,000 | 11,476,000 | 10,850,000 | 11,566,000 |
| 4 | 11,566,000 | 10,850,000 | 11,476,000 | 11,476,000 | 10,850,000 | 11,566,000 |
| 3 | 11,362,000 | 10,690,000 | 11,190,000 | 11,190,000 | 10,690,000 | 11,362,000 |
| 2 | 11,362,000 | 10,690,000 | 11,190,000 | 11,190,000 | 10,690,000 | 11,362,000 |
| 1 | 11,158,000 | 10,540,000 | 10,890,000 | 10,890,000 | 10,540,000 | |

▪ 103동 분양수입 : 60,033,594천원 (평균 평당 분양가 11,344천원)

### 104동

| 동급 | C | C | A | A | A | A |
|---|---|---|---|---|---|---|
| 라인 | 1호라인 | 2호라인 | 3호라인 | 4호라인 | 5호라인 | 6호라인 |
| 향 | 북서향 | 서향 | 남향 | 남향 | 동향 | 북동향 |
| 층수 | 25 | 28 | 28 | 28 | 28 | 25 |
| 평형 | 49 | 32 | 51 | 51 | 32 | 49 |
| 28 | | 10,687,500 | 11,770,000 | 11,770,000 | 11,000,000 | |
| 27 | | 10,687,500 | 11,770,000 | 11,770,000 | 11,000,000 | |
| 26 | | 10,687,500 | 11,770,000 | 11,770,000 | 11,000,000 | |
| 25 | 11,566,000 | 10,687,500 | 11,770,000 | 11,770,000 | 11,000,000 | 11,770,000 |
| 24 | 11,566,000 | 10,687,500 | 11,770,000 | 11,770,000 | 11,000,000 | 11,770,000 |
| 23 | 11,566,000 | 10,687,500 | 11,770,000 | 11,770,000 | 11,000,000 | 11,770,000 |
| 22 | 11,566,000 | 10,687,500 | 11,770,000 | 11,770,000 | 11,000,000 | 11,770,000 |
| 21 | 11,566,000 | 10,687,500 | 11,770,000 | 11,770,000 | 11,000,000 | 11,770,000 |
| 20 | 11,566,000 | 10,687,500 | 11,770,000 | 11,770,000 | 11,000,000 | 11,770,000 |
| 19 | 11,566,000 | 10,687,500 | 11,770,000 | 11,770,000 | 11,000,000 | 11,770,000 |
| 18 | 11,566,000 | 10,687,500 | 11,770,000 | 11,770,000 | 11,000,000 | 11,770,000 |
| 17 | 11,566,000 | 10,687,500 | 11,770,000 | 11,770,000 | 11,000,000 | 11,770,000 |
| 16 | 11,566,000 | 10,687,500 | 11,770,000 | 11,770,000 | 11,000,000 | 11,770,000 |
| 15 | 11,566,000 | 10,687,500 | 11,770,000 | 11,770,000 | 11,000,000 | 11,770,000 |
| 14 | 11,566,000 | 10,687,500 | 11,770,000 | 11,770,000 | 11,000,000 | 11,770,000 |
| 13 | 11,566,000 | 10,687,500 | 11,770,000 | 11,770,000 | 11,000,000 | 11,770,000 |
| 12 | 11,566,000 | 10,687,500 | 11,770,000 | 11,770,000 | 11,000,000 | 11,770,000 |
| 11 | 11,566,000 | 10,687,500 | 11,770,000 | 11,770,000 | 11,000,000 | 11,770,000 |
| 10 | 11,362,000 | 10,531,500 | 11,480,000 | 11,480,000 | 10,850,000 | 11,566,000 |
| 9 | 11,362,000 | 10,531,500 | 11,480,000 | 11,480,000 | 10,850,000 | 11,566,000 |
| 8 | 11,362,000 | 10,531,500 | 11,480,000 | 11,480,000 | 10,850,000 | 11,566,000 |
| 7 | 11,362,000 | 10,531,500 | 11,480,000 | 11,480,000 | 10,850,000 | 11,566,000 |
| 6 | 11,362,000 | 10,531,500 | 11,480,000 | 11,480,000 | 10,850,000 | 11,566,000 |
| 5 | 11,362,000 | 10,531,500 | 11,480,000 | 11,480,000 | 10,850,000 | 11,566,000 |
| 4 | 11,362,000 | 10,531,500 | 11,480,000 | 11,480,000 | 10,850,000 | 11,566,000 |
| 3 | 11,157,840 | 10,375,000 | 11,190,000 | 11,190,000 | 10,690,000 | 11,362,000 |
| 2 | 11,157,840 | 10,375,000 | 11,190,000 | 11,190,000 | 10,690,000 | 11,362,000 |
| 1 | | 10,219,500 | 10,890,000 | 10,890,000 | 10,540,000 | |

▪ 104동 분양수입 : 79,717,108천원 (평균 평당 분양가 11,309천원)

## 오피스텔 가격 책정의 기준

### 〈향에 따른 등급 및 차등 계획〉

<table>
<tr><td rowspan="2">남서(A)</td><td>북서(B)</td><td rowspan="2">북동(B)</td></tr>
<tr><td>남동(A)</td></tr>
</table>

| 등급 | A | B |
|---|---|---|
| 차등금액(원/평) | 기준가 | −200,000 |

### 〈층에 따른 등급 및 차등 계획〉

<table>
<tr><th>등 급</th><th>층</th><th>차등금액</th></tr>
<tr><td rowspan="7">A</td><td>25</td><td rowspan="7">기준가</td></tr>
<tr><td>24</td></tr>
<tr><td>23</td></tr>
<tr><td>22</td></tr>
<tr><td>21</td></tr>
<tr><td>20</td></tr>
<tr><td>19</td></tr>
<tr><td rowspan="6">B</td><td>18</td><td rowspan="6">−100,000</td></tr>
<tr><td>17</td></tr>
<tr><td>16</td></tr>
<tr><td>15</td></tr>
<tr><td>14</td></tr>
<tr><td>13</td></tr>
<tr><td rowspan="4">C</td><td>12</td><td rowspan="4">−200,000</td></tr>
<tr><td>11</td></tr>
<tr><td>10</td></tr>
<tr><td>9</td></tr>
<tr><td rowspan="3">D</td><td>8</td><td rowspan="3">−350,000</td></tr>
<tr><td>7</td></tr>
<tr><td>6</td></tr>
<tr><td rowspan="2">E</td><td>5</td><td rowspan="2">−500,000</td></tr>
<tr><td>4</td></tr>
<tr><td colspan="3">판매시설</td></tr>
</table>

## 판매시설 가격 책정 및 시기

(평당분양가격)

●판매시설 1층
(1,238평/분양평형)

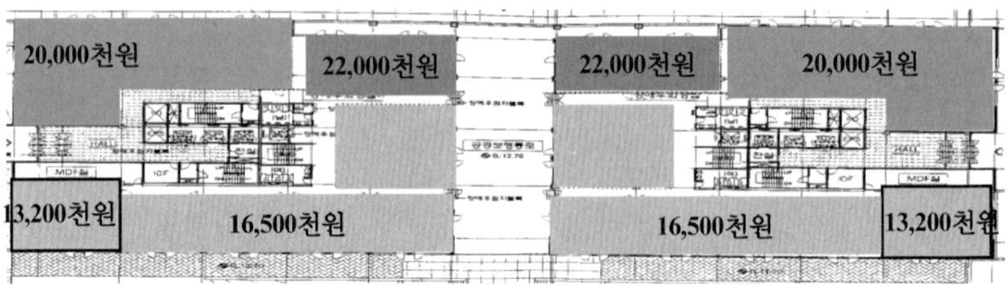


●판매시설 2층
(1,214평)

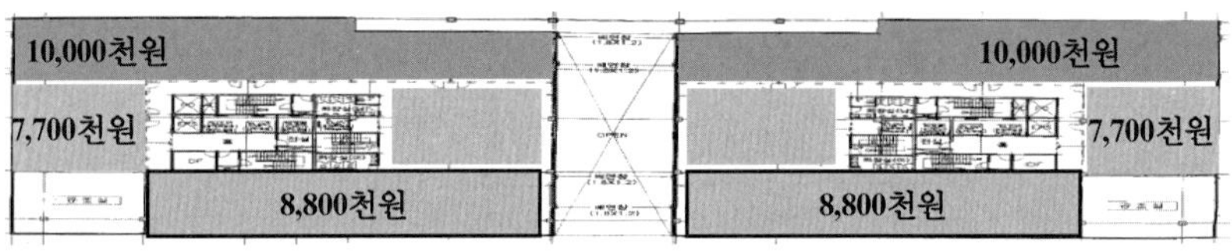


●판매시설 3층
(1,629평)

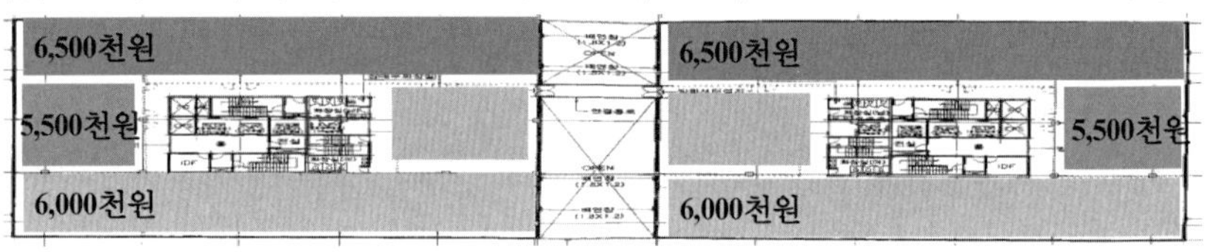


■ 판매시설의 분양시기는 아파트와 오피스텔의 분양이 붐을 이룬 직후 바로 시행하는 것이 유리함
- 일반적으로 판매시설 분양은 입주 1년 전(공정 70% 진행)에 시행
- 이는 중도금 납부가 계약자에게 많은 부담을 주기 때문에 부담 기간을 단축하기 위하여 하는 것임

■ 본 대상사업의 경우는 분양은 즉시 시행하고, 중도금의 납부는 입주 1년 전부터 납부토록 하는 것이 타당하다고 판단됨
- 판매시설 분양가는 기간경과에 따라 변동이 거의 없고, 아파트/오피스텔의 고객이 M/H를 방문했을 때 판매하는 것이 가장 적정하다 판단됨

■ 판매시설의 경우 건물이 모습을 드러내면 분양성이 떨어지게 됨
- 건축 전에는 도면과 조감도를 이용하여 분양을 하고, 고객은 이에 대한 기대심리를 가지고 매수에 나서게 됨
- 건축이 실행되면 조경과 계단 등 접근로 결절 사유가 나타날 수 있고
- 판매시설의 전용률이 낮음으로 인해 도면상 30평과 실제 보는 30평은 상당한 괴리를 가지게 됨

# Ⅵ. 수요층 분석

- 청약열기와 무관하게 계약률은 낮아지는 현 추세로 볼 때, 정확한 수요층 타깃을 선정하는 것이 관건

## 수요층 지역 구분

| 지역구분 | 세부지역구분 | 세부 타깃 아파트 단지 현황 |
|---|---|---|
| □ 직접 대체 수요지<br><br>- 동작구, 영등포구, 구로구, 금천구, 관악구<br><br> | ○ 동작구 지역 대상<br>- 대방, 상도, 신대방, 흑석동 아파트 거주자 (40~60평형)<br><br>○ 영등포구 지역 대상<br>- 당산, 대림, 문래, 신길, 양평동 아파트 거주자 (35~56평형)<br><br>○ 구로구 지역 대상<br>- 구로, 신도림동 아파트 거주자(48~68평형)<br><br>○ 금천구, 관악구 지역 대상<br>- 50평형 이상 빌라 거주자 | ■ 동작구 : 사업대상지 인근 동 가격대 아파트 거주자<br>- 대방동: 대림아파트 등(약 480세대)<br>상도동: 대림아파트 등(약 360세대)<br>신대방동: 경남, 롯데관악타워, 보라매아카데미, 보라매현대, 삼성옴니타워 등(430세대)<br>■ 영등포구 : 여의도동(간접 대체 수요지) 제외<br>- 당산, 대림동 : 효성1차, 현대3차 등 (약 360세대)<br>문래동 : LG빌리지 등(약 1,000세대)<br>신길, 양평동 : 한성, 거성파스텔 등 (약 240세대)<br>■ 구로구<br>- 구로동 : 구로롯데, 태영, 현대파크빌 등 (약400세대)<br>- 신도림동 : 대림 1차, 동아 1·3차 등 (약 500세대) |
| □ 간접 대체 수요지<br>- 강서구, 양천구, 용산구, 서초, 강남구<br><br> | ○ 강서구 지역 아파트 거주자<br>- 가양, 등촌동(48~55평형)<br><br>○ 양천구 지역 아파트 거주자<br>- 목동, 신정동(30~67평형)<br><br>○ 용산구 지역 아파트 거주자<br>- 이촌, 이태원동(24~40평형)<br><br>○ 서초, 강남구 지역 대상<br>- 대체 수요자는 거의 없을 듯 보이며 투자, 임대사업자를 대상으로 Target 영업 방법 적용지 | ■ 강서구<br>- 가양동, 등촌동 : 대아동신, 대림, 동성 등 (약 1000세대)<br>■ 양천구 지역<br>- 목동 : 목동신시가지 1, 2, 3, 4, 5, 6, 7단지, 부영그린타워 등(약 4,500세대)<br>- 신정동 : 목동신시가지 8, 9, 10, 13, 14단지, 목동현대, 삼성 등(약 4,000세대)<br>■ 용산구 지역<br>(한강주변 중·소형평형 노후 아파트 거주자 위주)<br>- 이촌: 대림, 렉스, 삼익, 왕궁, 점보, 한강맨션 등(약1500세대)<br>이태원: 대림, 청화 등(약 500세대) |

### 직군별, 소속단체별, 소유재산별 구분

| 구 분 | 주 타깃 수요자 | 세부 타깃 수요자 자료 현황 |
|---|---|---|
| 직 군 별 | ○ 전국경제인 연합회 소속기업 과장급 이상<br>○ 벤처기업협회 소속 과장급 이상<br>○ 각 언론사, 방송사 임원<br>○ 동작구, 영등포구, 구로구 지역 거주 의사, 변호사, 교수층<br>○ 동작구, 영등포구, 구로구 지역 자영업자 | ■ 전국경제인연합회 CEO명단<br>■ 벤처기업협회 CEO명단<br>■ 각 언론사 및 방송사 기자 명단<br>■ 해당지역 내 개원의 및 법률 사무소 명단<br>- 직접 수요지역 개원의 1,149개소 법률사무소(개인 포함) 73개소<br>■ 해당 지역 내 자영업 종사자 명단 (입수 중) |
| 소속 단체별 | ○ 로터리클럽, 라이온스클럽, JC클럽 등 | ■ 각 클럽 지구별 명단<br>- 서울시 로터리클럽 총 22개 지구 163클럽 5,260명<br>- 직접 수요지역 4개 지구 26클럽 860명 |
| 소유재산별 | ○ 2,000cc 이상급 자동차 보유자<br>○ 골프 및 콘도 회원권 소지자<br>○ 연간 2억 이상 소득자 | ■ 현대, 기아자동차 중·대형 고객 명단<br>■ 서울시 골프연습장 총 204개소 소재지<br>- 직접 수요지역 골프연습장 66개소 소재지<br>■ 서울시내 2억 이상 소득자 명단 |
| 기 타 | ○ 서울 각 지부별 공인중개사 | ■ 대한공인중개사협회 각 지회별 지회장 명단<br>- 직접 수요지역 5개 지회(1,041명) 지회장 명단 |

# Ⅶ. 마케팅 업무

## 사전 마케팅

| 마케팅 대상 | 지 역 | 사전 마케팅 실시내용 | 홍보 방법 |
|---|---|---|---|
| 주부(30~50대)층 | 광역 대체 수요지<br>(서울시 전체 및 분당, 일산지역) | ▪ 부녀회 조직 영업<br>- 직접 수요지, 간접 수요지<br>▪ 주부전담 모니터 활용<br>▪ 해당지역별 전담영업사원 배치 | ▪ 각 부녀회장 명의 DM발송<br>▪ 부녀회 및 주부전담모니터를 활용한 구전홍보<br>▪ 아파트광고게시판 및 기념품 활용 |
| 지역 내 리더계층<br>- 로터리, JC클럽 등<br>- 개원의, 변호사<br>- 고소득 자영업자 |  | ▪ 정확한 수요 대상 설정<br>▪ 인터넷 마케팅 영업<br>▪ 분양 전담요원 배정<br>▪ 지역 내 자영업소 방문 | ▪ 사업설명회 개최<br>▪ 각 클럽별 DM 및 E-MAIL발송<br>▪ 지역 내 개원의, 법률사무소DM발송<br>▪ 전담 요원들의 자영업자 직접방문<br>▪ 홍보책자 발간 |
| 투자자<br>- 전매차익 투자자<br>- 임대수익 투자자<br>- 공인중개사 | | ▪ 고소득자 명단 활용<br>▪ 인터넷 마케팅 영업<br>▪ 분양 전담요원 배정<br>▪ 광역지역 부동산업소 활용<br>- 임대, 투자전문 업소파악 | ▪ 사업설명회 개최<br>▪ 대상자 DM 및 E-MAIL발송<br>▪ 광역지역 부동산업소 전담요원 방문<br>▪ 사전예약 실시<br>▪ M/H내 특별 상담 자리 설치<br>▪ 수익률 분석 D/M발송 |
| 기 타<br>- 인근 내 집 마련 수요<br>- 인근 단독주택거주자<br>- 거주지 이주자 | ● 직접 대체 수요지<br>● 간접 대체 수요지 | ▪ 대상지 인근 전 주거 대상자<br>▪ 지역 내 부동산 업소 활용<br>▪ 부녀회 활용(직, 간접 수요지)<br>▪ 보험설계사 및 분양요원 활용 | ▪ 광역지역 전단, 광고지<br>▪ 지역 내 주요 중개업소 분양요원 상시배치<br>▪ D/M발송 및 직접배포 |

## 주요 마케팅 활동 포인트

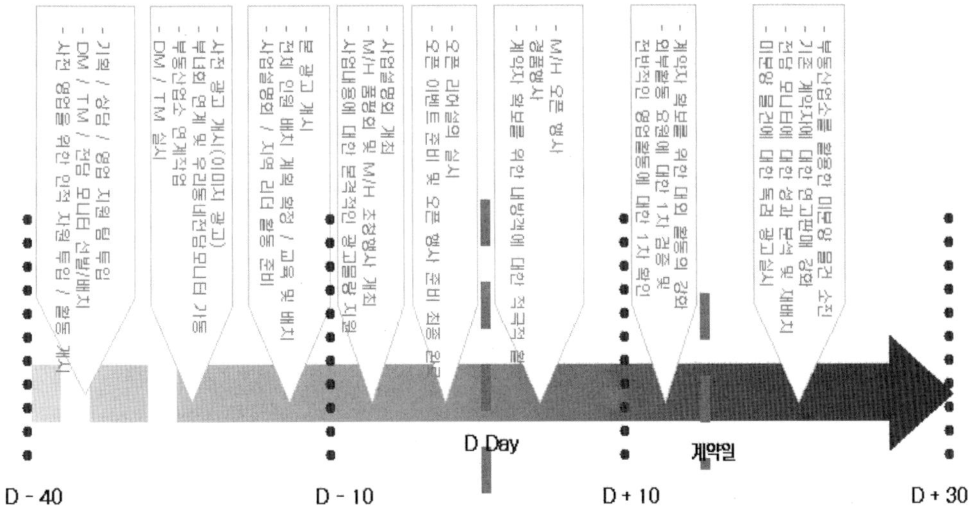


사전활동을 통한 사업 인지도 증가

부동산 연계를 통한 기대심리/대기수요 촉구

투자심리 유발 → 구매력 상승

M/H 내방객 극대화 추진

적극적인 상담과 찾아가는 영업으로 계약 극대화

미분양 물건에 대한 전반적 분양능력 제고

# 부산 연제구 ○○아파트 마케팅 제안서

# Ⅰ. 프로젝트 개요

## 현 황

- 부동산시장 안정화 법제화 이후의 시장변화에 대한 위험성 상존
- 대상부지의 인근에 대한 지역 내 공장지대의 이미지 상존
- 부산지역 아파트시장의 특이한 시장 반응에 대한 위험성 상존

## 제안의 목적

- 특화된 전략수립으로 지역 부동산시장의 위험성 극복
- 가망고객에 대한 최대한의 유효수요화를 통한 적정분양가 책정 및 초기 분양 제고
- 지역에 맞는 구매포인트의 제시를 통한 사업의 원활한 진행을 위한 여건 마련
- 사업 시행 초기단계부터 마케팅적 사고의 제안을 통한 사업의 원활한 수행 지원
- 사업 성공

<table>
<tr><td>구 분</td><td colspan="4">내 용</td><td rowspan="5">
</td></tr>
<tr><td>소 재 지</td><td colspan="4">부산광역시 연제구 ○○동 ○○번지</td></tr>
<tr><td>대지면적</td><td colspan="4">49,960.5㎡(15,113.05평)</td></tr>
<tr><td>건축면적</td><td colspan="4">10,090.5㎡(3,052.38평)</td></tr>
<tr><td>연 면 적</td><td colspan="4">249,936.02㎡(75,605.65평)</td></tr>
<tr><td>용 도</td><td colspan="5">공동주택, 근린생활시설, 부대시설</td></tr>
<tr><td>건 폐 율</td><td colspan="2">20.20%</td><td>용 적 률</td><td colspan="2">344.81%</td></tr>
<tr><td rowspan="6">규 모</td><td colspan="5">지하 2층, 지상 24~30층 APT ○개동 ○○○○세대, 근린생활시설 1개동, 기타</td></tr>
<tr><td rowspan="5">아파트</td><td>A형(24.42평형)</td><td>80.73㎡</td><td colspan="2">○○세대</td></tr>
<tr><td>B형(34.78평형)</td><td>114.96㎡</td><td colspan="2">○○세대</td></tr>
<tr><td>C형(40.70평형)</td><td>134.53㎡</td><td colspan="2">○○세대</td></tr>
<tr><td>D형(45.63평형)</td><td>150.82㎡</td><td colspan="2">○○세대</td></tr>
<tr><td>E형(53.32평형)</td><td>176.27㎡</td><td colspan="2">○○세대</td></tr>
<tr><td>조경면적</td><td colspan="5">19,239.20㎡(법정 4,996.05㎡) [녹지율 38.51%]</td></tr>
<tr><td>주차대수</td><td colspan="5">1,802대(법정 1,622대)</td></tr>
</table>

# Ⅱ. 거시적 시장분석

## 부산광역시 일반 현황

부산광역시청 통계자료 2002. 1 기준

### □ 인구분포도

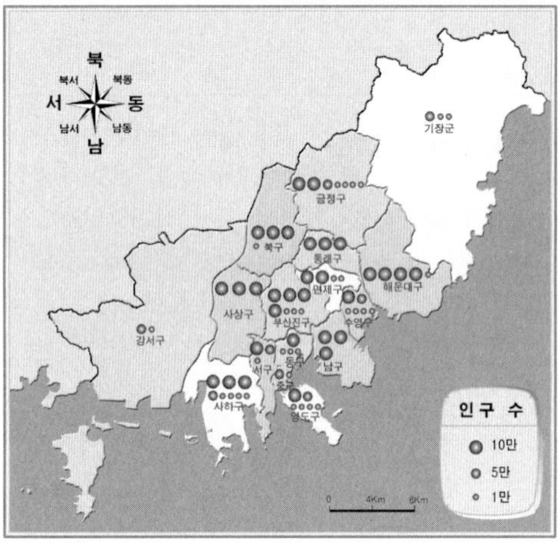


### □ 일반현황

| 구　분 | 내　용 |
|---|---|
| 면　적 | 759.87㎢ |
| 인　구 | 3,786,033명 |
| 가 구 수 | 1,210,902세대 |
| 주 택 수 | 894,222채 |
| 주택 보급률 | 83.30% |

### □ 주택종류별 분포

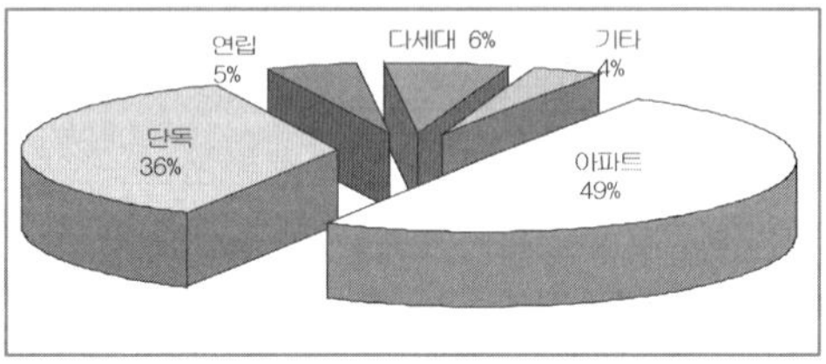


(단위: 세대)

| 총계 | 아파트 | 단독 | 연립 | 다세대 | 기타 |
|---|---|---|---|---|---|
| 894,222 | 443,557 | 318,212 | 41,889 | 57,080 | 33,484 |

■ 각 구별 세대수/인구 현황

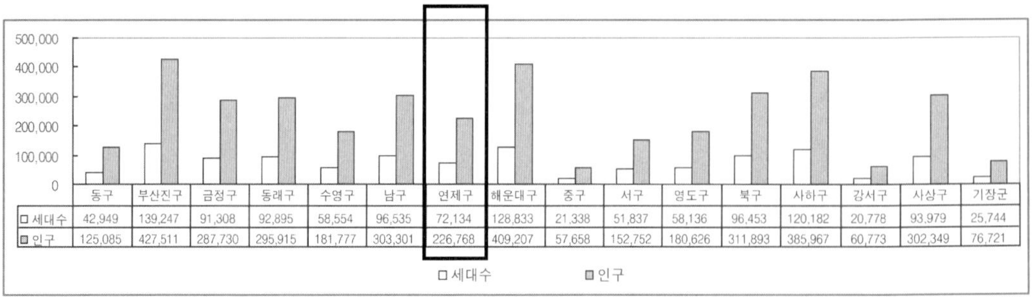


| | 동구 | 부산진구 | 금정구 | 동래구 | 수영구 | 남구 | 연제구 | 해운대구 | 중구 | 서구 | 영도구 | 북구 | 사하구 | 강서구 | 사상구 | 기장군 |
|---|---|---|---|---|---|---|---|---|---|---|---|---|---|---|---|---|
| □ 세대수 | 42,949 | 139,247 | 91,308 | 92,895 | 58,554 | 96,535 | 72,134 | 128,833 | 21,338 | 51,837 | 58,136 | 96,453 | 120,182 | 20,778 | 93,979 | 25,744 |
| ▩ 인구 | 125,085 | 427,511 | 287,730 | 295,915 | 181,777 | 303,301 | 226,768 | 409,207 | 57,658 | 152,752 | 180,626 | 311,893 | 385,967 | 60,773 | 302,349 | 76,721 |

# Ⅲ. 미시적 시장분석

## 아파트 매매시장 분석

### □ 권역별 매매가 분석

(단위: 천원)

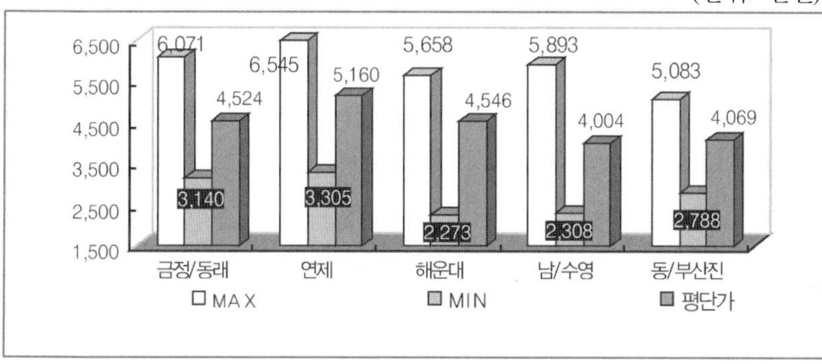


### □ 입주년도별 매매가격 변동추이

(단위: 천원)

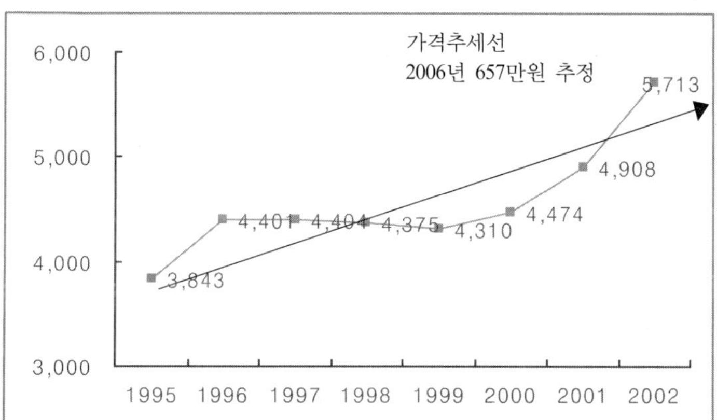


### □ 평형별 입주년도별 매매가 추이

(단위: 천원)

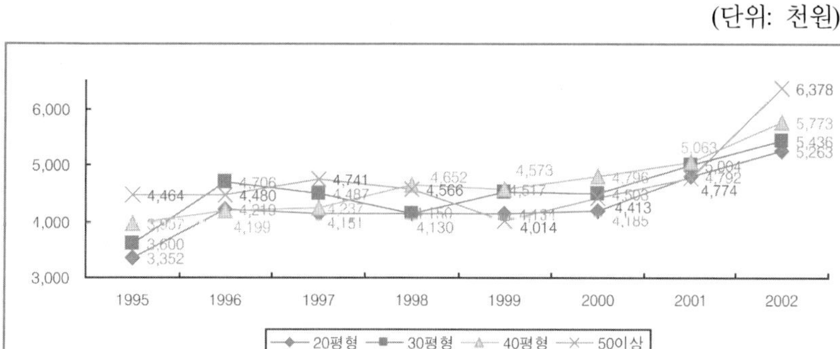

## □ 부산지역 아파트 매매가격 동향

- 지역 내 아파트 매매가는 연제구가 가장 높음
- 연제구는 2000년도 분양가 상승 이후 입주한 아파트가 많으므로 최저가가 높게 나타났기 때문
- 시청 이전 후 법조타운 등 고급아파트가 많이 입주하였기 때문으로 판단됨
  최근의 경기활성화 여파로 인한 매매가 상승추세로 볼 때 2006년의 입주아파트 평균시세는 657만원선으로 추정
  평형별 입주년도별 추세는 특별한 차이점 없이 일정한 추세를 나타내고 있는데, 평형보다는 지역적 개발추세를 중시하는 성향으로 보여짐
- 최근 대형평형의 가격상승이 두드러지고 있는 현상 확인 가능

## □ 부산지역 아파트 분양평형의 분포

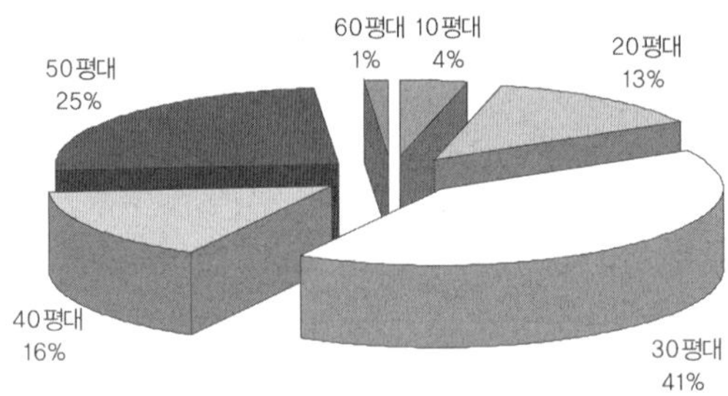


- 30평형 중반 이후 40평형 초반에 국한된 평형으로 구성됨
- 특히 33, 34, 35평이 37% 이상을 차지하고 있으며 30평형의 비중이 높게 형성되고 있음
- 25~26평, 32~35평, 40평, 50평, 59평의 비율이 77%에 이르고 있어 특정평형에 편중되고 있음

- 따라서 분양평형에 있어서 30평형대는 현 공급평형을 기초로 하여 34평형 위주로 구성하고, 40평형대 중후반, 50평형대 중반, 60평형대 초반으로 구성하는 것이 타당하다고 판단됨
  단, 34평의 경우 공급량이 많으므로 TYPE을 3개 내외로 세분화하여 공급하는 것으로 검토 요망
- 또한 24평형은 분양성은 있으나, 용적률 감소 등 사업수지에 영향을 주는 요인들의 발생으로 인하여 중대형 평형의 확대로 대체하고, 배치상 배려로 수익성을 고려함이 적정하다 판단됨

## 아파트 분양시장 분석

### □ 권역별 분양가 분석

(단위: 천원)

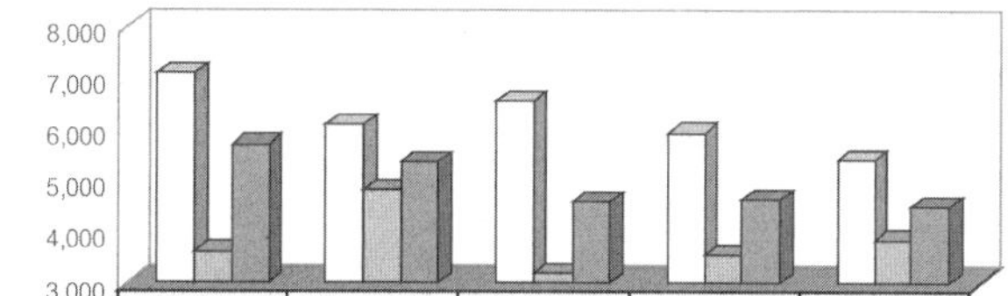


| | 금정/동래 | 연제 | 해운대 | 남/수영 | 동/부산진 |
|---|---|---|---|---|---|
| □ MAX | 7,098 | 6,083 | 6,558 | 5,927 | 5,405 |
| ▨ MIN | 3,621 | 4,813 | 3,184 | 3,542 | 3,848 |
| ■ 평균가 | 5,712 | 5,359 | 4,585 | 4,650 | 4,511 |

### □ 권역별 · 평형별 분양가 분석

(단위: 천원)

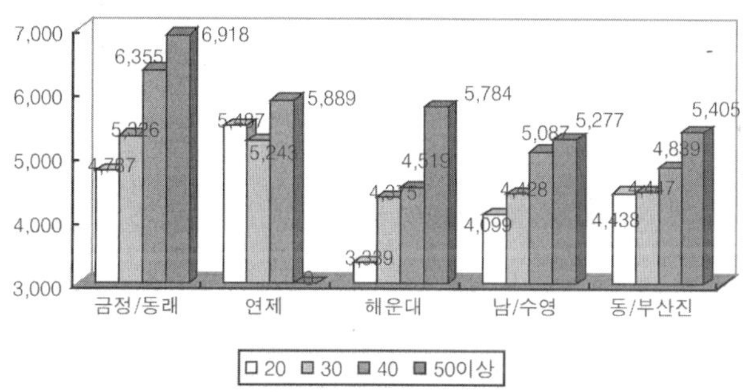


### □ 입주예정년도별 분양가 분포

(단위: 천원)

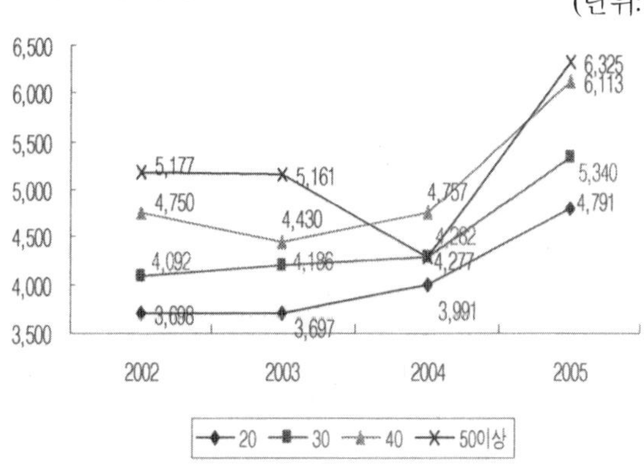

□ 부산시 구별 미분양 동향

(단위: 천원)

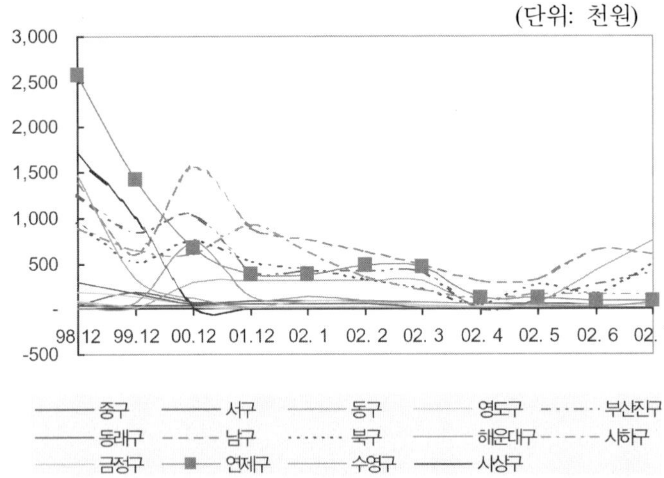


□ 부산지역 분양시장 동향

- 해운대의 분양 최고가는 높게 나타나고 있음
- 평균분양가는 금정/동래구, 연제구 순으로 높은 가격이 형성되고 있음.
- 연제구의 최고가가 낮게 형성된 이유는 최근 연제구에 대형평형의 분양이 없었기 때문으로 판단됨
- 평형별 분포를 보면 연제구는 30, 40평형의 가격이 금정/동래에 이어서 높은 수준으로 형성
- 입주년도를 기준으로 2005년 입주예정(2002년 분양) 아파트의 평당 분양가가 급등하고 있음
- 20평형의 가격대가 낮게 형성되어, 시행자의 수익성에 악영향을 줄 우려가 있어 평형 조정 필요

□ 부산지역 미분양 동향 분석

- 미분양세대수는 부산은 2002년 5월부터 다시 상승세를 타고 있지만, 2002년 7월 말 현재 전체 2,660세대 중에서 남구와 북구, 해운대구가 70%에 가까운 1,856세대를 보유하고 있음
- 연제구는 실제 98년 이후 꾸준한 미분양 감소세를 이어가고 있어 높은 평균분양가에 비해 수요자의 반응이 적극적인 것으로 판단됨

# Ⅵ. SWOT 분석

| STRENGTH | WEAKNESS |
|---|---|
| · 전통적인 주거지역으로서 생활환경이 양호한 입지<br>· 단지 인근에 각종 교육시설이 밀집한 우수한 교육환경<br>· 대중교통과 도로망 등 교통접근성이 우수한 입지 | · 단지 전면부 고가도로(예정) 및 철로로 인해 고급입지의 쾌적성이 저하되는 입지<br>· 단지 주변 녹지와 조망권이 부족한 입지<br>· 지역 내 시공사 브랜드 인지도가 낮음<br>· 분양 전까지 주변 공장의 영업 진행으로 인하여 사업지 이미지 저하 우려 |

| OPPORTUNITY | THREAT |
|---|---|
| · 지역 내 지속적인 미분양 감소 현상<br>· IMF 최대의 피해도시였던 부산경기가 2000년 하반기 이후 급속히 회복하면서 부산지역의 아파트 시장이 동반 활성화 진행<br>· 시청, 법원 이전 후 법조타운 등 고급주거지역 이미지 강화<br>· 중앙로, 거제로, 연산로 등 각종 간선도로망이 우수한 입지 | · 해운대, 수영, 남구지역의 공급과다로 미분양 물량이 증가하여 지역분양시장에 부담이 될 우려<br>· 선거 등의 일정과 중복될 경우 홍보효과 저하로 인한 영업활동 위축 우려 |

부산지역 최고급 단지의 가치창출을 위한 상품 제시가 가능할 경우
초기 분양 완료 가능한 사업

# Ⅴ. 적정 분양가 및 규모 검토

## 계량적 접근을 통한 적정 분양가 제안 신뢰도 97% 수준으로 계상

- 다중회귀분석을 이용하여 부산시장의 최적화 분양가 산출을 위한 모형을 제시
- 분양가 산정에 대한 평형, 지역별요인, 지가, 건설사 인지도, 세대수 등의 변수들이 어떠한 영향을 미치는지 계량화하여 적정 모형을 산출하는데 이용됨. 일반적 회귀식 모형은 다음과 같다.

$$Y = \beta1 \times X1 + \beta2 \times X2 + \beta3 \times X3 + \cdots\cdots + \beta n \times Xn + \varepsilon \text{ (상수항)}$$

[ β: 모형계수, X: 독립변수 ]

부산지역시장의 회귀방정식 제시를 위한 변수의 선정내용 및 분석단위

- 분석자료 : 각 권역별 최근 분양아파트(2002년, 현재 분양이거나 한 달 이내 분양예정아파트)

| 변수유형 | | 변수명 | 주요내용 | 단위 |
|---|---|---|---|---|
| 종속변수 | | 분양가격 | 실분양가격 | 천원 |
| | | 평당가격 | 무이자로 보정된 가격 | 천원 |
| 독립변수 | 구조특성변수 | 평수 | 분양평수 | 평 |
| | | 전체세대수 | 단지 내 총세대수 | 개 |
| | | 평형별 세대수 | 각 평형별 세대수 | 개 |
| | | 층수 | 최상층 | 층 |
| | | 건설사 | 3등급화 | |
| | 지역특성변수 | 구명 | 각 권역별 분류 | |
| | | 동명 | 동별 평균치 표준지가 | 천원 |

- 변수들의 평당가격은 무이자융자시로 전환하여 산출된 가격임
- 문자변수인 건설사는 3등급화하여 순위 점수 사용
  (3:대형건설사 및 지역최고건설사, 2:중견건설사, 1:신규건설사 및 인지도 낮은 건설사)
- 각 권역별로 순위점수 사용(자료치를 권역별로 평균하여 순위치수 사용
  5:금정, 동래구, 4:연제구, 3:부산진, 동구, 2:해운대구, 1:남, 수영구)

## 시장접근 방식에 의한 적정 분양가 제안

신뢰도 95% 수준으로 계상

부산지역의 아파트 가격지수 분석은
- 사업지 인근지역(연제구지역)의 아파트 분양가격을 기준(100)으로 인근지역 및 유사지역의 아파트 매매가격 및 분양가, 분양권 가격을 특성화, 가격지수로 환원시켜 산출하고, 이 가격지수의 평균을 통하여 지역의 수준(지역지수)을 산정함
- 지역별 분양가와 분양권 매매가와의 차이(프리미엄)를 지수간 격차로 산출하고, 산출된 지수격차로 부산 전 지역의 산술평균화한 통합지수격차 (105.73)를 구하고,
- 연제지역의 평균 평당 분양가에 위에서 구한 통합지수를 적용(5,359천원×105.73)하여 통합지수를 전 동일수급권내에서 사용할 수 있는 지수로 일반화하여 현황 최대분양가, 즉 현재 시점에서 과거 모든 자료로 산출가능한 최대 분양가(5,666천원)를 산출하고, 통합지수와 연제지역의 지수격차(101.00)를 보정하여 지수를 반영한 분양가를 산출함(5,931천원)
- 이렇게 산출된 지수반영분양가에 대하여 시점수정을 실시하여 적정분양가를 산출함 (5,931천원×1.0275 = 6,095천원)
- 시점수정은 과거의 낮은 분양가를 현재가치로 환산하여 현재의 상황에서 분양할 경우로 환원하는 방법이며, 연제구의 경우 2002년과 1995년을 환산하면 1.0275라는 환산지수를 산정할 수 있음

※ 본 자료에 쓰이고 있는 평균가격은 단순한 산술평균이 아닌 세대수를 반영한 가중평균임

| 권 역 | 매매지수 | 분양지수 | 분양권지수 | 지역지수 |
|---|---|---|---|---|
| 금정/동래 | 84.42% | 106.59% | 108.25% | 99.75% |
| 연 제 | 96.29% | 100.00% | 101.00% | **99.10%** |
| 해운대 | 84.83% | 85.56% | 95.22% | 88.54% |
| 남/수영 | 74.72% | 86.77% | 94.33% | 85.27% |
| 동/부산진 | 75.93% | 84.18% | 89.31% | 83.14% |

## 분양가 제안

(단위: 천원)

| 34평 | 구분 | 평당분양가 |
|---|---|---|
| 남향기준 | 1층 | 6,533 |
| | 기준층 | 6,700 |
| | 최상층 | 6,968 |
| 동향기준 | 1층 | 6,421 |
| | 기준층 | 6,586 |
| | 최상층 | 6,850 |

| 41평 | 구분 | 평당분양가 |
|---|---|---|
| 남향기준 | 1층 | 7,118 |
| | 기준층 | 7,300 |
| | 최상층 | 7,592 |

| 47평 | 구분 | 평당분양가 |
|---|---|---|
| 남향기준 | 1층 | 7,020 |
| | 기준층 | 7,200 |
| | 최상층 | 7,488 |
| 동향기준 | 1층 | 6,901 |
| | 기준층 | 7,078 |
| | 최상층 | 7,361 |

| 51평 | 구분 | 평당분양가 |
|---|---|---|
| 남향기준 | 1층 | 7,264 |
| | 기준층 | 7,450 |
| | 최상층 | 7,748 |

| 56평 | 구분 | 평당분양가 |
|---|---|---|
| 남향기준 | 1층 | 7,215 |
| | 기준층 | 7,400 |
| | 최상층 | 7,696 |

| 63평 | 구분 | 평당분양가 |
|---|---|---|
| 남향기준 | 1층 | 7,508 |
| | 기준층 | 7,700 |
| | 최상층 | 8,008 |

본 단지의 특성상 평당분양가는 층별, 향별 차등을 두어 적용함이 적정하다 판단되며, 본 제안에 적용된 금융조건은 연 7%의 중도금 무이자를 기준으로 함
※ 계약금은 10%로 하되, 이 중 5%는 융자 알선함을 적극 제언함

## 평형 구성에 대한 제안

- 설문결과에서도 20평형대에 대한 관심이 타 지역보다 낮게 나타나고 있고, 연제구 지역에 대형평형의 공급이 없었던 시장상황을 고려
- 현장조사결과에서도 60평형대 이상에 대한 수요자가 일부 존재하고 있음을 고려하고,
- 초기계획보다 용적률 및 세대수 감소로 인한 시공회사의 수익성 감소 내용을 고려하였을 때
  - ▶ 20평형대를 줄이고 50평형대의 중대형 평형의 수를 늘여야 함
  - ▶ 주변지역에 대한 시장 조사시 60평형대에 대한 일부 수요자의 요구가 있었던 점을 고려하여 소수의 60평형대 유니트를 검토하여도 좋을 것으로 판단됨
  - ▶ 개발컨셉에서 검토한 바와 같이 34평형이 동일한 TYPE으로 단지 전체의 62%에 이르게 되면 다양한 수요자를 획득하기 어렵기 때문에, 34평형의 유니트를 2~3개 TYPE으로 분리하여, 주력 TYPE을 전체 단지규모의 40% 규모, 나머지 TYPE은 전체 단지규모의 10% 내외로 한정
  - ▶ 대형평형일 경우 3면 발코니가 유리하며, 분양성 제고를 위해 전 세대 3-BAY 이상을 권장함

# Ⅵ. 개발 컨셉의 제안

## 자투리 녹지를 이용한 특화방안

□ 쌈지공원의 활성화
- 단지 내 아로마 산림욕을 보조하는 공간으로 활용 가능
- 폐목을 활용하여 산림욕장 아래의 공간이나 자투리공간 활용 제안
- 각 동 전후에 가능한 균등하게 분포시켜 진정한 건강아파트 추구

대규모의 테마파크도 중요하지만 내 집 바로 앞에 있는 쌈지공원이 활성화된 아파트는 항상 녹지를 가까이 하는 건강형 아파트로 각광

□ 실개울 주변의 공간 활용
- 실개울 중간에 분수대 설치
- 주변 여유 공간에 조각공원 및 벤치를 설치하는 등 공원화를 추구
- 좌우측에 산책로를 신설하여 노약자의 간편한 산책코스로 활용 제안

□ 산림욕 공원 사이의 산책로
- 단지 전반에 걸친 아로마 산림욕장을 순회하는 산책로 활성화
- 기존 산책로의 차량동선과 겹치는 부분에 대한 구름다리 처리 등의 차/보도를 분리하여 건강하고 안전한 아파트 이미지 제고

## 건강아파트를 위한 특화방안

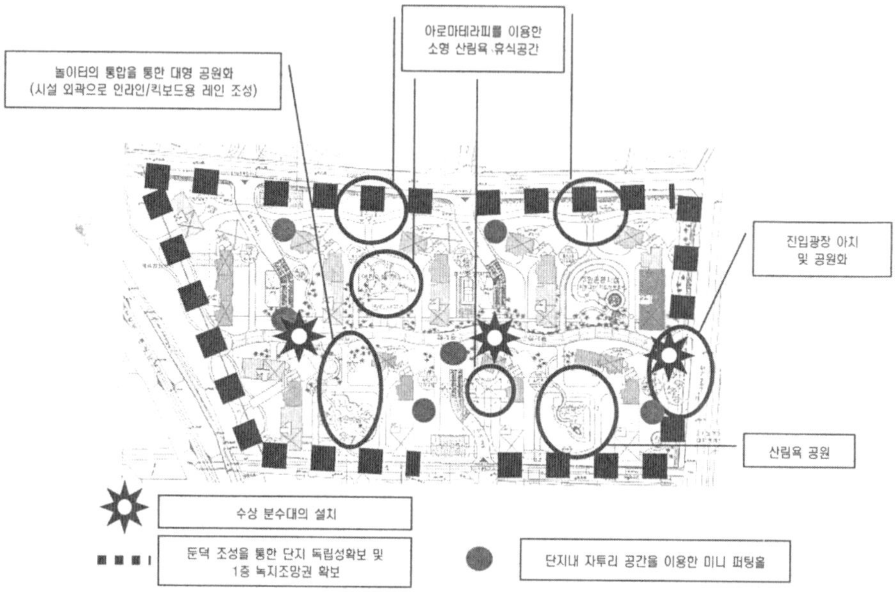


## 산림욕장을 위한 특화방안

□ 체질에 맞는 건강을 제공하는 테마 아파트 제안

- 전 아파트 녹지의 산림욕장화로 건강을 생각하는 녹색 아파트화 추진
- 사상의학 관심 증대에 따른 소비자 관심 증대
- 소극적 개념(건강유지)을 벗어난 적극적 개념(건강회복 및 치유)으로 발전

□ 신개념 건강 아파트의 구체적 특화 방안

| 실내특화방안 | 실외특화방안 |
|---|---|
| * 기존의 무차별적인 향기요법보다 체질에 따른 차별적 요법 도입 | * 각각의 체질을 테마로 한 체질별 산림공원 조성 |
| - 계약자들의 체질검증(저비용)에 다른 아로마 방향기 설치 및 향페인트 사용 | - 태음, 태양, 소음, 소양 공원 조성(체질에 맡는 수목 조성 및 아로마 활용) |
| - 유지용: 곰팡이, 담배연기, 해충퇴치의 스트레스 해소용 향 사용(동문건설사용) | * 쌈지공원 |
| - 치유용: 체질별 알레르기성 호흡기 질환 및 감기치유(비염 및 천식환자 등) | - 각 공원별 자투리 공간을 활용한 체질별 아로마 공원 조성 |
| 예) 체질별로 계약자들의 향을 결정해서 공사시 가구별 페인트 차별 및 향 제공(가구별 특화)－태음인(유칼립투스향), 소양인(페퍼민트향), 소음인(파인향) 등 | * 지압산책로 조성 |
| * 미용의 개념으로 확대 | - 공원별로 맨발로 거닐 수 있는 지압산책로 |
| - 스팀샤워기에 아로마향을 사용함으로써 다이어트 및 미용의 효과(주부대상홍보) | - 산책로 내 무좀 및 관절염, 피로회복 관련 아로마 간이수로 설치 |

- 사상의학과 대체의학을 활용하여 건강유지를 뛰어넘은 건강치유 및 회복의 개념 도입 (최초의 신개념 건강 아파트)
- 사상의학의 관심증대(드라마 영향)에 따른 간접홍보 및 연계효과 극대화 (핵심인물 모델 사용 및 드라마 전·후 CF 고려)

# Ⅶ. 분양업무의 제안

## 마케팅 목표 및 방향

□ 홍보전략

기업이미지 제고를 위한 집중방송전략과 부동산업소에 대한 설명과 홍보물 배부 병행

□ 영업전략

고급아파트에 대한 고급화 전략 추구

효율적인 홍보와 영업을 통한 분양성 확보로 초기 분양률 극대화 달성

## 마케팅의 주안점 및 컨셉

□ 부산지역 아파트 시장의 특성 파악

- 시공사 인지도에 의한 소비자의 관심도 높음(인지도 높으면 마케팅 기법에 상관없음)
- 서비스 면적의 내역과 수납공간에 민감한 반응 표출
- 해운대/수영지역의 아파트 편향공급으로 인한 공급과잉
- 단지 배치와 주차문제에 대한 관심 높음

□ 지역적 특성을 극복하기 위한 영업 컨셉

- 현재 진행된 내용을 크게 수정하지 않고, 최대한의 지역 분양동향을 반영하여 소비자 만족 제공
- 기업이미지 홍보를 위한 방송 및 신문 이미지 광고, 이동전시차량 등 사전 영업활동 강화
- 부산지역 시장에서 영업활동 경험이 많은 영업사원을 통한 노하우의 충분한 활용
- 치밀한 사전교육 및 사전 영업활동을 통한 지역 내 이슈화 추구 및 셀링포인트의 제공
- 초기분양 성공 혹은 사업장기화의 양극화를 보이는 지역특성을 이용하여 초기 총력 투입으로 목표 달성

## 분양업무의 제안

- 지역 내 리더층(로터리클럽, 라이온스클럽, 각 대학 경영대학원 최고경영자과정 등)에 대한 홍보활동 강화
- 기존 고객 DATA를 바탕으로 한 부산 및 영남권의 영업조직 적극 이용
- 우리동네 전담 모니터(주부홍보요원) 활용 : 지역 내 기존 연고를 활용한 영업활동
- FREE-TALKING ZONE 설치 : 상담데스크의 일자형 배치가 아닌 원탁의 분산배치를 통해 고객을 자연스럽게 끌어들일 수 있도록 함
- 이동전시 홍보차량의 활용 : 컨테이너를 개조한 홍보용 전시차량을 제작하여 시간, 장소에 상관없이 홍보활동을 가능케 함
- 금융지원제도의 활성화를 통한 고객부담 경감 : 계약금의 최소화 및 중도금 융자 혜택
- 본사(건설회사) 홈페이지와 광고전단을 활용한 이벤트 행사 실시
- 이동 놀이방을 활용한 홍보활동
- 국민은행 청약통장 가입자에 대한 DM 발송 및 예약 접수제도 활용
- 차별화된 기념품과 계약자 대상 경품행사 실시

## Ⅷ. 결 론

- 현재 부산 아파트 분양시장은 해운대와 수영지역을 중심으로 활성화
- 금정/동래/연제구 지역은 부산의 대표적인 전통주거지역임
- 연제구 지역의 경우 시청과 법조타운 이전 이후 아파트 건설사업 활성화
- 사업지는 공단과 저소득층 주거지역의 이미지 극복중임
- 따라서 전반적인 분양여건은 양호한 사업지라 판단됨

- 현재 지역 아파트 시세와 분양가 동향, 근래 분양예정 아파트의 예정 분양가 및 평형별 세대수를 분석해 볼 때
- 30평형대에서 60평형대의 고급아파트 단지로서의 조성이 가장 타당

따라서 본 제안의 내용을 수렴하여 조정될 경우(남향, 기준층 기준)
평당분양가는
34평형 6,700천원, 41평형 7,300천원, 47평형 7,200천원, 51평형 7,450천원,
56평형 7,400천원, 63평형 7,700천원의 분양가 산정이 적정하다 판단됨
(전면 확장 및 샷시 기본 제공시 추가 분양가 상승)
(최상층의 경우 다락방으로 인하여 기준층보다 높은 가격 형성)

# 종로 ○○지구 재개발 프로젝트

# Ⅰ. 프로젝트 개요

## 계획의 목적 및 전개방향

- 전통 도심의 핵심지역인 종로2가의 상권 GRAND-CROSS 지역에 대한 최유효 활용방안의 강구
- 종로3가, 종로1가, 인사동 등 대표적 테마상권과의 결합 및 주변 업무시설에 대한 근생편익 제공 강구
- 도심재개발구역에 대한 지구단위계획 등 각종 법률적 규제하에서 최대한의 용적률 확보를 위한 방안 모색
- 개발 컨셉의 적정화를 통한 시행자 이윤 극대화 추구

## 위치 및 재개발계획 개요

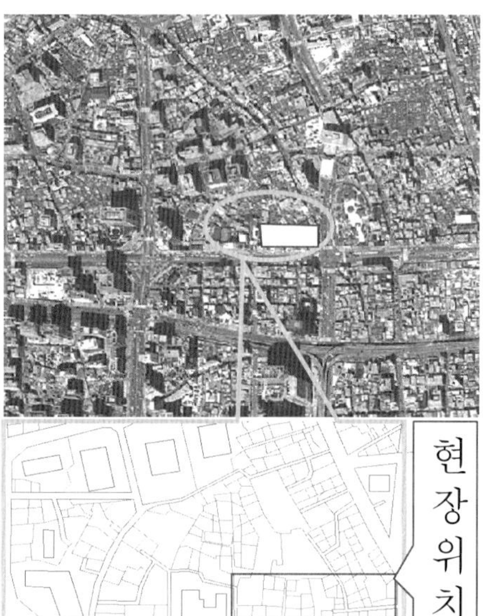


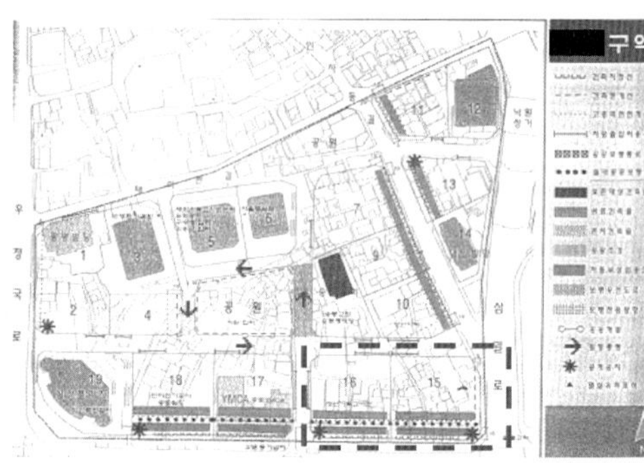

| 구 분 | 적용지침 |
|---|---|
| 높이 제한 | ▶ 전면 8층 이하로 3/4 이상 면하여 배치<br>▶ 9층 이상 고층부는 건축지정선에서 15미터 후퇴<br>▶ 최고 90미터, 20층 이내로 건축(양 조건 모두 만족) |
| 용 적 률 | 기준용적률 600%(최대 1,000%이내) |
| 기타 건축제한 | ▶ 피맛골 노선으로 4미터 실내보행통로 확보<br>▶ 주차장 및 지하주차장 출입구는 건물 배면에 설치<br>▶ 종로 / 삼일로 방면 저층부 입면처리, 전면부 상업시설<br>▶ 공개공지는 동남/남서측 가각부에 설치 |

### 토지이용유도방향

- 도심서비스지역으로 소단위의 소매점, 상업서비스, 청소년 여가, 극장 등 문화기능을 유지·보강하기 위하여 근린생활, 문화·집회, 숙박, 업무시설로 용도를 지정
- 다수의 주용도 허용
  업무·판매 등 단일 주용도 규제의 경직성을 탈피하고, 재개발사업을 추진할 지역별 특성에 맞는 다수의 용도(지정용도)를 허용
- 복수지정용도제 도입
  지정용도제를 충족시키면 나머지는 용도지역별로 허용되는 건축물 용도 중에서 자유로운 선택이 가능
- 기존 주거기능의 유지
  도심재개발사업시 사업지구 내의 기존주택수만큼 주거공간을 확보함을 원칙으로 하되, 주거확보가 곤란한 경우에는 심의를 거쳐 문화, 숙박, 전시·회의시설로 대체

### 구역 계획 방향

- 재개발시 종로의 활력 있는 상업기능이 유지되도록 종로를 면한 저층부에는 상가가 입지하도록 유도하고, 피맛골 역사와 장소성을 고려하여 피맛골과 같은 위치에 실내공공보행통로를 조성하여 식당, 쇼핑 아케이드를 형성
- 인사동의 초입에 위치한 지구들은 인사동의 특성이 연속, 유지될 수 있도록 전통문화기능의 입지를 유도하고, 종로와 인사동길에 면한 사업지구는 현재 계획수립 중인 종로 '걷고 싶은 거리' 및 인사동길의 '역사·문화탐방로' 계획과 부합되는 개발 유도
- 보존가치가 있는 근대건축물인 승동교회가 ○○구역 ○지구 내에 입지하고 있으므로, 가급적이면 건축물을 보존하고 문화자원으로 활용하는 방안을 강구

## 재개발 사업계획추진 흐름도

**재개발기본계획승인**
공청회 개최, 지방의회 의견청취
지방도시계획위원회 심의, 중앙도시계획위원회

**구역지정 고시**
일반인 공람(14일), 유관부서 합의,
지방의회 의견청취, 지방도시계획위원회 심의

창립총회개최
건축심의

**조합설립인가**

조합원분양신청
국공유지 매수
및 종전가평가

**사업시행인가**
일반인 공람(30일), 유관부서 합의

조합원 동,호수
추첨 및 일반분양
승인 이주 및 착공

**관리처분인가**
관리처분 총회 개최
일반인 공람(30일)

입 주
분양처분고시
및 등기촉탁

**공사완료 공고**
준공검사, 확정측량, 회계감사

**조합 해산**
사유이관 및 청산법인설립

- ■ 재개발 사업계획추진 흐름도는 도시재개발법을 준용하여 사업추진시에 가장 필요한 사업계획을 정리하였다.
- ■ 도시 및 주거환경정비법이 11월 8일자로 국회를 통과했으나 공포 후 6개월 뒤 시행되기 때문에 내년 7월경부터 적용되며 아직 법률안만 통과하여 세부시행령, 시행규칙, 조례, 업무편람 등이 마련되지 않은 관계로 기존 도시재개발법, 시행령, 서울시주택재개발사업조례, 건교부 도시재개발업무지침을 준용하도록 한다.

차후 시행령, 시행규칙안 마련시 도시및주거환경정비법에 준용하여 사업추진계획이 변경, 보완

### 건폐율 및 용적률 계획

- 도심재개발사업에서의 최대 건폐율 : 60%(서울시 도시계획조례)
- 사대문안 공간범역에 속하는 상업지역에서는 기준용적률을 600%로 함(서울시 도시계획조례)
  도시계획법시행령 제63조 및 건축법 시행령 제113조에 따른 인센티브 제공. 단 1,000% 초과 불가
- 2003년 6월 30일까지 도심재개발구역(건축계획이 수립된)의 용적률은 800% 이하의 범위 내에서 시도시계획위원회 심의로 정함

## 건축물의 배치 및 동선 계획

- 종로와 삼일로를 따라 건물의 저층부를 8층 이하까지로 하여 지구경계선에 설정된 건축지정선에 저층부 건물벽면의 4분의 3 이상이 면하도록 배치
- 건축물 9층 이상의 고층부는 건축지정선으로부터 15M 후퇴
- 종로에 면한 1층 전면부에는 상업활동의 활성화를 위해 일용품등의 소매점, 일반음식점, 휴게음식점, 서점 등 상점들이 입지하고, 1층 전면부의 상점들은 가로에서 바로 출입할 수 있도록 건축
- 피맛골을 살리기 위하여 현 피맛골의 노선을 따라 폭 4M이상의 실내공공보행통로를 확보하여 쇼핑 및 식당 아케이드를 조성하며, 인접한 지구에 조성되는 공공보행통로와 연속적인 보행이 가능하도록 배치
- 차량동선/종로변 상가들의 연속성과 간선도로의 교통소통을 위하여 각 지구내 차량진출입구는 북측 배면도로의 허용구간 내에 1개소를 설치하고 주차장 및 지하주차장출입구는 건물의 배면에 설치
- 건물이 종로와 삼일로 양방향에서 전면성을 가지도록 입면을 처리하고 삼일로와 서측도로를 따라서도 저층부를 형성하고 1층 전면부에 상업용도를 두는 것을 권장하며 또한 건물의 배면도 인사동 길에 노출되므로 전면성을 느낄 수 있는 입면 처리
- 공개공지는 지구 동남측과 남서측 가각부에 설치하고 조경은 동측 전면부와 북측 대지경계선을 따라 집중시키도록 함

## 스카이라인 패턴 분석

- 사업지 주변의 스카이라인은 광화문, 시청을 중심으로 20층 이상의 고층건물군이 밀집되어 있고, 종로3가에서 동대문에 이르는 지역에서는 일반건축을 통한 고층건물이 대규모 대지에서 산발적으로 건설됨과 함께 경희궁을 전면으로 하는 고층건물이 건설중이거나 건설 예정이어서 그 중간지점에 위치한 사업지를 포함한 도심부에 대한 스카이라인의 형성원칙을 준수
- 오픈 스페이스를 많이 확보하는 고층화보다는 가로의 활력을 유지할 수 있도록 저층화를 유도하나 스카이라인의 형성을 보면 주변의 고층건물로 둘러싸여 사업지의 고층화가 필연적

# Ⅱ. 시장분석

## 유동량 분석

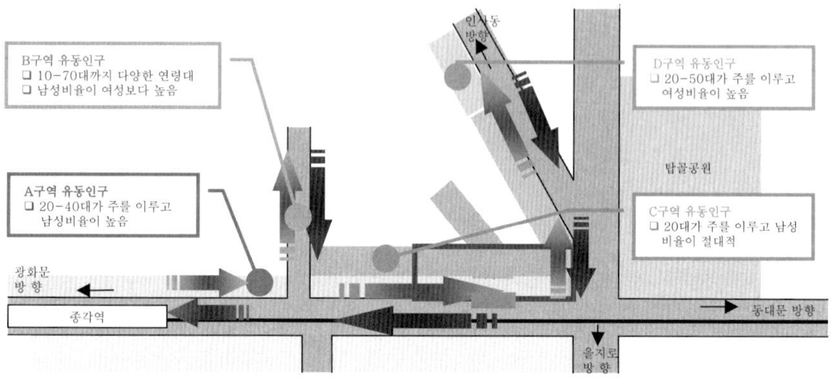


- A구역 : 20~50대까지 다양한 연령층을 보이며 점심시간대와 퇴근시간 후에 집중되고 연령도 낮아짐
  거리자체가 20대를 고객으로 하는 의류, 귀금속, 음식점 등이며 특히 여성의 비율이 높음
- B구역 : 10~70대까지 다양한 연령층을 보이며 식당과 피맛골의 영향으로 점심시간과 저녁시간에 집중되고 있음. 특히 직장인이 주를 이룸
- C구역 : 20대가 절대적이며 업종의 특성상 저녁시간 후에 인구유입이 집중되고 있음
- D구역 : 20~30대가 주를 이루고 특히 여성비율이 상당히 높음

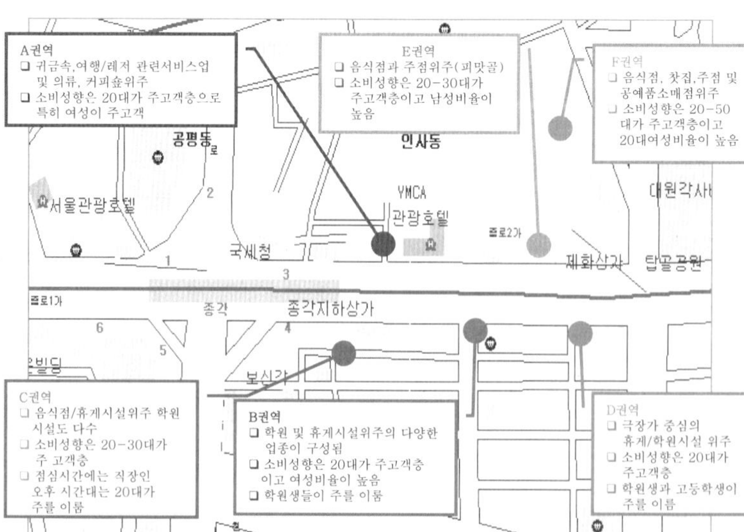

## 권역별 업종 분포

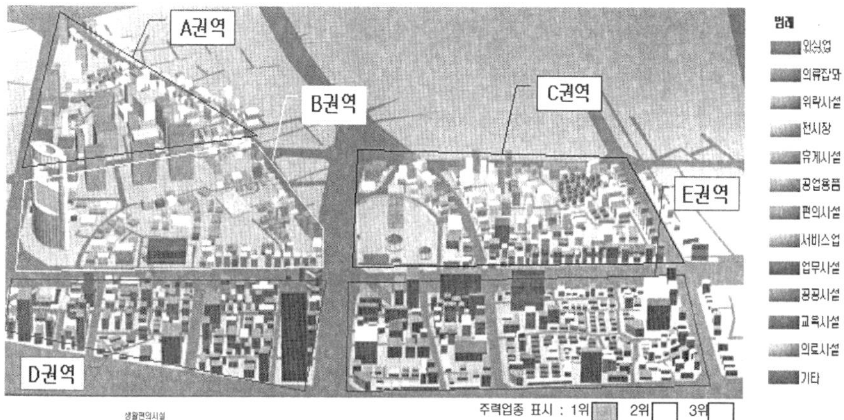


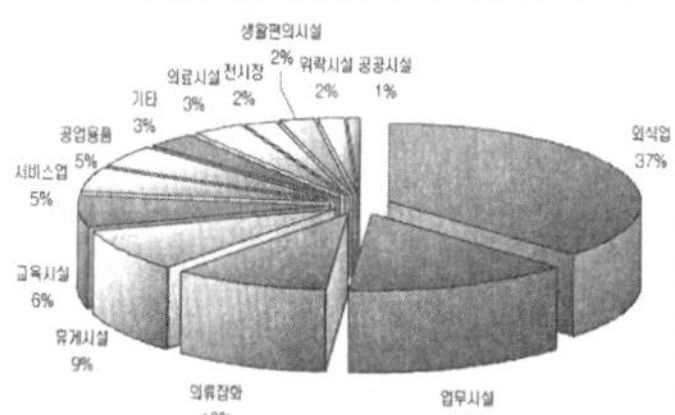


| 권역 / 개수 | 외식업 | 업무시설 | 의류잡화 | 휴게시설 | 교육시설 | 서비스업 | 공업용품 | 기타 | 의료시설 | 전시장 | 편의시설 | 위락시설 | 공공시설 | 총계 |
|---|---|---|---|---|---|---|---|---|---|---|---|---|---|---|
| 상점수 | 994 | 392 | 274 | 240 | 173 | 136 | 133 | 88 | 87 | 56 | 56 | 46 | 24 | 2699 |
| 비율(%) | 36.83 | 14.52 | 10.15 | 8.89 | 6.41 | 5.04 | 4.93 | 3.26 | 3.22 | 2.07 | 2.07 | 1.70 | 0.89 | 100 |

## 가로구역별 상권 현황

해당가격은 1층을 기준으로 인근부동산을 탐문조사와 부동산정보서비스를 검색하여 평균한 가격임.
권역별 유동인구는 우세/열세권역을 가,나,다등급화하여 나타낸 것임

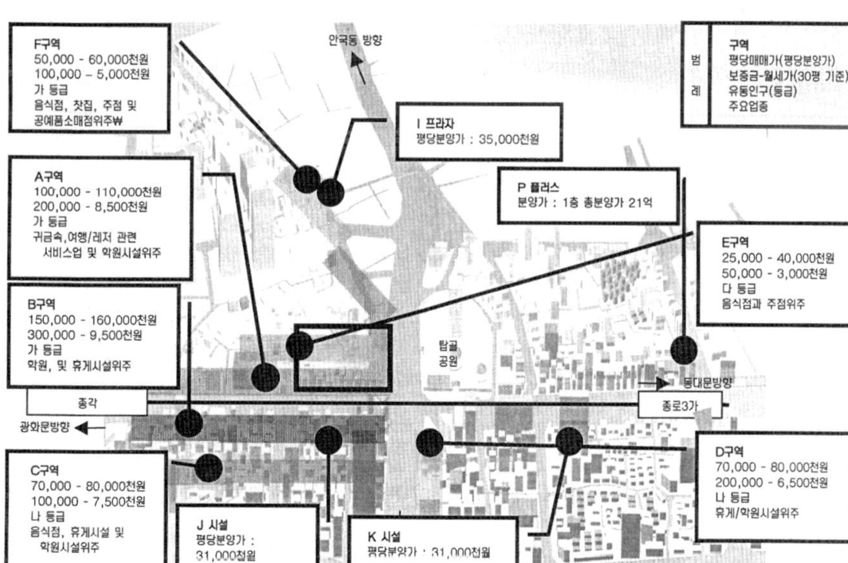

## 경쟁환경 분석

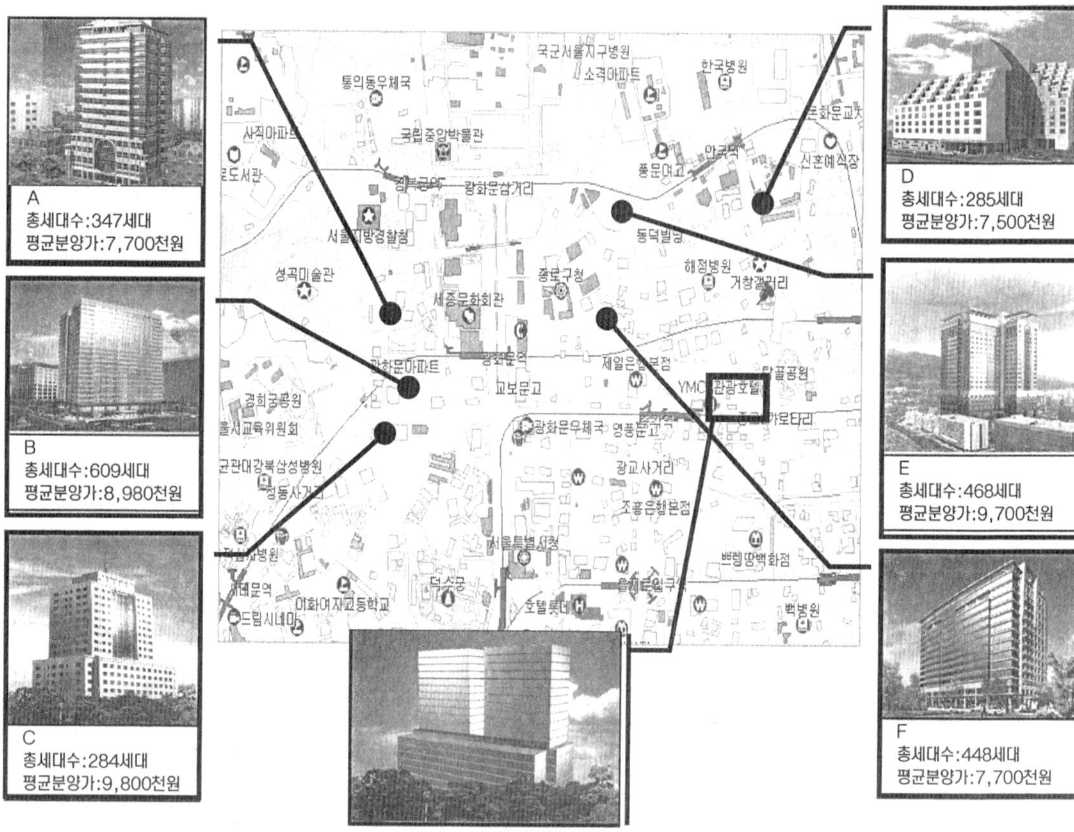
A
총세대수:347세대
평균분양가:7,700천원
B
총세대수:609세대
평균분양가:8,980천원
C
총세대수:284세대
평균분양가:9,800천원
D
총세대수:285세대
평균분양가:7,500천원
E
총세대수:468세대
평균분양가:9,700천원
F
총세대수:448세대
평균분양가:7,700천원
국군서울지구병원
소격아파트
한국병원
통의동우체국
국립중앙박물관
사직아파트
풍문여고
안국역
신흔예식장
광화문삼거리
서울지방경찰청
동덕빌딩
해정병원
성곡미술관
종로구청
세종문화회관
광화문아파트
광화문역
교보문고
제일은행본점
YMCA
관광호텔
탑골공원
경희궁공원
서울시교육위원회
광화문우체국
영풍문고
광교사거리
조흥은행본점
서울특별시청
빠렝땅백화점
덕수궁
이화여자고등학교
호텔롯데
드림시네마
백병원

SWOT 분석

| Strength(강점) | Weakness(약점) |
| --- | --- |
| · 종로, 삼일로 등 도심 대로에 접한 양호한 접근성<br>· 종로3가, 종각(종로1가) 등 지하철과 다양한 대중교통망 인접<br>· 피맛골, 인사동 등 인지도 높은 최고의 상권<br>· 탑골공원 인접하여 도심에서는 드문 조망권 확보 가능<br>· 인사동 상권 확장선상에 있는 각 획지의 강점 있는 입지 | · 지하철역과 일정 거리 이격되어 유동인구 직접 흡수 난이한 입지<br>· 동선 구성의 오류 발생시 업무시설과 판매시설 중 한쪽에 대한 막대한 타격이 발생할 우려가 있는 입지<br>· 종로3가(극장/학원가), 종로1가(학원가/대형서점)와 직접적인 경쟁관계로 약점 존재하는 지역적 특성 |

| Opportunity(가능성) | Threat(위험성) |
| --- | --- |
| · 인근지역의 재개발 러시로 인한 관심도 높은 지역<br>· 종로1가에서 종로 3가, 인사동에서 을지로에 이르는 도심상권 Grand Cross의 중심에 입지한 핵심 상권<br>· 방대한 업무시설, 학원/교육시설, 기존 판매시설 등 주변의 인구흡인시설의 유동인구에 대한 가망고객화 가능성 상존<br>· 핵심 도심에 위치하여 수요자 확보의 가능성이 높은 지역 | · 최근 지역 내 대규모 분양이 많이 실시되어 수요의 소진이 우려될 수 있는 지역<br>· 주변지역에 대체상권이 풍부하여 공사기간 중 상권의 약화가 우려되는 지역 |

# Ⅲ. 개발컨셉의 개요

## 적정 컨셉의 검토

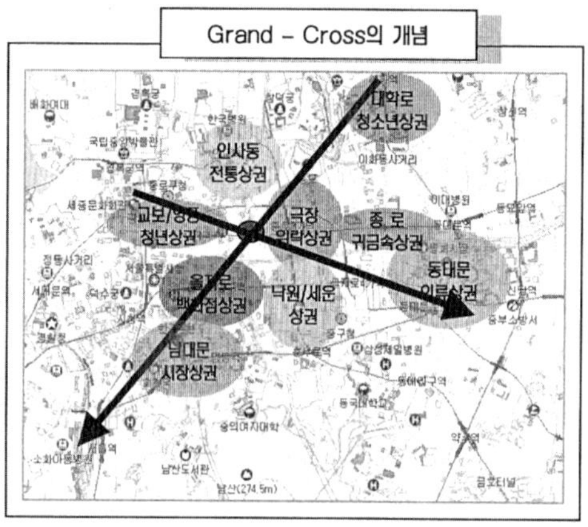


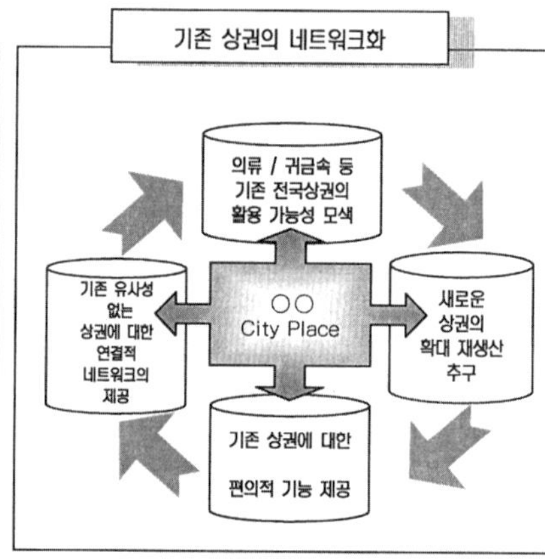


## 시설별 컨셉의 설정

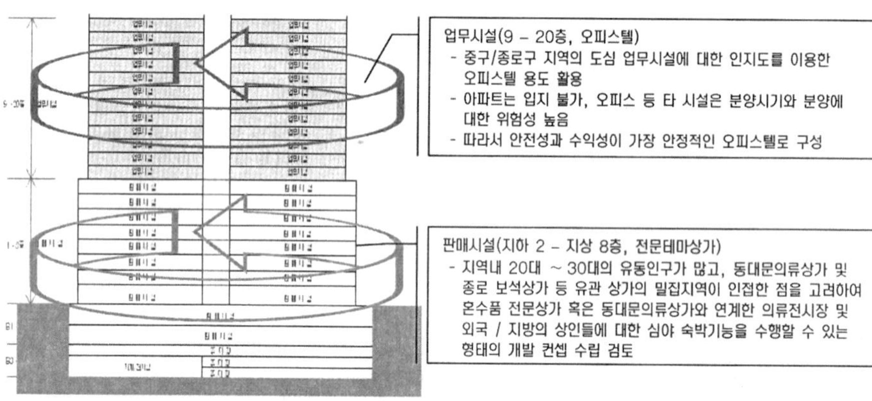


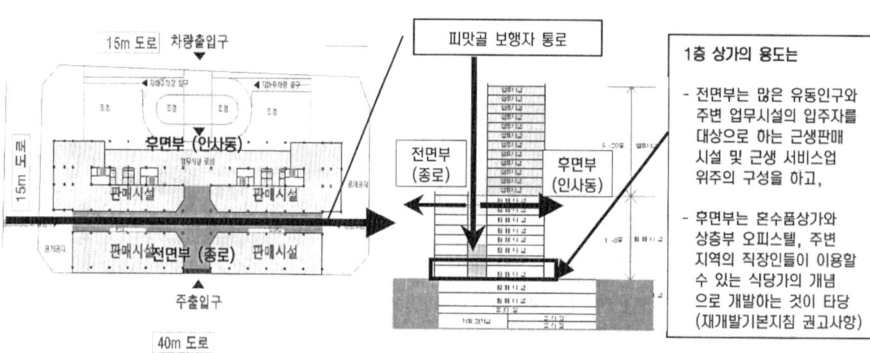

## 건축개요의 검토

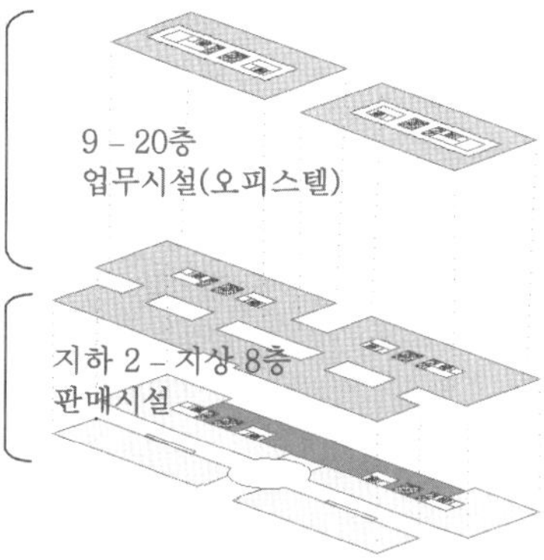


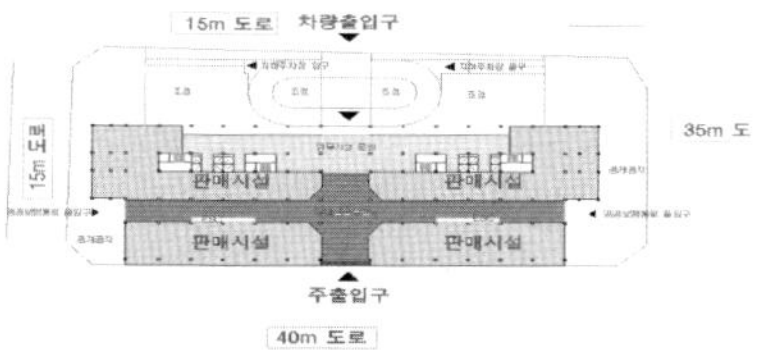


| 구 분 | 내 용 |
|---|---|
| 사 업 명 | 종로 지구 도심재개발사업 |
| 소 재 지 | 서울특별시 종로구 00동 00번지외 00여필지 |
| 용도지역 | 일반상업지역 / 일부 문화지구 |
| 대지면적 | 9,696m² (2,933.00평) |
| 건축면적 | 5,200.25m² (1,575.83평) |
| 연 면 적 | 106,810.4m² (32,366.79평)<br>지상층 63997.44m² (19,393.16평)<br>지하층 42812.91m² (12,973.61평) |
| 층 수 | 지하5층, 지상20층<br>(허용 : 20층이하, 높이90M이하) |
| 용 도 | 판매시설, 업무시설 |
| 건 폐 율 | 53.63%(법정 60%이하) |
| 용 적 률 | 660.04%(법정 600% + 인센티브 60%) |
| 주차대수 | 계획 491대 |
| 공개공지 | 계획 1,939.2m²(20%), 법정 969.6m²(10%) |
| 조경면적 | 1,454m² (법정15%) |

■서울시 도심재개발구역 지정 / 계획 기수립 지역

■공개공지에 의한 용적률의 완화
법정공개공지면적(10%)을 제외한 10% 가산시 산술식에 의해 용적률의 60%를 가산 적용함

■사업지는 주차장설치제한지역으로서 업무/판매시설은 1대당 167㎡로 사업면적에 대해 최대 491대로 계획

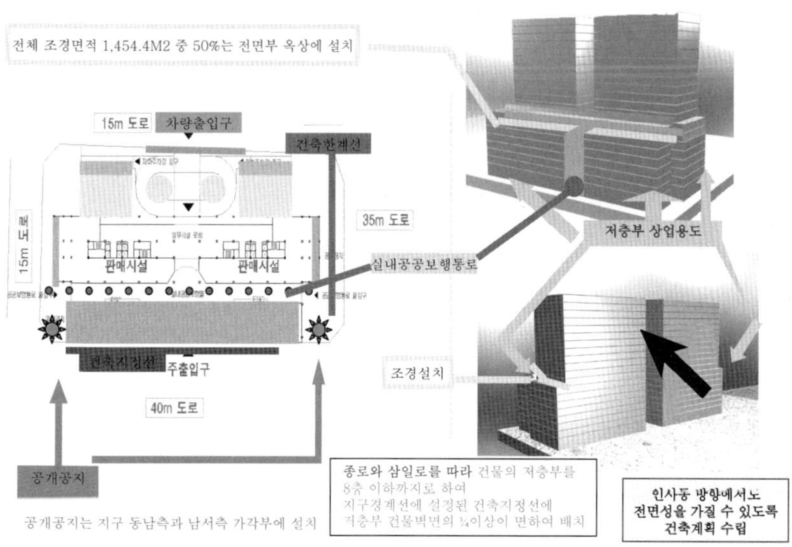

# Ⅳ. 경제성 분석

## 수익성 분석

| | | |
|---|---|---|
| □분양수입 | | |
| · 오피스텔 | | 117,435,380천원 |
| · 판매시설 | | 444,478,528천원 |
| 분양수입 총계 | | 561,913,908천원 |
| □투자자금 | | |
| · 토지매입세 (취득세, 등록세 포함) | | 270,000,000천원 |
| · 직접공사비 | | |
| 건축비 | 평당 4,500천원 | 145,394,934천원 |
| 철거비 | | 659,925천원 |
| 설계감리비 | 평당 90천원 | 9,612,139천원 |
| · 간접공사비 | | |
| 분양비 | 상가매출액 5%, 오피스텔 매출액 3% | 25,746,987천원 |
| 광고선전비 | 매출액 1% | 5,619,139천원 |
| CM비 | 공사비의 2.305% | 3,572,934천원 |
| 업무추진비 | 매출액 1% | 4,000,000천원 |
| 교통영향평가비 | | 6,306,287천원 |
| 보존·등기비 | 직접공사비의 3.16% | 150,000천원 |
| 멸실등기비 | | |
| 투자자금 소계 | | 476,682,276천원 |
| **투자수익** | | **85,231,632천원** |

*매출액 대비 15.17%의 투자수익을 얻을 수 있음.

## 민감도 분석

| 토지비 5% 증가 감소 | | | | | | | |
|---|---|---|---|---|---|---|---|
| 구분 | 매출액 | 매출원가 | | | | 매출총이익 | 매출액 대비(%) |
| | | 토지비 | 직접공사비 | 간접공사비 | 지출총계 | | |
| −5% | 561,913,908,509 | 256,500,000,000 | 155,667,791,160 | 51,014,484,911 | 463,182,276,072 | 98,731,632,438 | 17.57 |
| 기준 | 561,913,908,509 | 270,000,000,000 | 155,667,791,160 | 51,014,484,911 | 476,682,276,072 | 85,231,632,438 | 15.17 |
| +5% | 561,913,908,509 | 283,500,000,000 | 155,667,791,160 | 51,014,484,911 | 490,182,276,072 | 71,731,632,438 | 12.77 |
| 공사비 5% 증가 감소 | | | | | | | |
| 구분 | 매출액 | 매출원가 | | | | 매출총이익 | 매출액 대비(%) |
| | | 토지비 | 직접공사비 | 간접공사비 | 지출총계 | | |
| −5% | 561,913,908,509 | 270,000,000,000 | 148,398,044,427 | 50,611,898,114 | 469,009,942,542 | 92,903,965,968 | 16.53 |
| 기준 | 561,913,908,509 | 270,000,000,000 | 155,667,791,160 | 51,014,484,911 | 476,682,276,072 | 85,231,632,438 | 15.17 |
| +5% | 561,913,908,509 | 270,000,000,000 | 162,937,537,893 | 51,417,071,708 | 484,354,609,602 | 77,559,298,908 | 13.80 |
| 분양가 5% 증가 감소 | | | | | | | |
| 구분 | 매출액 | 매출원가 | | | | 매출총이익 | 매출액 대비(%) |
| | | 토지비 | 직접공사비 | 간접공사비 | 지출총계 | | |
| −5% | 533,818,213,084 | 270,000,000,000 | 155,667,791,160 | 51,014,484,911 | 476,682,276,072 | 57,135,937,012 | 10.70 |
| 기준 | 561,913,908,509 | 270,000,000,000 | 155,667,791,160 | 51,014,484,911 | 476,682,276,072 | 85,231,632,438 | 15.17 |
| +5% | 590,009,603,935 | 270,000,000,000 | 155,667,791,160 | 51,014,484,911 | 476,682,276,072 | 113,327,327,863 | 19.21 |

본 사업의 추진에 대한 매출대비 수익성(분양률 100% 대비)은 15.17%로 매우 양호한 것으로 판단되어 ±5%의 민감도 분석을 실시한 결과

- 토지비의 경우 +2.4%, −2.4%로 나타나고, 공사비는 +1.36%, −1.37%로 토지비보다는 변동률에 대한 민감도가 낮게 나타나고 있으며,

- 분양가의 경우 +4.04%, −4.47%로 분양가의 변동이 수익성에 미치는 영향이 가장 높은 것으로 분석
  이는 공사비가 일부 증가하더라도 분양가격을 최대한 획득할 경우 사업의 수익성에 긍정적인 파급효과를 가져 올 수 있음을 나타내며, 이를 위해 시공회사의 브랜드가치가 높은 기업을 선택하기 위해서는 일부 공사비의 상승을 감수하더라도 궁극적으로 이익이 커짐을 의미함.

# Ⅴ. 총 결

□ 서울도심 상권 GRAND-CROSS의 중심핵에 위치하여 제반 테마별 상권의 영향을 모두 받고 있으며, 이는 기존 상권의 고객 흡인력도 강하면서 동시에 주변 상권에 누적적 흡인되거나 병립하여 컨셉을 설정할 수 있는 강점이 있음.

□ 따라서 저층부 판매시설의 경우는 1층 종로변의 전면부는 일반판매시설 및 근생서비스 시설로 조성하고, 1층 인사동/삼일로 방면은 기존 용도대로 식당가 위주의 용도구성이 요망되는 입지임(서울시 재개발지침 권장사항)

□ 나머지 판매시설은 혼수품 전문매장 위주의 테마로 구성하는 것이 타당함. 이 경우 2층 전면에 보석상가를 배치하고, 2층 배면부에 자동차 직접진입을 위한 정차시설, 경비시설을 배치하여 종로 보석상가의 입주민들이 느끼는 불안감을 해소할 경우 충분한 수요자 확보가 가능할 것으로 예상됨.

□ 고층부는 일반업무시설보다는 오피스텔로 구성하되, 세부사항은 추후 설계진행시 처리됨.

□ 1층 상가 4평 1구좌로 ○○천원, 오피스텔 평균 평당분양가 ○○천원을 산정할 경우 수익성은 매우 양호(매출대비 15% 이상 수익률)한 것으로 산출

□ 특히 유의할 것은 도심 복합시설의 경우 시공회사의 브랜드 파워가 강한 기업을 선정해야 분양의 위험을 극소화 할 수 있으며, 공사비가 일부 상승되더라도 시공회사의 브랜드 가치를 이용하여 분양가가 일부 상승되면 시행자의 수익규모는 더 커지는 것으로 나타나고 있음.

# 천호 ○○주상복합B/D 개발 프로젝트

# Ⅰ. 프로젝트 개요

## 현 황

| 구 분 | 내 용 | | |
|---|---|---|---|
| 소 재 지 | 서울특별시 ○○구 ○○동 | | |
| 대지면적 | 9,730.00㎡(2,943.31평) | | |
| 건축면적 | 4,800.00㎡(1,452.00평) | | |
| 연 면 적 | 113,064.28㎡(34,201.94평)<br>지하층 47,579.86㎡(14,392.84평)<br>지상층 65,484.42㎡(19,808.95평) | | |
| 용 도 | 공동주택, 업무시설, 판매시설, 기타 부대시설 | | |
| 건 폐 율 | 49.33% | 용적률 | 673.02% |
| 규 모 | 지하 7층, 지상 20층 1개동<br>지하 2층~지하 1층: 공연시설<br>지상 1층~지상 2층: 판매/운동시설<br>지상 3층~지상 8층: 업무시설(오피스텔)<br>지상 9층~지상 20층: 아파트 | | |
| 주차대수 | 총 790대(지상 40대, 지하 750대, 법정 781대) | | |
| 건축규제 | 지구단위계획 적용대상 지역 | | |

## 지구단위계획 내용

□규제사항

- 재건축시 구천면길에 접하여 공개공지를 (쌈지공원) 개발면적의 10% 이상 조성
- 재건축시 및 공동건축 시행시 강동구 및 관련부서와 사전협의후 시행
- 권장용도 해당지의 면적구성은 전층권장으로 지상층 건축연면적의 20% 이상을 당해용도(특산품 전시/판매시설, 문화 및 집회시설 중 공연장 및 전시장)로 건축하는 경우 권장용도가 수용된 것으로 봄.

□지구단위계획 용적률 완화기준

| 지구단위계획내용 | | 완화기준 | 비 고 |
|---|---|---|---|
| 공동건축 | 규제사항인 경우 | 40% 이하 | 기준용적률: 600%<br>허용용적률: 700% |
| | 권장사항인 경우 | 30% 이하 | |
| 건축한계선 | | (조성면적÷총대지면적)×기준용적률 | |
| 전층권장용도 | | (권장용도누계면적÷총지상연면적)×기준용적률×1.5 | |
| 공개공지 | | {(조성면적－설치의무면적)/총대지면적)}×기준용적률×1.5 | |
| 전면공지 | | {(조성면적－설치의무면적)/총대지면적)}×기준용적률×1.5 | |
| 공동주차장조성 | | 기준용적률×0.1 | |
| 공공보행통로 | | (조성면적÷총대지면적)×기준용적률×1.5 | |
| 상한용적률 | | 허용용적률 | |

- 일반 상업지역 내 주거복합건축물의 주거비율이 40% 이상 ~ 50% 미만일 경우 해당지는 기본용적률 600%, 허용용적률 700%까지 적용가능

□도시계획시설(시장) 변경(폐지)결정 고시/통보 주요내용(시설58410-1023호, 2002. 6.21)

- 서울시도시계획위원회 심의결과 조건부 가결
- 당초 지정목적에 따라 상업기능을 주거기능으로 잠식하기 보다는 상업/업무 기능의 공급이 바람직하므로 이를 반영한 건축용도계획의 유도
- 시장 폐기 후 대규모 건축물의 입지가 예상되며, 이에 따른 교통용량의 증가로 도로기능 저하와 고층화에 의한 도시미관의 침해, 주변 저밀도지역의 환경침해 등이 우려되므로 이를 방지하기 위한 대책 병행 수립

# Ⅱ. 시장 분석

## 거시적 부동산 시장 현황

2002년 9월 이전

▶초과수요현상 표출

□수요 · 공급의 절대적 불균형(공급 부족현상)

· IMF이후 건설사 부도여파, 자금난 등으로 일부를 제외하고는 신규 사업시행 불능상태 지속

· IMF이후 지방도시에 대한 사업추진 기피로 인하여 공급량 부족 누적

· 청약자격 확대로 인한 1순위자의 증가와 이로 인한 종전 1순위자의 분양참여 러시현상

· 저금리정책으로 인한 시중자금의 부동산시장 유입 가속화

· 일반 경기 활성화로 인한 수요자의 소득 증대 및 그로 인한 주택수요의 증대

□택지 부족

· 한정된 택지로 인한 수도권 및 지방 대도시의 아파트 신규공급 여력 부족(공급부족 가속화)

· 지방 거주자의 주거환경개선에 대한 욕구 증대로 개별 유니트 및 주변 환경에 대한 철저한 분석이 이루어져 수도권 수준의 환경과 구조를 제공할 수 있는 택지의 부족현상 표출

▶시장 위축 및 양극화 현상

· 7/8차 동시분양시 청약경쟁은 사상최고를 기록(146 대 1), 2순위에서 청약 마감 9차 동시분양에서도 부동산시장 안정화대책 실시전 마지막 분양물량이므로 수요 집중될 것으로 사료됨

· 실수요자의 증가와 일부지역 가수요 집중으로 일반적으로 청약률에 비해 계약률이 높아지는 현상을 보이고 있음

※강남을 중심으로 한 전반적인 가격 상승세는 지속되며, 분양권 전매제한의 여파가 시장에 크게 악영향을 주지는 않는 것으로 판단되어 아파트 분양 활기는 지속됨

※또한 시장 위축 이전에 분양을 실시하기 위한 사업시행자의 분양 러시로 많은 물량이 공급됨에도 불구하고 실제 시장에서 모두 소화되는 충분한 수요 잠재력 표출

부동산 시장 안정화 대책(9・4 대책)

(아파트시장에 영향을 주는 요인만 기술)

□과세제도의 강화(양도세 등)
- 신축주택 양도세 비과세 제도 폐지
- 고급주택 기준 강화(전용면적 45평 이상, 시가 6억 이상)
- 재산세 시가표준 상향 조정 고시
- 기준시가 인상(시가대비 90% 수준까지 인상)

□청약요건 강화
- 투기과열지구 내 재당첨 금지기간 부활(5년)
- 비세대주 / 2주택보유자에 대한 1순위 자격 박탈
- 재건축/재개발 조합원도 주택보유로 인정하여 1순위 자격 제한

□금융대책

□신도시 건설

▶아파트 분양시장의 3원화 현상

- 과열지구의 위축, 기타 수도권지역/지방대도시의 약진, 지방중소도시의 현상 유지로써 분양시장 3원화 현상 표출 예상됨
- 투자자 위축에 대한 예상과 달리 8,9차 동시분양에서는 오히려 무주택우선 공급대상에서 청약경쟁률 저하 현상 표출
- 실수요자가 있는 서울, 수도권 및 지방대도시를 중심으로한 전반적인 경기 상승 지속
- 서울지역의 경우에는 시공회사의 브랜드 파워보다는 지역적 강점과 함께 상품의 특성 및 질적인 만족도에 대한 소비자의 관심이 커지고 있으며, 이러한 소비자의 관심을 유도할 수 있는 전략 수립이 필수적

※전반적으로 청약 투기 열풍은 사라지고 사업성에 대한 면밀한 검토와 실수요자에 맞는 컨셉 설정, 거시적 시장과의 교감을 통한 지역정서를 반영한 개발전략수립이 필수화

2002년 3/4분기 이전

▶아파트 초과수요의 전이 및 임대사업자 선호도 증가
- 소형아파트 초과수요의 전이로 인한 폭발적 수요 증가
- 라이프스타일의 변화로 인해 복층형으로 대변되는 주거형 오피스텔의 시장 선호도 증가
- 저금리시대 최상의 임대사업 대상으로 등장하며 역세권 상품 중심의 투자 열기 과열

부동산 시장 안정화 대책

주상복합, 오피스텔의 선착순 분양 금지

▶아파트시장 규제의 반사이익 가능성 대두
- 아파트시장에 대한 규제 강화로 투자자의 오피스텔에 대한 관심 증대
- 수납공간의 확보, 서비스면적의 확장 등을 통한 전용률 상승으로 아파트 수요흡수현상 일부 표출
- 역세권 주변 중소형과 중대형 주거용 오피스텔을 중심으로 아파트 대체재로서의 수요층 현실화

▶아파트 시장의 규제강화와 오피스텔 시장의 양극화 현상으로 투자가치 증대
- 최근 과잉공급된 상가의 미분양 재고량이 시장을 잠식한 상태
- 특히 지역 내 주상복합 또는 오피스텔의 상가와 함께 전문상가가 과잉 공급된 경향이 두드러지고 있음
- 2002년 11월 상가임대차보호법 시행으로 인한 투자자 의사결정에 변수화 작용
- 고급 / 대형화된 시설, 보장된 배후지가 없을 경우 분양성에 치명적 악영향을 줄 가능성 상존

▶상가의 초과공급 현상 지속
- 과거에는 주변 상권에 비해 희귀한 업종 또는 업태를 선정하여 배치하는 것을 중시하였음
- 예를 들어 주변에 먹자골목이 형성되어 있을 경우 음식점은 M/D에서 최소화하는 경향 있었음
- 최근의 상가 분양시장을 분석하면, 먹자골목이 있는 경우 음식점을 더 많이 배치한 상가 성공
- 이는 기존 업종이 많이 있다는 것은 수요가 많다는 의미이며, 따라서 반드시 피해야 할 이유는 없다는 의미임
- 즉, 주변이 저가 음식점일 경우 약간의 가격수준만 조정하여 같은 먹자거리 내의 상권에 포함하여 분양하는 것이 유리하다는 것을 의미함

▶주변 상권과 연계한 상가의 성공 경향 표출
- 역세권, 대규모 주거단지 내 상가, 대형 전문상가에 대한 관심 증대
- 소형아파트 품귀현상, 오피스텔의 과잉공급으로 인한 임대사업자의 투자 증가현상 표출
- 시설 내 대형 고객흡인시설(할인점, 대형슈퍼, 멀티플랙스 등) 유치시 잔여상가의 분양에 절대적 지원요인으로 작용

- 8·9 대책 이후 효과 미진하여 범정부적 대책인 9·4 종합대책 발표
- 10월 말 세부 시행령 및 규칙이 개정될 예정이나 현재까지 큰 영향은 없는 것으로 조사됨
- 단, 강남지역의 경우 아파트 매매가 거의 없어지고, 시세 판단조차 불가능한 시장 상황 도출
- 규제의 영향을 덜 받는 주상복합건물과 오피스텔에 대한 수요자의 관심이 증가하고 있으며, 특히 테마상가 등 기존 상권과 연계된 대형상가에 대한 수요자 관심이 높아지고 있는 상황임
- 금리상승 기대감 미흡으로 인하여 실제 부동산에 대한 실수요 및 가수요는 아직은 충분히 상존하고 있는 것으로 판단됨

## 일반현황 및 교통현황

□주택종류별 현황

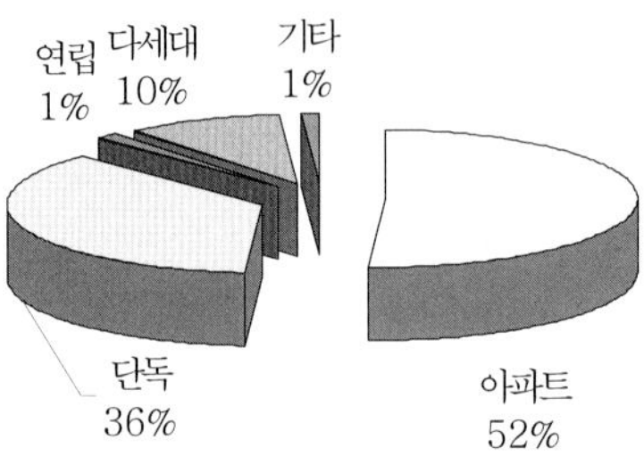


□주거 형태별 현황

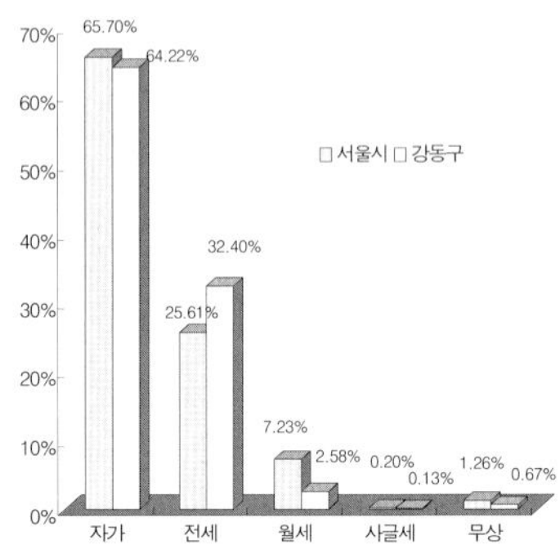


□교통현황

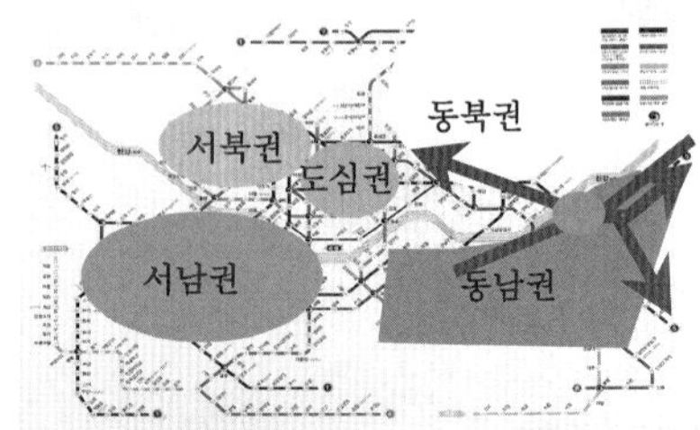


*강동구청, 서울시 인구주택총자료, 2001년 12월 기준

■ 강동/천호지역의 일반적 현황을 살펴보면(상단 그림 참조)

- 주택보급률에 비해 자가주택 소유비율은 10% 이상의 차이를 보이고 있음
- 특히 서울지역의 자가주택 보유비율인 65.7%에 비해 1.5% 내외의 차이를 보이는 등 자가의 비율이 낮은 지역(수요자 상존)
- 또한 서울지역의 아파트비율 50.3%에 비해 높은 아파트 비율을 보이고 있는데, 이는 강동지역이 계획적 대단위 개발지역으로서 아파트의 공급이 많이 이루어졌기 때문으로 판단됨
- 따라서 자가 비율이 낮고 아파트 비율이 높음을 감안하면, 아파트 수요자는 상존함으로 판단됨

■ 도로교통/지하철여건 (상단 그림 참조)

- 구리/하남권역에서 강남지역으로 진입하는 교차점
- 강동/명일/암사지역에서 도심으로 진입하는 집결지
- 자체 거주인구의 유동 개시점, 따라서 잠실지역과 함께 지역내 부도심 역할 수행
- 서울지하철 5호선과 8호선의 환승역
- 잠실역과 함께 동남부 서울의 지하철 유동의 중심점
- 도로교통여건과 함께 지역내 교통중심지 역할 수행

## 입지여건 분석

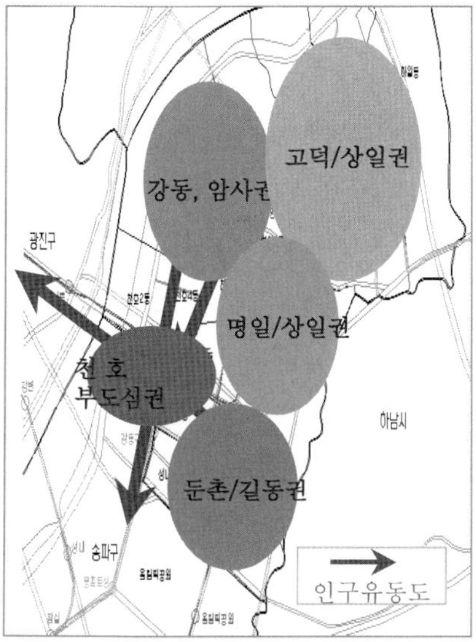


| | |
|---|---|
| 주거환경 | · 천호공원, 광나루공원, 어린이공원분포<br>· 2블록 내에 천호, 천일 등 초교(8개), 천일, 동신 등 중교(4개),고교(3개)가 입지한 편리한 교육환경<br>· 현대아산병원, 카톨릭병원, 강동성심병원 등 대규모 의료시설이 갖춰진 지역<br>· 중층부 이상에서 일부 동 한강 조망 가능 |
| 업무환경 | · 천호역을 중심으로 하는 부도심 업무시설이 천호 대로변에 밀집하고, 암사동방향으로의 업무시설이 신규 입지하는 지역<br>· 구청 등 공공기관이 입지, 업무편리성이 높은 지역<br>· 윤락가, 유흥가 등으로 인하여 지역 이미지가 낮은 지역 |
| 교통환경 | · 올림픽대로, 강변북로, 천호대로 등 간선도로와 선사/풍납 등 준 간선도로망이 완비된 편리한 도로망<br>· 지하철, 버스 등 대중교통망이 완비 |

## 상권분석

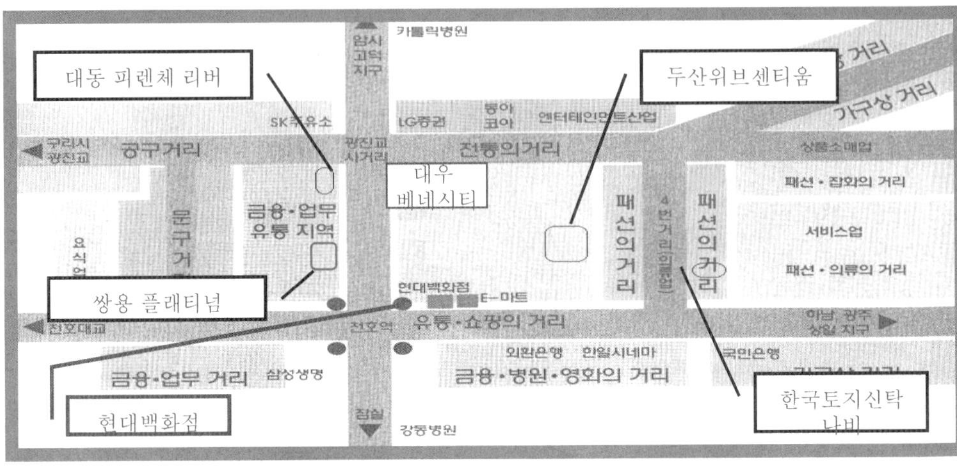


· 천호역 지역의 지구단위계획 지침에 따르면 가구거리, 문구거리, 금융/업무거리, 패션거리, 전통거리, 영화거리 등 업태 구분을 정하고, 현대백화점, E-마트, 킴스클럽 등 대형 쇼핑센터와 천호시장 등 재래시장이 형성되어 있음

· 후면 서술된 내용대로 상기 도면 4번거리인 로데오거리와 함께 전통거리의 먹자골목이 포화상태의 상권을 형성하고 있음

· 선분양된 두산 위브 센티움, 나비 패션몰 등 주상복합시설의 상가시설까지 포함되어 충분한 양의 상가가 공급되었으며, 광진교의 재개통(2003년 12월)으로 유동인구가 확대되더라도 상업시설은 충분한 양이 공급되었다고 봄이 적정함

· 따라서 대상사업의 경우 상업시설의 비중을 최소화(1개층)하고, 업무시설(오피스텔)의 비중 확대를 통한 지구단위계획 적합성을 추구함이 적정함

### 유동인구 분석

- 천호동 지역상권은 천호역에서 광진교 사거리, 천호시장, 롯데리아에 이르는 정방형의 도로를 기준으로 하여 형성되어 있음
- 천호역 3, 5번 출구를 기점으로 하여 출퇴근, 통과, 환승, 쇼핑, 위락을 위한 인원으로 주로 형성되며, 10대에서 40대까지의 연령층을 보이고 있으나, 주 이용고객은 시간대별로 주간은 주부 및 직장인, 야간 및 주말은 청년층 위주의 유흥 위락 인원으로 구성됨
- 1일 유동인구는 주중 90,850, 주말 125,240명 수준으로 조사되고 있음(지역 내 유동인구 결과 평균 추정치)
- 시간대별 중점 유동시점은 주중 18~21시, 주말 17~20시가 가장 높은 유동인구 분포시간대임(한국토지신탁 조사결과)

### 가격분포

- 현 상권의 유동 가능성이 거의 없는 상황에서 1급지는 천호역에서 롯데리아까지 및 천호시장 주변이 해당되며, 평당 임대가는 18,000천원 미만, 점포당 권리금 150,000천원선 미만으로 형성됨
- 2급지는 사업지에서 천호시장까지의 지역이며, 평당 임대가는 10,000천원, 권리금은 50,000천원선 미만으로 형성됨
- 기타 골목 등 이면도로와 암사동 방향, 천호대로 강동역 주변이 3급지에 해당하며, 평당 임대가 5,000천원, 평당 권리금 3,000천원 미만으로 형성되어 있음
- 대동 피렌체리버와 쌍용 플래티넘 지역의 경우 한강조망권의 확보 가능성으로 인하여 상층부 주거시설은 본 사업지에 비해 일부 강세를 보이고 있으나, 저층부 상가의 경우 본 사업지보다 일부 열세를 나타내고 있음

### 상권전망

- 기존 천호역 주변 상권의 최대 약점인 공개공지 부족문제를 해결할 경우 본 사업지 주변의 상승이 예상됨
- 윤락가와 천호시장으로 인하여 낙후 이미지를 안고 있는 구사거리 주변과 함께 사업지 주변이 개발될 경우 새로운 상권의 확대가능성이 매우 높다 할 수 있음

## 아파트 시장 분석

(단위: 천원)

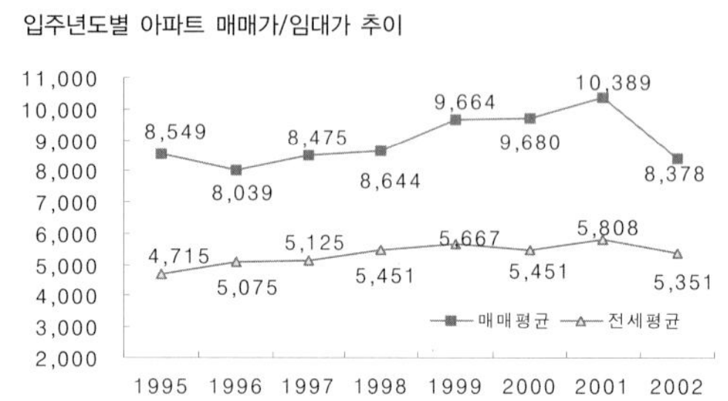


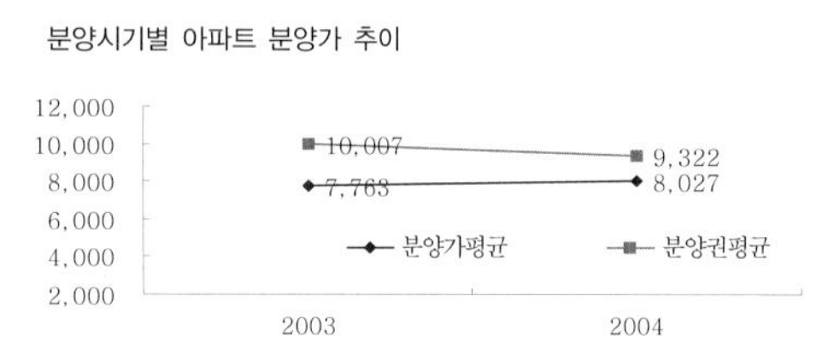


(단위: 천원)

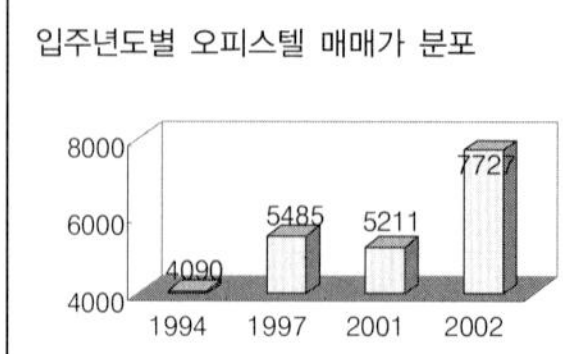


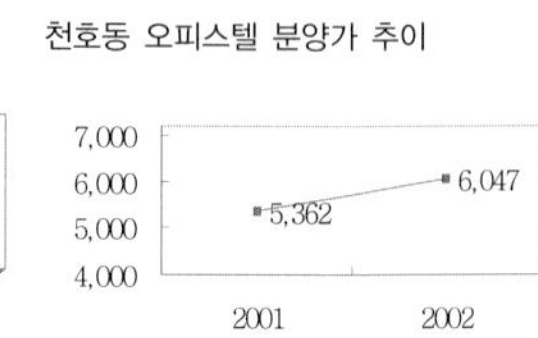


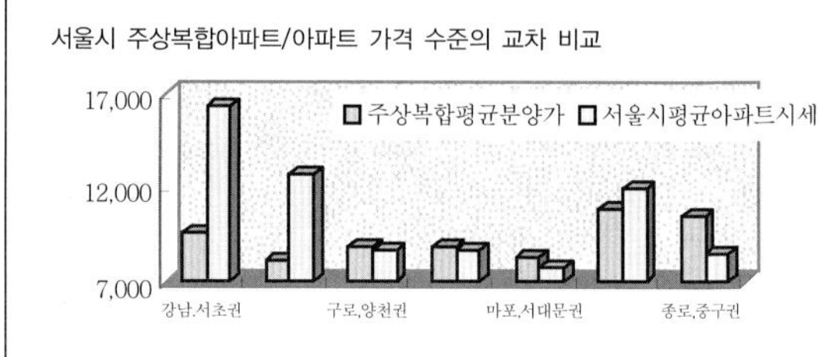


- 위의 우측 하단의 그래프에서 주상복합아파트 분양가와 아파트의 매매가를 교차 비교해 보면 아파트 가격은 강남/서초와 송파/강동, 용산권이 매우 높은 수준을 보이고 있으나 주상복합아파트는 지역별 가격편차가 일반 아파트에 비해 거의 없이 평준화되어 있음
- 용산, 강남, 종로의 주상복합 분양가가 높은 것은 최근 시설의 공급이 집중되고, 도심과 강남, 한강 조망권의 용산지역이 가격을 주도하기 때문임
- 강동지역의 오피스텔의 경우 입주년도에 따라서 가격편차가 크게 나타나고 있으며, 최근 오피스텔의 분양가격이 상승추이를 지속하고 있음
- 이는 신규오피스텔에 대한 수요가 일정수준 존재하고 있으며, 이에 따라 전반적인 오피스텔 분양이 순조롭게 진행되었음을 검증해 주고 있음
- 경우 강동/송파지역은 IMF의 타격을 가장 적게 받은 지역에 속함. 이는 IMF사태 때 잠실권 재건축 사업이 추진되었던 관계로 가격폭락과 재건축으로 인한 가격상승이 맞물려 보합세를 유지하게 되었던 것이라 판단됨
- 천호/강동지역의 아파트/주상복합/오피스텔 시장은 급작스러운 경기변동과 수요 급감현상은 나타나지 않고, 계속된 개발에 대한 관심으로 지속적인 가격상승이 진행되고 있는 지역이라 할 수 있음

## SWOT 분석

**Strength(강점)**

- 대로변 필지로서 접근성이 양호한 위치
- 주거/업무공간에 대한 ONE-STOP 편의시설 완비
- 최근 인근지역 내 대규모 분양이 없어서 지역 내 관심 유도 가능

**Weakness(약점)**

- 주변 녹지공간 부족 및 노후 단독주택 밀집지에 접하여 고급 입지의 쾌적성이 떨어지는 입지
- 기존 음식점, 판매시설 등이 밀집하여 상업시설 MD에 한계를 가지는 입지
- 인접대지와 도로사선으로 인하여 정형적 개발이 불가한 입지

**Opportunity(가능성)**

- 천호역과 연계되는 최고의 대중교통망
- 남동부의 중심에 위치한 최상의 도로망
- 잠실/삼성동 부도심과 연결되는 새로운 지역중심지 대두
- 올림픽대로, 천호대로, 둔촌동길 등 교통여건이 우수한 지역

**Threat(위험성)**

- 오피스텔/주상복합의 선착순 분양규제가 분양에 악영향을 끼칠 위험 상존
- 윤락가로 대표되는 지역이미지로 인하여 임대사업자에 대한 분양 난이성 존재
- 최근 주상복합아파트가 공급 포화 상태에 있고 거품가격이 논란이 되어 오피스텔과 아파트 분양이 난이할 위험 있음

# Ⅲ. 개발컨셉의 설정

아파트/오피스텔

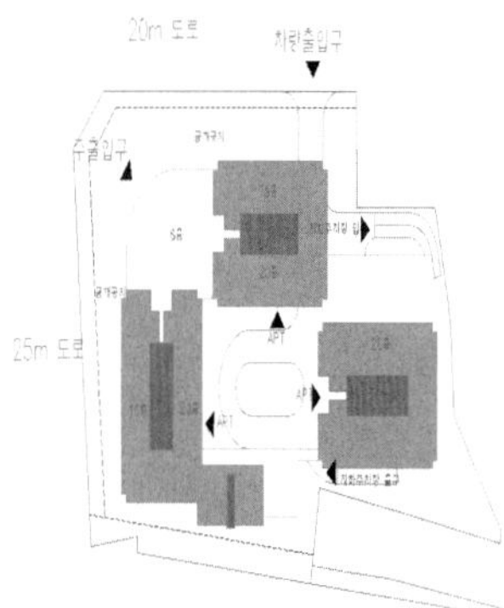

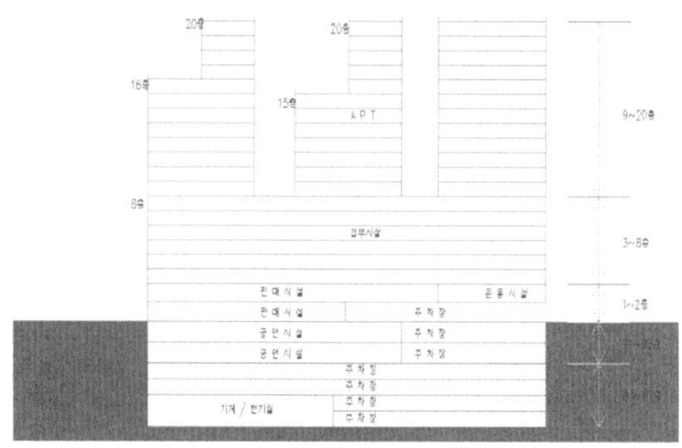

※아파트와 오피스텔, 상가의 동선이 구분되지 않을 경우나 한 동의 건물로 건설될 경우

- 본 사업지의 경우 높은 토지가격과 쾌적성 결여된 주변 환경, 주변의 활성화된 상업기능의 이용 필요성 등으로 인하여 주상복합형의 건축이 필수적이며, 전술한 바와 같이 천호역 주변 지구단위계획상에서도 지상연면적에 대비한 주거시설의 비율이 용적률과 연계하여 50% 이하로 규정되어 있으므로 실제 본 사업지의 여건을 감안하고, 주변 상황을 분석할 경우 주상복합시설 이외의 시설은 난이할 것으로 판단됨
- 또한 판매/업무시설을 확대하여 용적률을 상승시킨다 하더라도 분양성 문제와 함께 사업의 수익성에 치명적인 영향을 끼칠 수 있기에 가능한 안정적인 주거비율을 최대한 구성
- 기술적 검토결과 판매/업무시설과 주거시설을 별도의 건물로 건축할 경우 수요자의 반응은 가장 좋다고 할 수 있으나, 사업부지의 특성상 수익성을 보장받는 수준에 이르지 못하여 실행 불가한 방안이라 할 수 있음
- 따라서 저층부에 판매/업무시설을 배치한 후, 업무시설 상단에 공동주택을 3동으로 분리하여 배치하는 방안을 제안

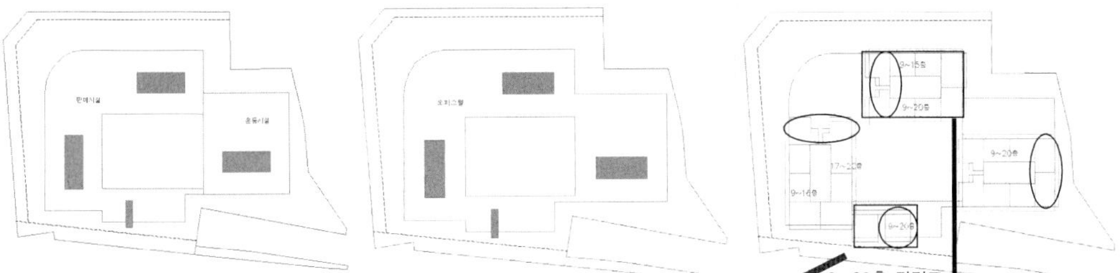

2층 단면도　　3~8층 단면도　　9~20층 단면도

- 2층은 기존 계획에 따라 운동시설을 배치, 3~8층은 오피스텔을 공급하게 됨
- 9~20층의 경우 한강 조망권 최대 확보, 최대 세대의 남향 배치를 유도할 수 있도록 구성하며,지정된 부분(흑색 원형 표시부분)의 경우는 후술될 3면 발코니가 가능한 유니트로 구성함을 제안
- 향별, 조망권별, 층별, 평형별 가격 편차를 타단지에 비해 크게 하여 향과 조망이 우수한 평형에서 최대한의 수익을 얻고, 미흡한 평형에 대해서는 저가전략을 사용할 수 있는 방법을 제안(적정 분양가 제안 부분 참조)

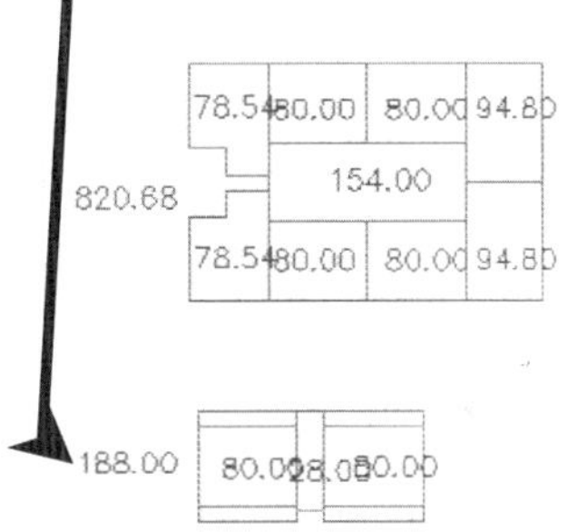

## 판매시설

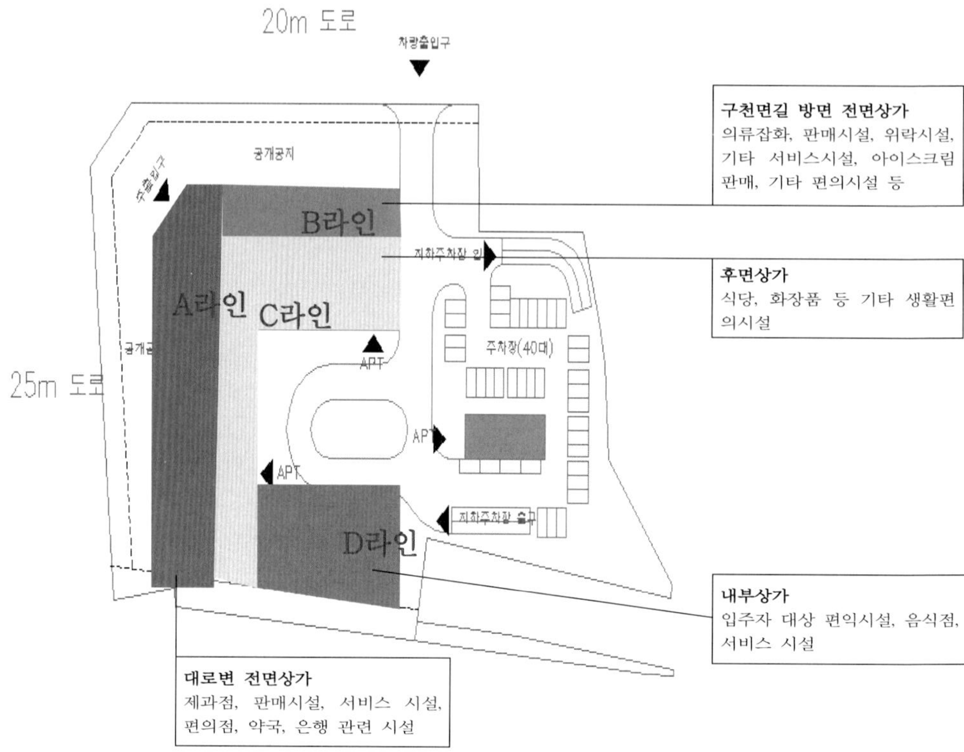


| 구 분 | 업 종 | 비 고 |
|---|---|---|
| 1층 | 클리닉: 내과/소아과, 안과, 치과, 이비인후과, 정형외과/재활의학과, 피부과, 한의원 등 | 주변 노후 클리닉시설에 대한 개별접촉 결과 입주의사가 높음을 확인하였고, 계약의향자 다수 기확인 |
| | 편익시설: 잡화점, 헤어숍, 보수센터(인테리어), 철물/전기, 비디오대여, 포토갤러리, 세탁소, 인테리어소품점, 거울/유리/수족관, 청소용역, PC용품/소모품점 등 | 배후단지에 대한 독점적 지위와 시흥대로로 인한 유동 인구 확보 가능한 상권 형성 |
| | 식당가: 한식, 중식, 레스토랑, 일식, 분식, 치킨호프, 도시락/주문식사배달점, 해물전문, 보쌈/족발, 우동전문점, 갈비/삼겹살, 찌개전문점, 기타 전문음식점 | 주변 식당가에 비해 일부 고급형으로 MD될 경우 인근지역의 고급식당 부재로 인한 고객 흡인 가능 |
| | 부동산, 안경점, 시계/귀금속, 편의점, 커피숍, 약국, 은행출금기, 제과점, 페스트푸드점, 아이스크림, 문구/팬시, 이동통신, 가정소품, CD/음반점, 피자전문점, 스포츠/사우나용품, 화장품코너, 기타 판매점 | 유동인구와 함께 주변의 낙후된 시설과의 비교우위를 통한 충분한 수요자 확보 가능(배후단지의 수요는 최소고객 단위임) |
| 2층 | 스포츠클럽(수영/헬스/에어로빅/스쿼시/실내골프 등), 사우나, 찜질방, 피부관리, 스포츠마사지, 발관리전문점, 스포츠/사우나용품 등 | 시설공사는 입주자 부담, 공사는 위탁시 시공사에서 별도 공사 |

# VI. 적정가격의 검토

## 아파트 분양가 선정

| 구분 | 내용 |
|---|---|
| 최고가 | · 최근 분양한 인근 주상복합건물 중에서 평형,설비, 부대시설, 교통여건, 서비스 수준, 조망권, 대지면적 등을 고려 주변시세 최고가의 4 ~ 8% 상회하는 수준에서 책정<br>· 주변 분양 주상복합건물과 비교할 때 주거 여건이 가장 우수한 것으로 판단됨 |
| 가격차이 | · 일반적으로 중소형평형은 가격 민감도가 크지만, 최근 분양한 인근지역 주상복합이 모두 소형평형이므로, 상대적으로 민감도가 떨어짐(가격차이 가능하다 여겨짐)<br>· 평면의 발코니 면과 유니트 특성(최상층 다락방)에 따른 가격차등 감안 |
| 평형별 가격차등 | · 주변 시세 범위 내에서 적용하되, 인근지 주상복합에 해당평형의 부재로 주변 동평형의 아파트 시세를 감안하여 산정함 |
| 층별/향별 가격차등 | · 층별/향별 가격차등은 주변 차등수치를 적용하되, 조망권, 개방감, 층, 향, 평면, 위치 등에 대한 각각의 지수를 종합하여 산정함 |

↓

| 구분 | 내용 |
|---|---|
| 분양가 범위 | · 32평형대 평당 9,277천원 ~ 8,934천원 내외로 분양가 책정하여 주변 시세 범위에서 평형별 가격 차등을 둠<br>· 40평형에 비하여 30평형의 시세가 높은 지역적 특성으로 평형별 가격차등은 미비 |

층별 가격지수

| 구분 | 개방감 | 개방감지수 | 조망권 | 조망권지수 | 종합지수 |
|---|---|---|---|---|---|
| 9~15층 | 부분개방 | 95 | 비조망 | 85 | 90 |
| 16~20층 | 개방 | 100 | 부분조망 | 95 | 98 |
| 9~15층 | 부분개방 | 95 | 부분조망 | 95 | 95 |
| 16~20층 | 개방 | 100 | 조망 | 100 | 100 |

향별 가격지수

| 구분 | 향 | 향지수 | 평면 | 평면지수 | 종합지수 |
|---|---|---|---|---|---|
| 32평형 | 남향 | 100 | 3면발코니 | 100 | 100 |
| | 동향 | 95 | 2면발코니 | 90 | 93 |
| | 북・서향 | 88 | 1면발코니 | 80 | 84 |
| 33평형 | 남향 | 100 | 3면발코니 | 100 | 100 |
| | 동향 | 95 | 2면발코니 | 90 | 93 |
| | 북・서향 | 88 | 1면발코니 | 80 | 84 |
| 39평형 | 남향 | 100 | 3면발코니 | 100 | 100 |
| | 동향 | 95 | 2면발코니 | 90 | 93 |
| | 북・서향 | 88 | 1면발코니 | 80 | 84 |

주변시세 비교분석

| 아파트명 | 평형대 | 평당매매가 | | | 평형별 가격차 |
|---|---|---|---|---|---|
| | | 상한가 | 하한가 | 평균가 | |
| A | 23 | 8,696 | 7,391 | 8,043 | 139~738 |
| | 33 | 9,690 | 7,273 | 8,182 | |
| | 45 | 8,000 | 6,889 | 7,444 | |
| B | 25 | 8,800 | 8,000 | 8,400 | 52~388 |
| | 33 | 9,697 | 7,879 | 8,788 | |
| | 42 | 9,523 | 7,380 | 8,452 | |
| C | 25 | 8,800 | 7,200 | 8,000 | 254~1,091 |
| | 33 | 9,697 | 8,489 | 9,091 | |
| | 43 | 9,302 | 8,372 | 8,837 | |

✓주변 아파트의 평형별 가격격차는 최저 52천원에서 1,091천원까지 큰 차이를 나타내며, 평균적으로 300천원 정도의 차이를 나타냄

✓가장 큰 차이를 나타낸 C의 경우 한강 조망권 여부에 따른 차이로 분석됨

✓세 아파트 공히 30평형대의 평당가가 40평형대보다 높음

층별 가격지수 분석

| 격차요인 | 기존연구 | 분석 |
|---|---|---|
| 층별 | 로얄층과 준로얄층 가격격차: 2.3% | 최근엔 조망, 향외에도 유니트 특성에 따라 결정되기도 함 |
| 향별 | 남향과 동향의 가격격차: 5% | 일반적인 경향은 남동>남서>북동>북서로 나타남 |
| | 남향과 북서향의 가격격차: 12% | |
| 조망권 | 한강 조망 불가에 따른 가격격차: 20% | 일반적 경향은 20%를 상회함 |

*본 지수는 주택산업연구원의 1998년 아파트 층, 향별, 누적 가격편차에 따른 통계분석 결과를 사용함

## 오피스텔/판매시설 분양가 산정

- 사업지 주변 오피스텔의 경우 최근 신규분양이 대다수이며, 점차 가격이 상승하고 있음
- 가장 최근에 분양한 D와 비교해 교통, 규모, 주거여건 우수, 최인근지의 E에 비해 규모 및 단지 여건은 우수하나, 조망권에서 약세로 드러남
- 상대적으로 시공사의 인지도가 낮은 E와 비교할 때 시공사 선정과 분양시기 선정에 따라 E 최고가의 3~5%까지 책정 가능

- 소형 오피스텔은 임대목적 투자 상품으로 투자비 대비 임대 수익을 고려하여 가격차를 크게 두지 않는 편임.

- 층별 지수는 층지수, 개방감 지수를 종합하여 산정
- 오피스텔은 고층/개방성이 중요한 차등의 원인이 됨(아파트에 비해 향의 영향 미비)

↓

- 계약면적 기준 6,983 ~ 7,119천원/평으로 최고가 설정(6~8층, 대로변 )
- 최저, 최고가 차이가 2~3%를 벗어나지 않는 범위

**층별 가격지수**

| 구분 | 층지수 | 개방감 | 개방감 지수 | 종합 지수 |
|---|---|---|---|---|
| 3~5 | 98 | 비개방 | 96 | 97 |
| 6~8 | 100 | 개방감 | 100 | 100 |

**향별 가격지수**

| 향 | 향지수 | 개방감 | 개방 지수 | 종합 지수 |
|---|---|---|---|---|
| 남·서향 | 100 | 비개방감 | 94 | 96 |
| 북·동향 | 99 | 개방감 | 100 | 99 |

- 가설계 컨셉을 따를 시 해당오피스텔은 3~8층까지의 부분에 위치해 상대적으로 층별 차등가는 2% 내외가 적당하며, 북·동향대로변을 향한 개방성의 효과 및 한강 조망의 가능성이 남·서향의 향별 효과보다 크게 부각되므로, 전체적으로, 북·동향 6~8층의 평당가격을 가장 높게 책정함
- 세부평형이 나누어지지 않은 상태에서는 전체면적에서 층별, 향별 지수로 보정하여 분양가 산정
- 위 지수보정에 의거한 오피스텔의 적정 평당가는 7,071천원으로 산정함

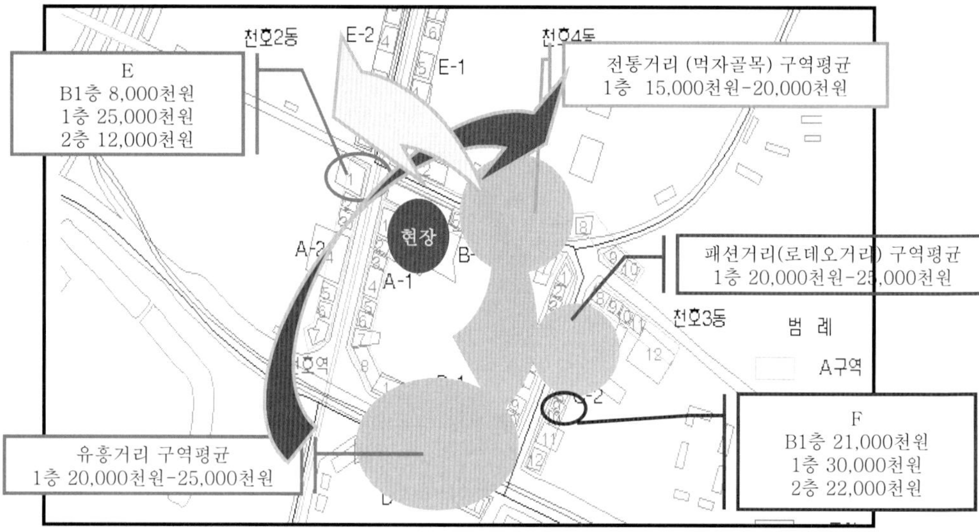


상가의 가격은 지역 내 주변상가의 매매가와 분양가에 민감한 영향을 받게 됨

- 큰 강점이 있는 테마 상가의 경우 주변과 차별화된 가격의 산출이 가능하지만, 대상 사업지의 경우 상가 규모가 시설규모에 비해 크지 않기 때문에 이러한 규모의 경제는 성립하기 힘들다고 판단
- 따라서 전술한 판매시설의 컨셉과 용도, 기타 조건이 갖추어졌을 경우 상기 지도의 가격 흐름 추세선(화살표)의 진행 고려시

1층 A급 27,000천원 2층 13,000천원 지하 1층 9,000천원 지하 2층 5,000천원
B급 21,000천원 C급 15,000천원 선의 가격형성이 가능하다 판단됨

# V. 경제성 분석

## 수지 분석/민감도 분석

| | | |
|---|---|---|
| □분양수입 | | |
| · 아파트 32평, 33평, 39평 | 총 276세대 | 82,586,012천원 |
| · 오피스텔 | | 90,846,776천원 |
| · 판매시설 | | 42,180,201천원 |
| · 운동시설 | | 7,091,370천원 |
| · 공연시설 | | 31,104,710천원 |
| **분양수입 총계** | | **253,809,069천원** |
| □투자자금 | | |
| · 토지매입비 | | 73,650,000천원 |
| · 직접공사비 | | |
| 건축비 | 평당 3,000천원 | 102,605,820천원 |
| 조경시설비 | 직접공사비의 1% | 10,260,582천원 |
| 예술장식품비 | | 718,240천원 |
| 철거비 | | 1,000,000천원 |
| 하자보수비 | 실행비용의 1% | 1,026,058천원 |
| 예비비 | 분양수입의 2% | 5,076,181천원 |
| · 간접공사비 | | |
| 부가가치세 | 전용 25.7평 이상 건축비 10% | 505,800천원 |
| M/H건설비 | 일식 | 1,500,000천원 |
| M/H운영비 | 15,000천원×12개월 | 180,000천원 |
| 분양/광고선전비 | 일식 | 8,676,906천원 |
| 입주관리비 | 직접공사비의 0.3% | 362,060천원 |
| 지질조사 | | 100,000천원 |
| 안전진단 | | 100,000천원 |
| 교통영향평가비 | | 100,000천원 |
| 보존·등기비 | 직접공사비의 3.16% | 3,813,705천원 |
| 설계감리비 | 펴당 80천원 | 2,736,155천원 |
| **투자자금소계** | | **212,411,507천원** |
| **투자수익** | | **41,397,562천원** |
| 매출액 대비 16% 투자수익을 얻을 수 있음 | | |

### 공사비 5% 증가, 감소

| 구분 | 매출액 | 매출원가 | | | | 매출총이익 | 매출액대비(%) |
|---|---|---|---|---|---|---|---|
| | | 토지비 | 직접공사비 | 간접공사비 | 지출총계 | | |
| −5% | 253,809,069,840 | 73,650,000,000 | 114,652,538,220 | 17,865,836,542 | 206,168,374,762 | 47,640,695,078 | 19 |
| 기준 | 253,809,069,840 | 73,650,000,000 | 120,686,882,337 | 18,074,624,849 | 212,411,507,186 | 41,397,562,654 | 16 |
| +5% | 253,809,069,840 | 73,650,000,000 | 126,721,226,454 | 18,272,451,769 | 218,326,875,157 | 35,482,194,683 | 14 |

### 분양가 5% 증가, 감소

| 구분 | 매출액 | 매출원가 | | | | 매출총이익 | 매출액대비(%) |
|---|---|---|---|---|---|---|---|
| | | 토지비 | 직접공사비 | 간접공사비 | 지출총계 | | |
| −5% | 266,499,523,332 | 73,650,000,000 | 126,404,423,388 | 18,514,182,264 | 218,568,605,651 | 47,930,917,681 | 18 |
| 기준 | 253,809,069,840 | 73,650,000,000 | 120,686,882,337 | 18,074,624,849 | 212,411,507,186 | 41,397,562,654 | 16 |
| +5% | 241,118,616,348 | 73,650,000,000 | 126,404,423,388 | 18,030,740,929 | 218,085,164,317 | 23,033,452,031 | 10 |

본 사업의 추진에 대한 매출대비 수익성(분양률 100% 대비)은 16%로 매우 양호한 것으로 판단되어지며

- 공사비 대비 5%의 증감에 대한 민감도 분석 결과 공사비를 5% 상향시키더라도 매출대비 14%의 수익을 얻을 수 있음
- 분양가 대비 5%의 증감에 대한 민감도 분석 결과 분양가를 5% 하향시키더라도 매출대비 10%의 수익을 얻을 수 있음

따라서 본 사업의 수익성은 매우 양호한 것으로 판단되어지며, 분양률에 따른 수익성 변동을 고려하여 사업추진을 할 경우 성공가능성이 높다고 판단됨

# Ⅵ. 총 평

주변 지역 및 사업지에 대한 검토 결과

□주거편리성은 양호하나 환경 쾌적성이 미흡하고,
□지가수준과 주변상황에 대한 검토결과 주상복합시설이 가장 적정하다고 판단되며,
□주변지역의 상권이 핵심상권이 아닌 상권의 외곽지역이고,
□대지 구조와 지구단위계획 지침상 허용용적률을 채우기 힘들고,
□사업지 인근에 대형 상가, 주상복합, 오피스텔이 다수 기 분양되어 잔존 수요에 대한 확신을 갖기는 힘들지만, 지역의 특성상 시공회사의 브랜드 파워가 영향이 크므로 유명 시공회사를 선정하여 네이밍을 할 경우, 주변지역의 기존 분양사업이 모두 성공리에 마무리됨을 볼 때 일정수준의 잔존 수요는 있는 것으로 판단됨

↓

따라서 본 사업의 수익성에 대한 검토 결과

제시된 분양가에서는 매출대비 16%의 수익이 발생하여 사업의 건전성은 큰 문제가 없는 것으로 판단되며, 제시된 개발컨셉에 따른 개발이 진행될 경우 주변지역의 기 분양된 시설들과의 차별성 부각이 가능하여 지역 내 최고수준의 분양가 산정이 되더라도 분양성에 치명적 오류를 갖지 않을 것으로 판단됨

# 파주 ○○지구 도시 개발 프로젝트

# Ⅰ. 프로젝트 개요

## 개발의 필요성 및 방향

| 현황 | | 방향 |
|---|---|---|
| - 계획적 개발지역인 ○○/○○택지 개발지구와 인접하여 주변지역으로부터 개발압력 가중<br>- 일산신도시의 도심팽창으로 인한 고양시와 파주시로의 확장<br>- 경의선상의 축으로서 대북관계의 연결지역 | ➡ | - 주변택지 개발과 어울리는 계획적 개발<br>- 계획적 개발을 통한 건전한 도시 발전 유도<br>- 열악한 도시기반시설 등의 정비를 통한 연결선상의 축으로서 역할 마련 |

## 입지상의 특징

■경기 파주시 ○○면 ○○번지 일원
■면적 : 약 226,160㎡(68,413평)
■서울외곽에서 북서측으로 약23Km 위치
■파주시청에서 약 4Km 위치
■사업지와 접한 56번 지방도 (2004년 개통 예정,6차선)와 연결된 310번 지방도와 자유로로 서울과의 접근이 양호

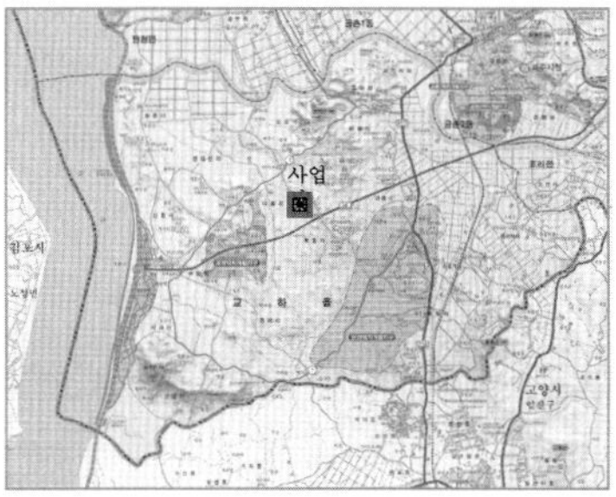


■도시개발절차에 따른 도시개발구역지정을 제안하기 위해서는 대지면적 33만㎡ 이상이어야 하므로 인근지역과 함께 추진하여야 함

## 사업지 분석

- 사업지 인접지역에 ○○ 택지개발지구와 ○○ 택지개발지구가 개발될 경우 중심에 위치하고 있는 사업지에 개발압력이 가중
- 파주 ○○마스터플랜에 따르면, 사업지를 중심으로 남북축 2개, 동서축 1개의 도로가 계획되어 있어 사업지는 ○○도시중생활권에서 중심적인 역할 수행 가능
- 사업지는 파주시 도시기본계획상 ○○도시 중생활권의 중심지에 위치하고 있음
- 사업지 주변으로 대규모 택지개발지구가 개발되었거나 개발예정에 있음
- 지방도 56번(6차선)이 현재 공사중에 있으며 2004년 완공될 예정
- 사업지는 지방도56번과 310번을 이용하여 일산 및 서울로 진입

## 도시개발사업 업무 추진 절차도

| 절차 | 시행자측 | 승인권자측 |
|---|---|---|
| 대상지 기초 조사 | | |
| 개발계획 수립 | | 경기도지사<br>관계행정기관장과 협의,경기도 도시계획위원회 심의 |
| 도시개발구역지정 요청 | 토지소유자의 지정 제안<br>토지면적 2/3이상의 토지소유자동의 | 파주시장<br>파주시 도시계획위원회 자문 |
| 도시개발구역지정・고시 | | 경기도지사<br>관계행정기관장과 합의, 경기도 도시계획위원회 심의 |
| | | 파주시장에게 관계서류 송부<br>건교부장관에게 지정고시통보 |
| 주민공람(14일 이상) | 시행자 지정 신청<br>파주시장에게 신청 | 경기도지사<br>시행자지정(파주시장의 요청) |
| 실시계획 작성<br>(지구단위계획포함) | 시행자<br>지정요건-국공유지를 제외한 토지면적의 2/3이상 소유자 | |
| 실시계획승인 신청 | 시행자<br>파주시장에게 신청 | 피주시장<br>시행자에게 신청받아 경기도지사에게 요청 |
| 실시계획 인가・고시 | | 경기도지사<br>파주시장의 의견청취후 |
| 주민공람 | | |
| 사업시행 | 시행자<br>1. 매입/동의요건: 토지면적 2/3이상 매입하고 토지소유지총수의 2/1 이상 동의<br>2. 토지상환채권 발행: 토지소유자가 원할 때 발행-토지상환채권발행계획 작성하여 경기도지사의 승인(금융기관의 지급보증 요함) | |
| 공사착공 | | |
| 준공검사 | 시행자<br>공사완료보고서 작성 | 경기도지사 |
| 공사완료 공고 | | 경기도지사<br>준공검사필증 교부후 |

# Ⅱ. 광역 시장 분석

## 주택점유 형태별 현황

| 구분 | 합계 | 자가 | 전세 | 월세 | 기타 |
|---|---|---|---|---|---|
| 세대수(세대) | 45,768 | 32,798 | 7,946 | 2,540 | 2,484 |
| 백분율(%) | 100 | 72 | 17 | 6 | 5 |

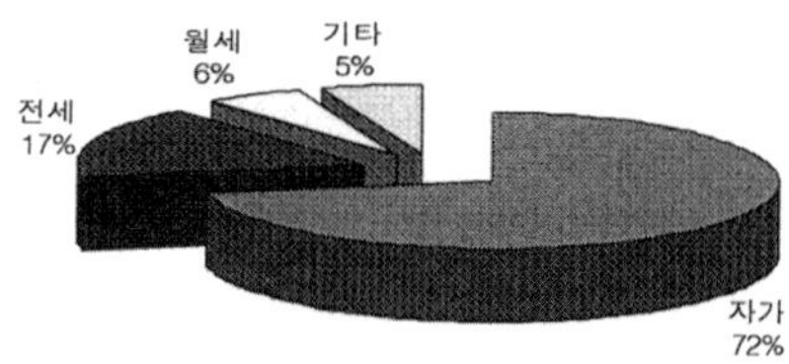


2000. 12. 31, 자료출처: 파주시청

## 주택 분류별 현황

| 구분 | 합계 | 단독주택 | 아파트 | 연립주택 | 다세대주택 | 기타 |
|---|---|---|---|---|---|---|
| 주택수(호) | 62,214 | 25,082 | 28,241 | 2,853 | 2,880 | 3,158 |
| 백분율(%) | 100 | 40 | 45 | 5 | 5 | 5 |

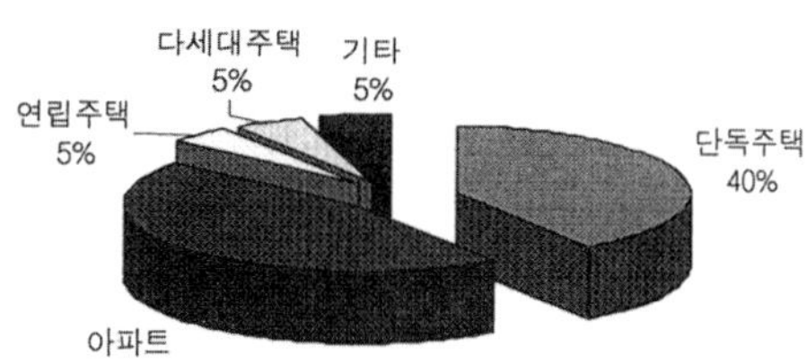


2000. 12. 31, 자료출처: 파주시청

## 인구수/아파트수 교차분석

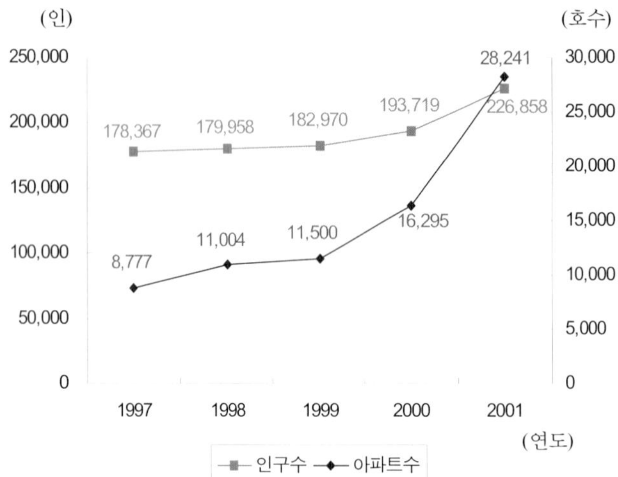


## 주택보급률 추이 분석

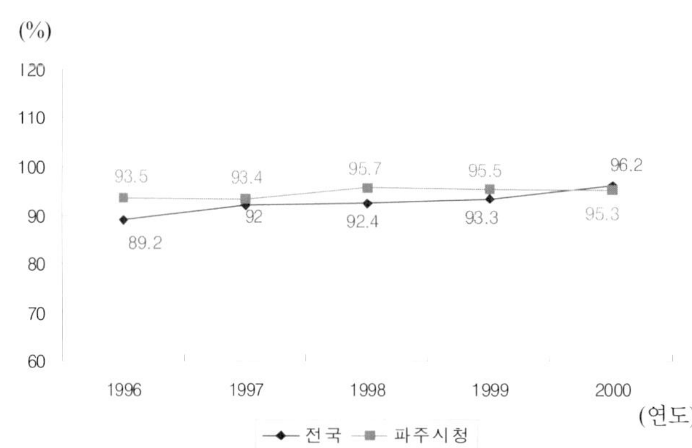


- 파주시의 주택보급률은 95.3%로 전국(96.2%)보급률과 비슷함(2000년 기준)
- 자가주택 비율이 72%로 5년 전인 1995년(76.2%)에 비해 4.2% 떨어진 반면 전세비율은 17%로 5년 전에 비해 4%의 증가율을 보임
- 지역 내 아파트공급이 증가세를 보이는 것은 일산신도시의 확대현상과 반수 이상이 서울 통근자인 것 때문이라 사료됨
- 주택 중 아파트의 비중이 45%로 낮으나 2000년 이후 준농림지역의 아파트 건립과 택지 개발지구의 개발에 의한 아파트의 건설이 많아지고 있음
- 따라서 꾸준한 유입인구의 증가와 아파트비중이 낮은 지역으로 추후 개발이 꾸준히 진행되는 지역임

## 지역시장의 특성

- 빠른 도시화로 인해 전입인구가 급증하고 있는 도·농 복합도시로 수도권 북부의 중심에 위치한 대북관계를 위한 전략적 지원도시
- 일산신도시의 확장선상에 있는 자유로축과 통일로축선상의 가운데에 위치한 서울로의 접근성이 뛰어난 최상의 입지조건
- 도시 전체적인 용적률의 강화로 도시기반시설 및 녹지의 확충 등 환경적인 측면에 대한 검토가 충분히 이루어져 계획적인 개발계획이 요구되는 지역

## 최근 택지개발지구 현황

| 구분 | ○○지구 | ○○지구 | 파주○○1지구 | 파주○○2지구 | ○○지구 | ○○지구 |
|---|---|---|---|---|---|---|
| 사업명 | 파주○○택지개발사업 | 파주○○택지개발사업 | 파주○○1택지개발사업 | 파주○○2택지개발사업 | 고양○○택지개발사업 | 고양○○2택지개발사업 |
| 위치 | 파주시 교하읍 와동리, 야당리, 동매리, 목동리 일원 | 파주시 교하읍 다율리, 문발리, 동패리 일원 | 파주시 금촌동 일원 | 파주시 금촌동, 금릉동 일원 | 고양시 일산구 풍동 일원 | 고양시 일산구 일산동, 풍동 일원 |
| 면적 | 4,893,000㎡ (1,480천평) | 2,043,450㎡ (618천평) | 156,370㎡ (47천평) | 862,344㎡ (261천평) | 834,725㎡ (252천평) | 828,000㎡ (250천평) |
| 사업비 | – | 약 4,544억원 | 448억원(용지비:243/공사비:205) | 2,661억원(용지비:1,320/공사비:1,341) | 4,262억원 | 3,983억원 |
| 사업기간 | 2002~2007 | 2000.11.10~2005.12.31 | 1998.04.28~2003.12.31 | 1999.04.30~2004.12.31 | 2000.10.18~2004.12.31 | 2001.06.29~2006.12.31 |
| 세대수 및 인구수 | 26,000세대 (약80,600명) | 10,580세대 (약32,798명) | 1,965세대(6,288명) | 8,111세대(25,955명) | 4,261세대(약23,109명) | 6,121세대(약18,363명) |
| 인구밀도 | 164.72인/ha | 160.50인/ha | 402.12인/ha | 300.98인/ha | 276.84인/ha | 221.77인/ha |
| 지구지정 | 2001.12. | 1997.07. | 1996.11.29 | 1997.10.27 | 1999.07.27 | 1993.12.15 |
| 개발계획승인 | 2003.02 | 2000.11. | 1998.04.27 | 1999.04.30 | 2000.10.18 | 2001.06.29 |
| 실시계획승인 | 2003.09. | – | 1998.07.29 | 1999.10.19 | 2001.04.27 | 2001.12.27 |
| 조성공사착수 | – | – | 2001.09.29 | 2001.06.08 | – | – |
| 사업준공(예정) | 2007.12. | 2006.12. | 2003.12.31 | 2004.12.31 | 2004.12.31 | 2006.12.31 |
| 시행자 | 파주시, 대한주택공사 | 한국토지공사 | 대한주택공사 | 대한주택공사 | 주택공사 | 고양시, 주택공사 |

- 택지개발의 기준인 인구밀도계획에 있어 인근지역인 ○○ 및 ○○ 택지개발지구는 160.50인/ha에서 164.72인/ha의 인구밀도로 도로와 녹지율을 높여 타 지구에 비해 주거환경을 개선하였고 향후 진행되는 인근택지개발지구의 인구밀도계획에 기준이 될 것으로 보여 사업지구역지정에 영향을 미칠 것으로 우려됨

- 파주○○1·2 지구의 인구밀도가 높은 것은 기존 시가지 지역이기 때문에 공공시설용지의 면적보다는 주택건설용지의 비율을 높게 적용했기 때문임

- 고양시지역인 ○○지구와 일산 ○○지구의 경우 인구밀도계획에서 현재 용인지역에서 사업추진중인 ○○지구(232인/ha)와 ○○지구(263인/ha) 및 비슷하며 수도권 대부분의 지역이 200인/ha에서 250인/ha의 수준을 보이고 있음

- ○○지구와 ○○동은 ○○도시 중 생활권으로 친환경적인 주거환경과 서울로의 접근성이 양호하여 아파트시세가 꾸준히 오르고 있는 지역임

# Ⅲ. 근린시장 분석

## 아파트 분양시장 분석

□지역별 아파트 분양가/분양권 시세 분석

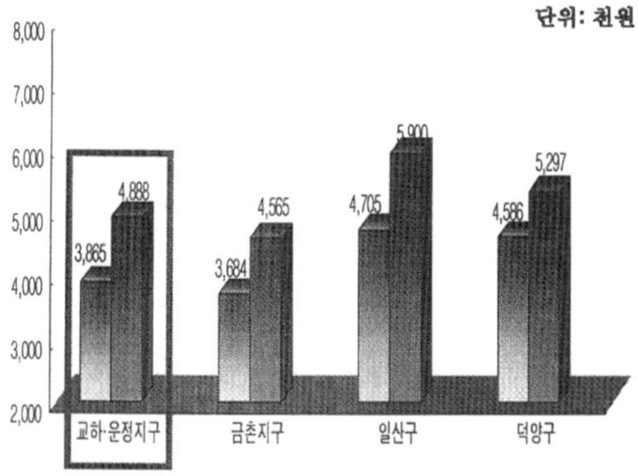


-일산구의 분양가와 분양권 가격차이가 큰 이유는 일산 신도시 주변에 탄현 · 가좌 · 덕이 · 대화 · 중산지구 등 택지개발지구 및 그 인근에 신규분양된 아파트가 많기 때문임
-근래에 분양된 ○○ 지구는 분양가가 3,865천원이나 분양권 가격이 4,888천원의 높은 시세를 보이고 있어 지역선호도가 상승함을 나타냄

□입주예정년도별 아파트 분양가/분양권 시세 분석

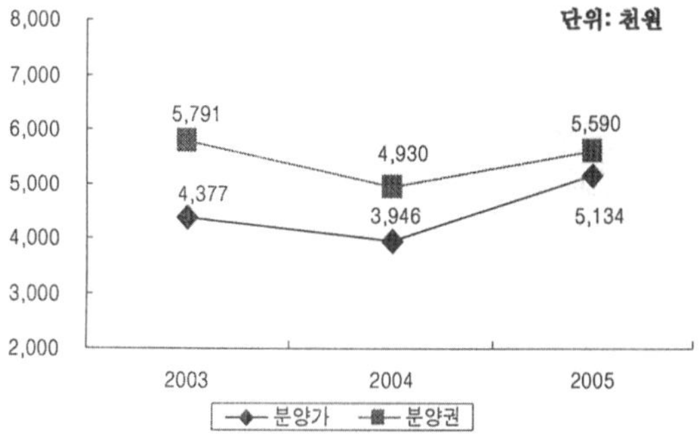


-대단지의 택지개발지구 및 그 인근지역의 경우 분양가/분양권 가격차이가 크게 나타나고, 그렇지 않은 지역의 경우 가격차이가 비교적 낮게 형성되어 있음
-분양가와 분양권가격의 차이가 최근 분양된 것일수록 점차 줄어드는 현상을 보이는 것은 최근의 구매수요가 적다는 것을 나타냄

□평형대별 아파트분양가/분양권 시세 분석

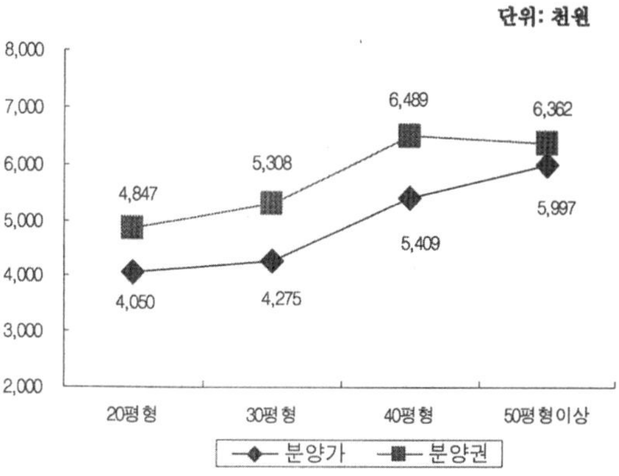


-20~40평대를 선호함을 알 수 있고 50평형 이상의 대형평형의 선호도가 떨어짐을 나타냄
-기존에 공급된 아파트의 대부분이 20~30평형이었음에도 불구하고 20~30평형이 전체 신규분양 세대의 85%를 차지하여, 20~30평형에 대한 수요가 많음을 알 수 있음
-40평형은 최근 분양된 세대의 약 7%정도로 분양가/분양권 가격차이가 약 1,100천원으로 큰 차이를 보이고 있어 40평형대의 구매수요가 있음

# 아파트 매매시장 분석

□지역별 아파트 시세 분석

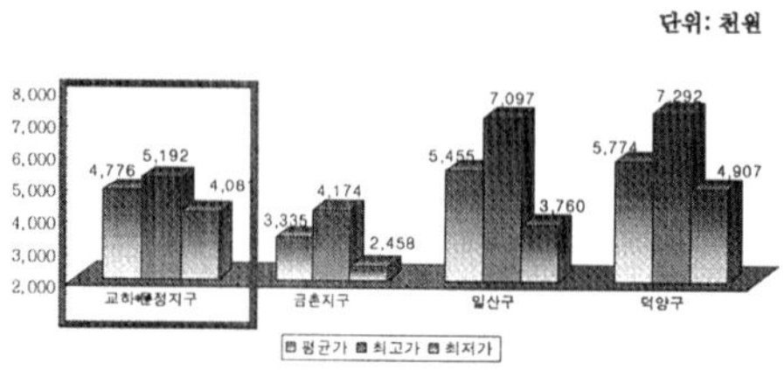


□평형대별 아파트 시세 분석

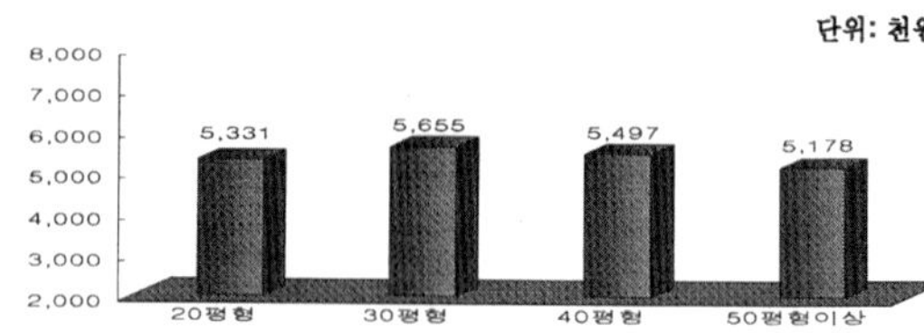


□입주년도별 아파트 시세 분석

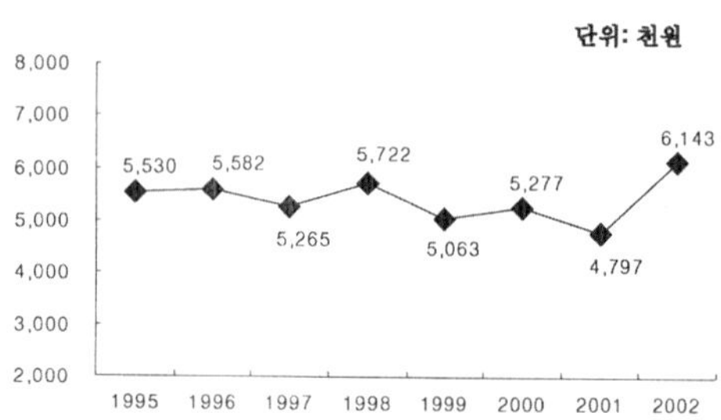


-덕양구·일산구 지역이 신도시로서 도심으로의 교통환경이 좋고 편익시설 등에 의한 주거생활 환경이 양호하기 때문에 높은 매매가가 형성됨
-덕양구가 일산구보다 서울로의 접근성이 강하기 때문에 매매시세가 높게 나타남
-기존시가지지역인 ○○지구일대의 아파트는 90년대 초반에 지어진 것이 많아 상대적으로 낮은 시세를 형성하고 ○○지구는 지역의 평균적인 시세보다 약간 낮은 가격에 형성되고 있음

# 지구별 매매/분양가 분석

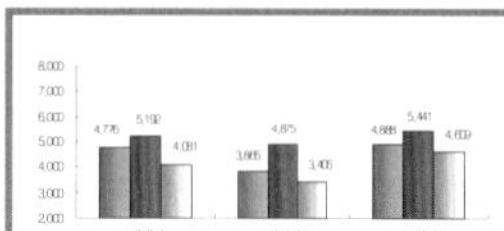

| 구 분 | 매매가 | 분양가 | 분양권 |
|---|---|---|---|
| 평균가 | 4,776 | 3,865 | 4,888 |
| 최고가 | 5,192 | 4,875 | 5,441 |
| 최저가 | 4,081 | 3,406 | 4,609 |

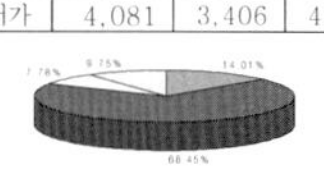

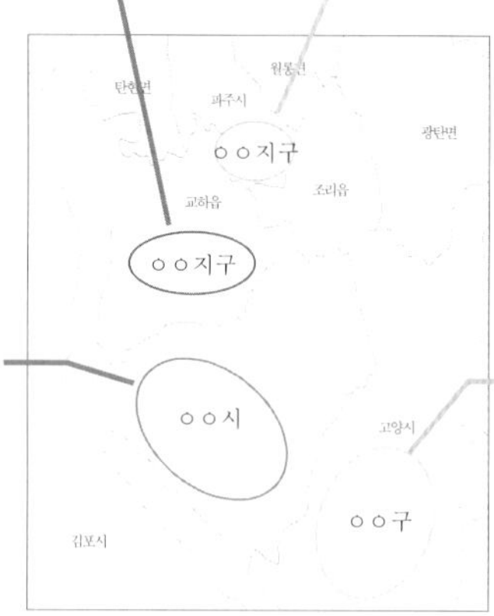


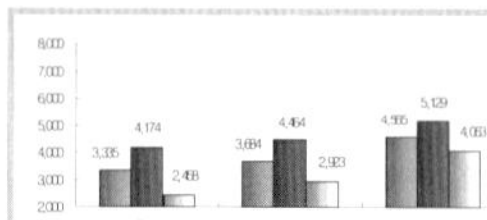

| 구 분 | 매매가 | 분양가 | 분양권 |
|---|---|---|---|
| 평균가 | 3,335 | 3,684 | 4,565 |
| 최고가 | 4,174 | 4,464 | 5,129 |
| 최저가 | 2,458 | 2,923 | 4,063 |

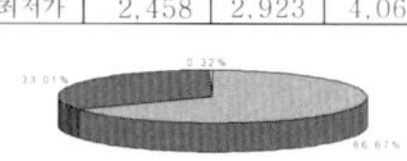

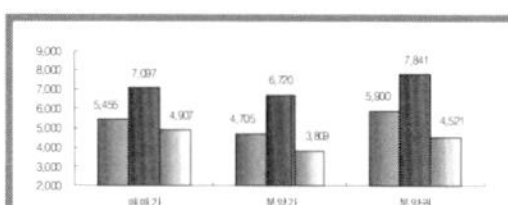

| 구 분 | 매매가 | 분양가 | 분양권 |
|---|---|---|---|
| 평균가 | 5,455 | 4,705 | 5,900 |
| 최고가 | 7,097 | 6,720 | 7,841 |
| 최저가 | 4,907 | 3,809 | 4,521 |

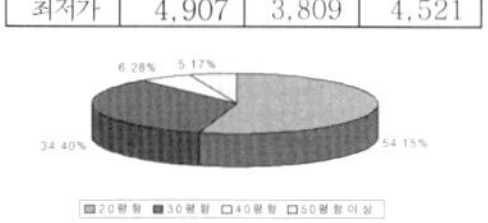

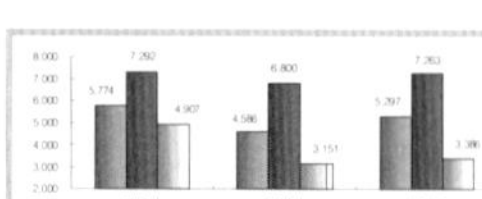

| 구 분 | 매매가 | 분양가 | 분양권 |
|---|---|---|---|
| 평균가 | 5,774 | 4,586 | 5,297 |
| 최고가 | 7,292 | 6,800 | 7,263 |
| 최저가 | 4,907 | 3,151 | 3,386 |

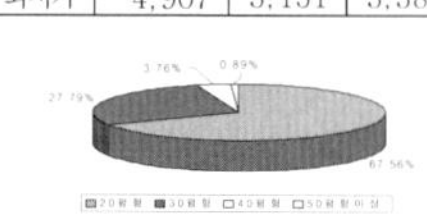

# Ⅳ. 컨셉의 설정

## 파주○○마스터 플랜 구상 검토

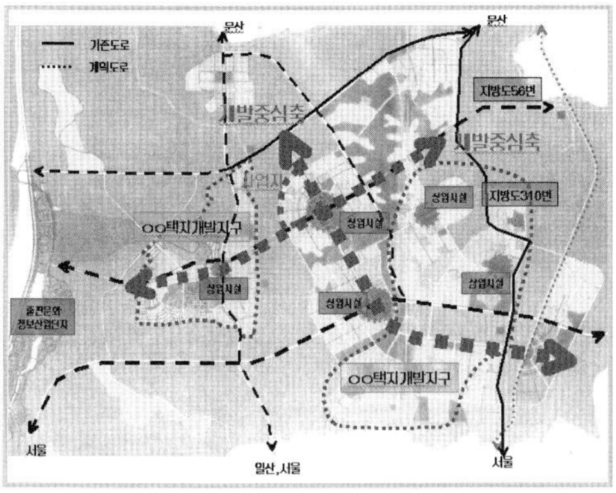


- 파주○○마스터플랜상 사업지는 56번 지방도와 계획도로의 교차점에 위치하고 있어 ○○지구개발의 중심축의 역할을 수행
- 마스터플랜상 학교용지가 단독주택지의 중심에 위치하여 토지이용이 불합리한 점을 해소하기 위하여 학교위치를 변경
- 마스터플랜에는 상업시설 및 공공시설이 밀집되어 있는 중심축상에 주차장의 미확보로 인하여 향후 교통소통 및 이용자의 편의를 위하여 충분한 주차공간을 확보

## 개발 구상도

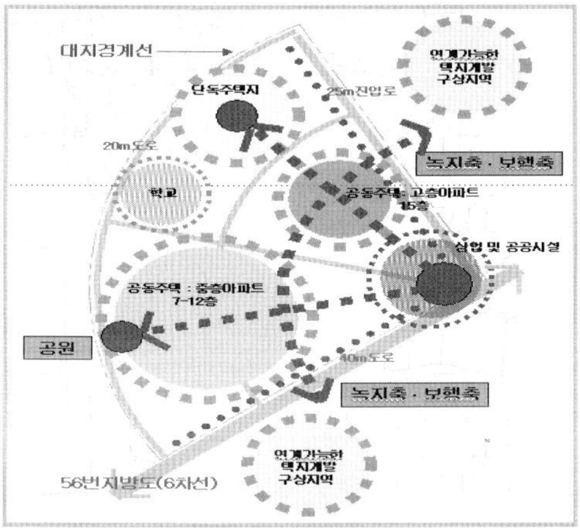


□공간배분

- 파주 ○○마스터플랜을 적극 반영하여 향후 개발되는 주변지역과 조화를 이루도록 계획
- 상업지역과 공공청사는 주변지역 변화에 대비하여 사업지 진입부에 배치
- 단독주택용지와 중층 및 고층아파트를 적절히 배분하여 쾌적한 주거환경 및 적절한 밀도 유지
- 고층아파트를 사업지 중앙부에 배치하여 양호한 조망확보/스카인라인 형성

□가로망 계획

- 사업지 내부의 원활한 교통소통 및 주변지역의 개발에 대비하여 각각 25m와 20m의 진입도로를 계획
- 사업지 인근지구의 평균도로율(19.40%)보다 높은 31.07%의 도로율을 확보
- 사업지 내부에서의 차량속도 제한을 위해 선형도로로 계획하며, 불필요한 통과교통 억제를 위해 내부도로를 루프형으로 계획

□공원 · 녹지계획

- 사업지 전면 40m 도로 및 25m 도로변에 폭10m의 완충녹지를 조성하여 소음과 공해로부터 주거환경을 보호
- 상업지역 및 공공청사와 각 주택단지사이에 보행자의 안전한 보행과 경관을 확보하기 위하여 폭8m의 보행동선을 계획
- 진입부에 공원을 계획하여 상징성 확보와 사업지 진입에 있어서의 원활한 시아 확보

## 토지이용계획

| 구분 | 용지 | 면적 | 비율 |
|---|---|---|---|
| 주택건설용지 | 단독주택용지 | 18,845.00 | 8.33% |
| | 공동주택용지 | 97,808.00 | 43.25% |
| | 소계 | 116,653.00 | 51.58% |
| 기반시설용지 | 일반상업용지 | 2,485.00 | 1.10% |
| | 근린상업용지 | 4,731.00 | 2.09% |
| | 도로 | 70,275.00 | 31.07% |
| | 학교 | 13,963.00 | 6.17% |
| | 근린공공시설 | 811.00 | 0.36% |
| | 공원 | 6,504.00 | 2.88% |
| | 녹지 | 9,275.00 | 4.10% |
| | 주차장 | 1,463.00 | 0.65% |
| | 소계 | 109,507.00 | 48.42% |
| 합계 | | 226,160.00 | 100.00% |

- 40m도로변에서의 개방강 확보와 스카이라인을 고려하여 중밀도 공동주택을 배치
- 사업지 진입부에 상업지역과 공공청사를 배치하였으며 주차장과 공원을 배치하여 이용자의 편의성과 휴식공간을 확보
- 단독주택은 향을 고려하여 동남향으로 배치되도록 가구계획을 하며, 고밀도 아파트에서의 관측이 불가하도록 향을 조정함
- 단지외곽 대부분에 완충녹지를 두어 차량 소음 및 공해로부터 주거환경을 보호하며, 단지내부의 주요시설을 연결하는 폭 8m의 보행자동선을 동서축과 남북축으로 계획하여 향후 주변지역의 개발시 연계 가능

## 개발구상도

| 용 도 | 고밀도 공동주택(A) | 중밀도 공동주택(B) | 중밀도 공동주택(C) | 단독주택 | 상업지역 | 보행자전용도로 |
|---|---|---|---|---|---|---|
| 형 태 |  |  |  |  |  |  |
| 대지면적 | 31,218m² (9,443평) | 29,512m² (8,927평) | 44,221m² (13,376평) | 18,845m² (5,700평) | 7,216m² (2,183평) | 아파트 및 도로면적에 포함 |
| 지상연면적 | 62,149m² (18,800평) | 44,077m² (13,333평) | 66,199m² (20,025평) | - | - | - |
| 용적율 | 199.08% | 149.35%% | 149.70% | - | - | - |

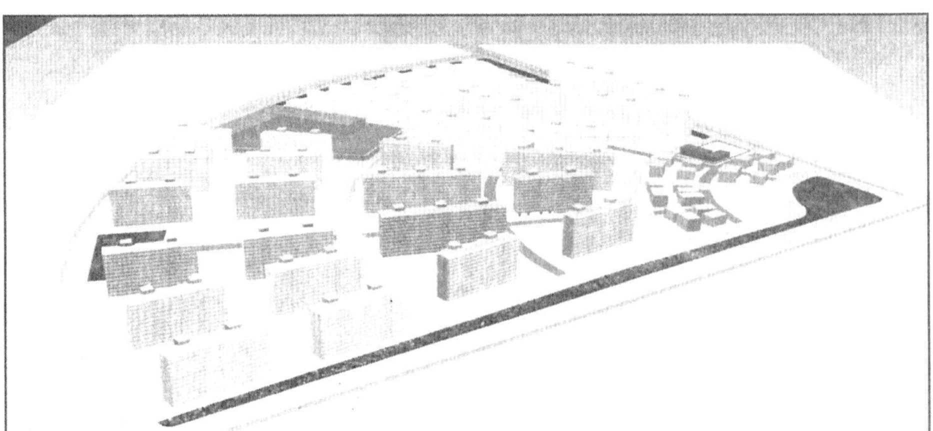

# V. 적정 분양가의 산정

## 지수분석을 통한 적정분양가 검토

본 자료에서 쓰고 있는 평균가격은 단순 산술평균이 아닌 세대수를 반영한 평균임
-즉 1억원 100개와 10억원 1개가 있을 경우
거의 대부분의 평균가 산출은 1억+10억 / 2 = 5.5억으로 계산
-하지만 본 자료에서는 [ (1억 X 100)+(10억 X 1) ] / 101 = 1.08억으로 오차를 극소화하여 산출하였음

## 아파트 적정 분양가 검토

파주시 아파트시장의 가격지수 분석에 의한 적정 분양가격은
- 인근지역(○○)의 아파트 분양가격 기준(100)으로 각 지역의 아파트 매매가격 및 분양가, 분양권 매매가격을 가격지수화하여, 각 지역의 지역지수를 산정함

(단위: 천원)

| 구분 | ○○지구일대 | | ○○지구일대 | | ○○구 | | ○○구 | |
|---|---|---|---|---|---|---|---|---|
| | 평균평당가 | 지수 | 평균평당가 | 지수 | 평균평당가 | 지수 | 평균평당가 | 지수 |
| 매매가 | 4,776 | 123.57 | 3,335 | 86.29 | 5,455 | 141.14 | 5,744 | 148.62 |
| 분양가 | 3,865 | 100 | 3,684 | 95.32 | 4,705 | 121.73 | 4,586 | 118.65 |
| 분양권 | 4,888 | 126.47 | 4,565 | 118.11 | 5,900 | 152.65 | 5,297 | 137.05 |
| 지역지수 | | 113.23 | | 106.71 | | 137.19 | | 127.85 |
| 지수격차 | | 126.47 | | 123.91 | | 125.40 | | 115.50 |

지역별 분양가와 분양권 매매가와의 차이를 지수격차로 산출하고, 산출된 지수격차로 각 지역의 산술 평균화한 통합지수격차 (122.82)를 구하고, ○○지구일대의 평균 평당분양가에 위에서 구한 통합지수를 적용(3,865천원×122.82)하여 통합지수를 각 지역에서 사용할 수 있는 지수로 일반화하여 현황 최대분양가(4,747천원)를 산출하고, 지역사정을 반영한 지역지수(113.23)로 보정하여 지수반영 최대분양가를 산출함(5,375천원)

↓

계량적 접근을 통한 분양가 산정의 경우 아파트가격에 영향을 미치는 변수들이 유의적이지 못한 결과 계량적 접근이 적절치 못하다고 판단되며 비교사례를 통한 지수분석을 이용하여 적정분양가를 산정함
그러므로 일반적인 평형대인 20평형대, 30평형대일 때 적정가격은 5,000천원에서 5,300천원으로 판단되어짐

## 단독주택용지 및 상업용지 적정분양가 검토

파주시 ○○택지 및 상업용지의 적정 분양가격은
- 인근지역(○○동, ○○구)의 아파트 분양가(100)을 기준으로 수도권택지개발지구의 아파트 분양가 및 분양권가격을 지수화하여 각 지역의 지역지수를 산정함

(단위: 천원)

| 구 분 | 용인○○ | 용인○○ | 부천○○ | ○○동 | 남양주 ○○지구 | ○○구 |
|---|---|---|---|---|---|---|
| APT분양가 | 6,838 | 5,890 | 4,216 | 3,684 | 4,510 | 4,705 |
| APT분양권 매매가 | 7,782 | 6,993 | 4,980 | 4,565 | 5,333 | 5,900 |
| 단독주택지 분양가 | 3,350 | 2,950 | 2,300 | 1,800 | 2,300 | 5,000 |
| 상업용지 분양가 | 8,200 | 7,200 | 5,470 | 4,500 | 5,200 | 7,470 |

■○○동 기준

| 구 분 | 용인○○ | 용인○○ | 부천○○ | ○○동 | 남양주 ○○지구 | ○○구 |
|---|---|---|---|---|---|---|
| 분양가지수 | 185.61 | 159.88 | 114.44 | 100.00 | 122.42 | 127.71 |
| 분양권지수 | 211.24 | 189.82 | 135.18 | 123.91 | 144.76 | 160.15 |
| 지역지수 | 198.43 | 174.85 | 124.81 | 111.96 | 133.59 | 143.93 |

■○○구 기준

| 구 분 | 용인○○ | 용인○○ | 부천○○ | ○○동 | 남양주 ○○지구 | ○○구 |
|---|---|---|---|---|---|---|
| 분양가지수 | 145.33 | 125.19 | 89.61 | 78.30 | 95.86 | 100.00 |
| 분양권지수 | 165.40 | 148.63 | 105.84 | 97.02 | 113.35 | 125.40 |
| 지역지수 | 155.37 | 136.91 | 97.73 | 87.66 | 104.60 | 112.70 |

인근지역에 단독주택용지와 상업용지의 분양이 거의 없어 수도권 주요 택지개발지역의 아파트 가격지수를 산정하여 지역지수를 구하고 금촌동과 일산구의 아파트분양가격을 기준으로 하여 가격의 범위를 결정하여 단독주택지의 적정분양가 및 판매시설용지의 적정분양가를 산정함

↓

계량적 접근을 통한 분양가 산정의 경우 택지 및 판매시설용지의 분양가에 영향을 미치는 변수들이 유의적이지 못하는 결과 계량적 접근이 적절치 못하다고 판단되어 비교사례를 통한 지수분석을 이용하여 적정분양가를 산정함
이에 단독주택지의 적정분양가격은 2,300천원에서 2,600천원으로 판단되어지며
판매시설용지의 적정분양가격은 4,200천원에서 4,800천원으로 판단됨

# Ⅵ. 경제성 분석

## 수지분석표

| 항목 | 비고 | 금액 |
|---|---|---|
| □분양수입 | | |
| · 아파트 | | 271,225,076천원 |
| · 근린생활시설 | | 2,858,625천원 |
| · 단독주택 | | 14,251,531천원 |
| · 상업용지 | | 9,822,780천원 |
| 분양수입 총계 | | 298,158,012천원 |
| □투자자금 | | |
| · 토지비 | | |
| 토지매입비 | | 54,730,474천원 |
| 토지취득제세 | 토지가의 5.8% | 3,174,367천원 |
| 농지조성비 · 대체조성비 | 토지면적 확정 후 산정 | |
| 상하수도부담금 | | 2,500,000천원 |
| · 직접공사비 | | |
| 건축비 | 평당 2,200천원 | 147,072,223천원 |
| 토목공사비 | | 6,841,309천원 |
| 철거비용 | 일식 | 500,000천원 |
| · 간접공사비 | | |
| 조경시설 | 직접공사비의 1% | 1,470,722천원 |
| 예술장식품 | 직접공사비의 1% | 1,470,722천원 |
| 하자보수비 | 직접공사비의 1% | 1,470,722천원 |
| M/H건설비 | 일식 | 2,000,000천원 |
| M/H운영비 | 30,000천원×12개월 | 380,000천원 |
| 광고비 | | 3,000,000천원 |
| 입주관리비 | 직접공사비의 0.3% | 441,217천원 |
| 분양수수료 | | 2,904,647천원 |
| 사업추진비 | | 2,000,000천원 |
| 컨설팅비 | | 3,000,000천원 |
| 설계감리비 | 평당 70천원 | 4,679,571천원 |
| · 기타 | 직접공사비의 3.16% | |
| 보존등기비용 | | 4,647,482천원 |
| 종합토지세 | 일식 | 1,500,000천원 |
| 교통영향평가비 | 일식 | 200,000천원 |
| 환경영향평가비 | 일식 | 500,000천원 |
| 재해영향평가비 | 직접공사비의 1% | 200,000천원 |
| 시행사관리비 | 매출액의 1% | 1,470,722천원 |
| 예비비 | | 2,981,580천원 |
| 투자자금 소계 | | 249,115,759천원 |
| **투자수익** | | **49,042,253천원** |
| **매출액 대비 17%의 투사수익을 얻을 수 있음** | | |

## ALT 1~5 공통 전제조건

공동주택과 단독주택, 상업용지를 제외한 기타시설은 수익산정에서 제외

-대지면적 : 226,160㎡(68,413평)
-건축연면적 : 220,996㎡(66,850평)
-아파트 분양면적 : 172,425㎡(52,158평)

-평당 상업용지 분양가 : 4,500천원
-평당 건축비 : 2,200천원

## 5가지 대안별 수지분석결과

**□ALT-1**

| 전제조건 | • 토지비용이 평당 800천원일 경우 | -평당 아파트 분양가 : 5,200천원<br>-평당 근린생활시설 분양가 : 4,500천원<br>-평당 단독주택용지 분양가 : 2,500천원 |
|---|---|---|

▶토지비용이 평당 800천원일 경우 금융비를 제외한
매출액(298,158,012천원)대비 매출총이익은 49,042,253천원으로 17%의 수익률을 나타냄

**□ALT-2**

| 전제조건 | 토지비용이 평당 1,000천원일 경우 | -평당 아파트 분양가 : 5,200천원<br>-평당 근린생활시설 분양가 : 4,500천원<br>-평당 단독주택용지 분양가 : 2,500천원 |
|---|---|---|

▶토지비용이 평당 1,000천원일 경우 금융비를 제외한
매출액(298,158,012천원)대비 매출총이익은 34,566,043천원으로 12%의 수익률을 나타냄

□**ALT-3**

| 전제조건 | • 토지비용이 평당 1,200천원일 경우 | -평당 아파트 분양가 : 5,200천원<br>-평당 근린생활시설 분양가 : 4,500천원<br>-평당 단독주택용지 분양가 : 2,500천원 |
|---|---|---|

▶토지비용이 평당 1,200천원일 경우 금융비를 제외한 매출액(298,158,012천원)대비 매출총이익은 20.089,833천원으로 7%의 수익률을 나타냄

□**ALT-4**

| 전제조건 | • 토지비용이 평당 1,000천원이고 평당 아파트 분양가 5,500천원일 경우 | -평당 아파트 분양가 : 5,500천원<br>-평당 근린생활시설 분양가 : 4,500천원<br>-평당 단독주택용지 분양가 : 2,500천원 |
|---|---|---|

▶금융비를 제외한 매출액(298,158,012천원)대비 매출총이익은 50,057,167천원으로 17%의 수익률을 나타냄

□**ALT-5**

| 전제조건 | • 토지비용이 평당 1,200천원이고 평당 아파트 분양가 5,500천원일 경우 | -평당 아파트 분양가 : 5,500천원<br>-평당 근린생활시설 분양가 : 4,500천원<br>-평당 단독주택용지 분양가 : 2,500천원 |
|---|---|---|

▶금융비를 제외한 매출액(298,158,012천원) 대비 매출총이익은 35,580,957천원으로 12%의 수익률을 나타냄

# Ⅶ. 결 론

□대규모 개발이 추진중인 ○○ 및 ○○ 택지개발지구의 중간지에 위치하여 계획적인 개발지역인 주변지역으로부터의 개발압력을 받고 2004년 완공예정인 56번국도와 동서 및 남북축의 도로 3개가 신설예정중이어서 서울로의 접근성이 양호하여 개발여건이 충분한 지역임

□구적상 대지면적이 226,160㎡로 도시개발구역 지정을 받기 위한 면적인 33만㎡를 확보하려면 인근지역과 함께 추진하는 것이 바람직함

□시장분석 결과 아파트의 적정평당분양가는 5,200천원, 단독주택용지는 2,500천원, 상업용지는 4,500천원일 것으로 판단됨

□공동주택분양 및 용지분양에 의한 총매출액(금융비용 제외)은 298,158,012천원으로 토지비가 평당 800천원일 때 매출총이익은 49,042,253천원으로 17%, 평당 1,000천원일때 매출총이익은 34,566,043천원으로 12%, 평당 1,200천원일 때 매출총이익은 20,089,833천원으로 7%, 아파트 분양가가 5,500천원(토지비 평당 1,000천원)일때 매출총이익은 50,057,167천원으로 17%, 아파트 분양가가 5,500천원(토지비 평당 1,200천원)일때 매출총이익은 35,580,957천원으로 12%의 수익률을 나타냄

□토지비용이 평당 1,000천원(매출이익률 12%)일 때 공사비 및 분양가 대비 5%의 증감에 대한 민감도 분석 결과 공사비를 5% 상향시키더라도 매출대비 8.82%인 26,296,787천원의 수익을 얻고 분양가를 5% 상향시키면 매출대비 15.73%인 49,257,533천원의 수익을 얻음

□따라서 본 사업의 수익성은 공사비보다는 토지비와 분양가에 대해 상당히 민감한 것으로 판단되어지며, 추후 결정될 각종시설부담 등을 고려하여 사업추진을 할 경우 사업의 안정성이 양호하다 판단됨

# 회현 ○○지구 도심 재개발 프로젝트

# Ⅰ. 프로젝트 개요

## 사업추진 목표

■기반시설 노후화로 인한 지역의 지속적인 정비요구
■신세계 신관 입점과 맞물린 신규 수요 창출
■상업시설과 주거의 조화를 통한 지역 내 신주거 시설 추구
■시장 현황을 고려한 적절한 상품의 공급 = > 개발사업의 성공적 수행

## 개발의 필요성

■서울 중심부로서의 기능 회복과 지역의 신규수요 창출
■상업지역임에도 불구하고 수익성 결여된 토지이용현황에 대한 극복 필요
■기반시설 등의 전무로 생활환경 열악으로 인한 슬럼화 방지 및 토지의 최유효 이용 도모

## 개발방향

■주변 상업지역 개발과 어울리는 계획적 개발
■계획적 개발을 통한 건전한 수익성 증대 효과
■통합적 토지이용을 통한 계획성 증대 및 주변지역에 대한 통솔적 토지기능 회복

위치도

지역현황도

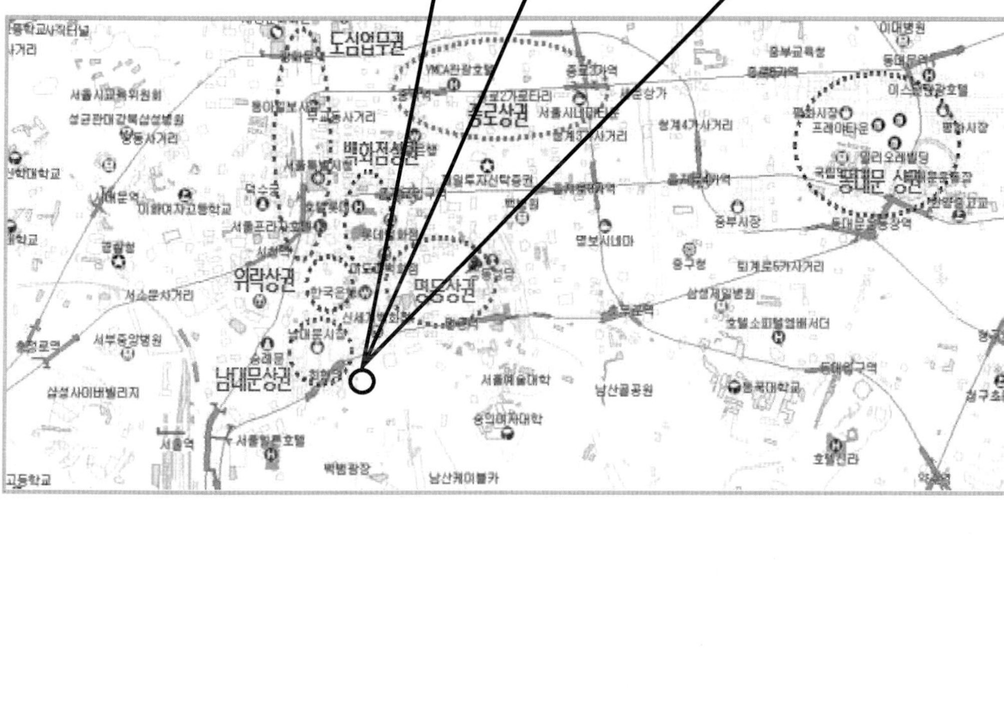
도심업무권
종로상권
백화점상권
위락상권
명동상권
남대문상권
동대문 상권
서울역
남산골공원
서울예술대학
명보시네마
중부시장
남산케이블카

## ○○구역 재개발 기본계획

### 법적 제한 및 용적률 계획

1. 일반상업지역(4대문안), 일반상업지구
2. 용적률/건폐율: 600%(4대문안)/60%, 인센티브- 공공용지(기부채납), 공개공지 설치시 800% 이하까지 가능 (주변사례 및 관계구청 문의)
   - 서울시도시계획조례 개정안에 따르면, 도심재개발 사업시 4대문안 용적률 800% 적용을 3년 연장시킴
3. 높이제한: 절대높이 70M, 층수 15±4층
4. 지정용도는 근린생활, 문화/집회, 숙박, 업무시설
   - 복수지정용도제를 적용할 때 2가지 용도가 도입되면 주용도를 50% 이상, 3가지 용도의 경우는 주용도를 34% 이상으로 비율을 정함

### 건축물의 배치 및 동선 계획

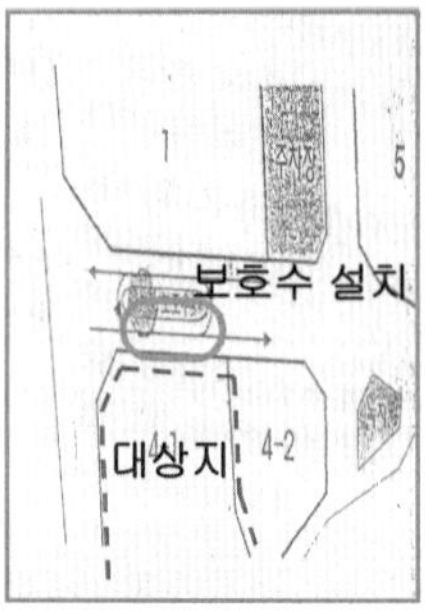


1. 건축물의 배치 및 형태
   - 건축물을 퇴계로와 동측 이면도로 방향의 경계선에서 5m 이상 후퇴하여 배치함
   - 건축물의 전면은 퇴계로 방향으로 하고 공개공지 및 대지 내 조경을 전면건축선 후면부에 설치
   - 주상복합건물일 경우 상가 주출입구는 퇴계로측으로, 주거용도는 동측 이면도로측으로 확보함
   - 건축물의 고층부(11층 이상)는 서남측의 기존주거지 방향의 지구경계선에서 10m 이격함
   - 고층부의 형태는 남산경관의 보호를 위하여 타워형태로 함
   - 차량동선, 차량진출입구는 동측 및 서측 배면도로와 면하는 경계선에 설치함
2. 공공부문 조성유도 기준
   - 시지정 보호수는 현위치에 기존 지반고를 유지한 상태에서 화단 등의 보호시설과 안내시설 설치함
   - 대상지 동측 이면도로의 폭을 20m로 확보하여 차로폭은 4.5m내의 양방 2차로로 구성하고 중앙분리녹지를 확보함

## 부설주차장의 설치제한(주차상한제)

| 시설물 | 최저한도 | 최고한도 |
|---|---|---|
| 판매 및 영업시설, 운동시설, 업무시설(오피스텔) 등 | 시설면적 200㎡당 1대 | 시설면적 167㎡당 1대 |
| 공동주택 | 시설면적 85㎡ 또는 세대당 0.7대 이상 | |

*시조례 제13조의 2 제2항 별표 3

1. 설치제한의 목적
   - 교통의 혼잡을 가중시킬 우려가 있는 지역에 대해 제한
   - 도심으로의 교통수요의 감소와 대중교통 이용의 활성화를 위함
2. 설치제한 지역 (서울시조례 제13조의 2)
   - 공영주차장 주차요금표에서의 1급지 지역 중 상업 지역에 해당
   - 4대문 주변지역 : 사직로, 율곡로, 왕산로, 난계로, 왕십리, 퇴계로 및 의주로 를 연결한 내부지역과 그 경계도로에 직접 접하고 있는 지역
3. 서울시부설주차장제한지역의설치대상시설물종류및설치제한기준(시조례 제13조 의 2 제2항 별표3)

## 주상복합 현황도

두산 위브파빌리온
광화문 로얄팰리스
우 정 에 쉐 르
정건 벨라지오
광화문 오피시아
이 거 니 스
광화문 한진 베르시움
타 임 캐 슬
바 비 엥 2
서울역 대우 디 오 빌
중 앙 데 코
디 오 트

## 주상복합 현황 분석

*아래 사례는 분양가 산정시 비교사례분석에 사용된 것임.

| 건물명 | A | B | C | D | E | F |
|---|---|---|---|---|---|---|
| 위치 | 중구만리동 1가 | 중구 을지로 5가 | 중구 을지로 6가 | 중구 을지로 3가 | 중구 신당동 | 중구 의주로 1가 |
| 지역 | - | - | - | 일반상업지역 | 일반상업지구,<br>중심지미관지구 | - |
| 용도 | 아파트,<br>업무시설(오피스텔)<br>근린생활시설 | 업무시설(오피스텔)<br>근린생활시설 | 업무시설(오피스텔)<br>근린생활시설 | 업무시설(오피스텔)<br>판매시설(테마상가) | 업무시설(오피스텔)<br>판매시설(테마상가) | 업무시설(오피스텔)<br>근린생활시설<br>문화및 집회시설 |
| 연면적 | 22,990㎡ | - | - | - | 36,144.93㎡ | 231,343.68㎡ |
| 대지면적 | 2,028㎡ | - | 7,375.2㎡ | 3,024.24㎡ | 5,181.90㎡ | 2,641.90㎡ |
| 건폐율 | 60% | - | - | - | - | 46.58% |
| 용적률 |  | - | - | - | - | 789.74% |
| 규모 | 지하4층~지상15층 | 지하4층~지상14층 | 지하5층~지상15층 | 지하2층~지상15층 | 지하5층~지상8층 | 지하5층~지상19층 |
| 층별구성 | - | - | 지하2층:사우나, 게임방<br>지하1층:사우나, 노래방, 호프집, 레스토랑<br>지상1층:약국, 편의점, 패스트푸드<br>지상2층:커피숍, 레스토랑, 패스트푸드, 헤어숍<br>지상3~4층:클리닉센터<br>지상5~15층:오피스텔 | 지하2층:건축자재창고<br>지하1층:근린생활시설<br>지상1층~지상5층:건축자재전시장<br>지상7층~지상15층:오피스텔 | 지하2층:근린생활시설<br>지하1층~지상4층:패션전문상가<br>지상5층~지상8층:오피스텔 | 지하5층~지하2층:주차장<br>지하1층~지상2층:근린생활시설<br>지상3층:문화 및 집회시설<br>지상4층~지상19층:오피스텔 |
| 세대수 | 아파트72실/<br>오피스텔200실 | 총246실 | 총120실 | 총98실 | 총158실 | 총286실 |
| 평형구성 | 14A평형 96실<br>14B평형 24실<br>22평형 6실<br>28평형 80실<br>29평형 66실 | 9평형 65실<br>13평형 11실<br>14평형 13실<br>15평형 105실<br>16평형 38실<br>19평형 13실 | 10평형 54실<br>12평형 52실<br>20평형 6실<br>24평형 6실 | 13평형<br>15평형<br>17평형<br>20평형<br>24평형 | 15평형 7실/17평형 3실<br>18평형 18실/19평형 2실<br>21평형 76실<br>23평형(2타입)22실<br>25평형 2실/27평형 9실<br>28평형(2타입)18실/30평형 1실 | 16평형62실/19평형 4실<br>21평형2실/22평형 34실<br>23평형30실/25평형60실<br>26평형30실/34평형2실 |
| 입주일자 | 2005.05 | 2005.03 | 2004.03 | 2003.04 | 2006.05 | 2005.06 |
| 분양일자 | 2002.02 | 2002.01 | - | 2002.12 | 2003.02 | - |
| 오피스텔 전용률 | 59.7% | 56% | - | 55.75% | 52% | 71% |
| 평당분양가 | 오피스텔:<br>6,794천원 | 오피스텔:<br>8,700천원 | 오피스텔:9,600천원<br>판매시설(1층):30,000천원 | 오피스텔:9,000천원<br>판매시설(1층):40,000천원 | 오피스텔:6,300천원<br>판매시설(1층):30,000천원 | 오피스텔:7,000천원 |

## 중구 주요 오피스텔 분양가 현황

(단위: 천원)

<table>
<tr><th>지역</th><th>오피스텔명</th><th>규모</th><th>입주년도</th><th>총세대수</th><th>평형</th><th>평형별세대수</th><th>분양가</th><th>평당분양가</th></tr>
<tr><td rowspan="35">중구</td><td rowspan="4">A</td><td rowspan="4">15층/지하5층</td><td rowspan="4">2004. 4</td><td rowspan="4">120</td><td>10</td><td>54</td><td>99,260</td><td>9,926</td></tr>
<tr><td>12</td><td>52</td><td>115,870</td><td>9,656</td></tr>
<tr><td>20</td><td>6</td><td>200,600</td><td>10,030</td></tr>
<tr><td>24</td><td>6</td><td>234,160</td><td>9,757</td></tr>
<tr><td rowspan="2">B</td><td rowspan="2">15층/지하2층</td><td rowspan="2">2004. 2</td><td rowspan="2">152</td><td>11</td><td>28</td><td>77,870</td><td>7,079</td></tr>
<tr><td>12</td><td>124</td><td>82,160</td><td>6,847</td></tr>
<tr><td rowspan="2">C</td><td rowspan="2">15층/지하2층</td><td rowspan="2">2004. 6</td><td rowspan="2">117</td><td>10</td><td>103</td><td>75,040</td><td>7,504</td></tr>
<tr><td>11</td><td>14</td><td>83,440</td><td>7,585</td></tr>
<tr><td rowspan="7">D</td><td rowspan="7">13층/지하3층</td><td rowspan="7">2003말</td><td rowspan="7">128</td><td>10</td><td>–</td><td>85,000</td><td>8,500</td></tr>
<tr><td>13</td><td>–</td><td>110,500</td><td>8,500</td></tr>
<tr><td>14</td><td>–</td><td>119,000</td><td>8,467</td></tr>
<tr><td>15</td><td>–</td><td>127,000</td><td>8,500</td></tr>
<tr><td>19</td><td>–</td><td>161,500</td><td>8,500</td></tr>
<tr><td>23</td><td>–</td><td>195,500</td><td>6,000</td></tr>
<tr><td>24</td><td>–</td><td>204,000</td><td>6,000</td></tr>
<tr><td rowspan="5">E</td><td rowspan="5">15층/지하4층</td><td rowspan="5">2005. 5</td><td rowspan="5">200</td><td>14</td><td>96</td><td>84,000</td><td>9,000</td></tr>
<tr><td>14</td><td>24</td><td>84,000</td><td>6,000</td></tr>
<tr><td>22</td><td>6</td><td>190,000</td><td>9,000</td></tr>
<tr><td>28</td><td>80</td><td>168,000</td><td>8,300</td></tr>
<tr><td>29</td><td>66</td><td>261,000</td><td>8,300</td></tr>
<tr><td rowspan="10">F</td><td rowspan="10">14층/지하4층</td><td rowspan="10">2005. 3</td><td rowspan="10">246</td><td>9</td><td>52</td><td>74,700</td><td>8,300</td></tr>
<tr><td>9</td><td>13</td><td>74,700</td><td>8,300</td></tr>
<tr><td>13</td><td>11</td><td>107,900</td><td>8,300</td></tr>
<tr><td>14</td><td>13</td><td>116,200</td><td>8,300</td></tr>
<tr><td>14</td><td>1</td><td>116,200</td><td>8,300</td></tr>
<tr><td>15</td><td>96</td><td>124,500</td><td>8,300</td></tr>
<tr><td>15</td><td>9</td><td>124,500</td><td>8,300</td></tr>
<tr><td>16</td><td>26</td><td>132,800</td><td>8,300</td></tr>
<tr><td>16</td><td>12</td><td>132,800</td><td>8,300</td></tr>
<tr><td>19</td><td>13</td><td>157,700</td><td>8,300</td></tr>
<tr><td rowspan="5">G</td><td rowspan="5">15층/지하2층</td><td rowspan="5">2003. 4</td><td rowspan="5">98</td><td>13.79</td><td>–</td><td>124,110</td><td>9,000</td></tr>
<tr><td>15.86</td><td>–</td><td>142,740</td><td>9,000</td></tr>
<tr><td>17.51</td><td>–</td><td>157,590</td><td>9,000</td></tr>
<tr><td>24.81</td><td>–</td><td>223,290</td><td>9,000</td></tr>
<tr><td>20.41</td><td>–</td><td>183,690</td><td>9,000</td></tr>
<tr><td rowspan="3">H</td><td rowspan="3">19층/지하5층</td><td rowspan="3">2005. 9</td><td rowspan="3">286</td><td>22</td><td>2</td><td>154,000</td><td>7,000</td></tr>
<tr><td>26</td><td>30</td><td>182,000</td><td>7,000</td></tr>
<tr><td>44</td><td>24</td><td>308,000</td><td>7,000</td></tr>
</table>

## 중구 판매시설 분양가 현황

(단위: 천원)

| 상가명 | 규모 | 연면적(평) | 입점일 | 총점포수 | 평당 분양가 | | | 구좌당 평수 |
|---|---|---|---|---|---|---|---|---|
| | | | | | 지하1층분양가 | 1층분양가 | 2층분양가 | |
| A | 지하3층/지상15층 | 2,225 | 2002. 2 | 227 | 6,000 | 13,000 | – | – |
| B | 지하2층/지상21층 | 13,277 | 2001. 6 | 242 | 9,200 | 11,900 | – | – |
| C | 지하2층/자상8층 | – | – | – | 40,060 | 40,060 | 27,500 | – |
| D | 지하3층/지상6층 | 669 | 2000. 11 | 156 | – | – | 39,500 | – |
| E | 지하1층/지상5층 | 300 | 2002. 1 | 250 | 29,500 | – | – | – |
| F | 지하4층/지상10층 | 20,000 | 2000. 9 | 1,580 | – | – | – | – |
| G | 지하2층/지상7층 | 1,147 | 2002. 5 | 450 | – | 64,706 | 42,941 | 구좌당 1.7평 |
| H | 지상10층 | 200 | 2001. 10 | 84 | – | | 9,000 | 구좌당 1.5평 |
| I | 지하2층/지상9층 | 7,100 | 2002. 2 | 1,320 | 32,400 | 45,600 | 32,400 | – |
| J | 지하3층/지상13층 | 843 | 2003. 8 | 52 | 14,500 | – | 15,500 | – |
| K | 지상4층 | – | 2000. 8 | 168 | – | – | – | – |
| L | 지하5층/지상8층 | 10,958 | 2006. 5 | 10,958 | 15,000 | 30,000 | 16,000 | 구좌당 4평 |
| M | 지하1층/지상14층 | 17,340 | 2001. 8 | 527 | 87,000 | 95,000 | 85,000 | – |
| N | 지하7층/지상13층 | 450 | 2002. 10 | 600 | 85,000 | 148,000 | 109,000 | 구좌당 4평 |
| O | 지하7층/지상17층 | 12,073 | 2005 | 2,000 | 48,182 | 60,303 | 50,000 | 구좌당 3.3평 |
| P | 지하1층/지상3층 | 2,562 | 2002. 10 | 250 | 23,000 | – | – | 구좌당 5평 |
| Q | 지하2층/지상15층 | 3,024 | 2003. 5 | 80 | 17,000 | 40,000 | 27,000 | 상층:오피스텔 |
| R | 지하5층/지상15층 | 2,231 | 2004. 3 | 12 | 13,000 | 30,000 | 18,000 | – |
| S | 지하5층/지상14층 | 9,072 | 2004. 10 | 2,400 | 44,800 | 58,600 | 45,800 | – |
| T | 지하7층/지상16층 | 28,563 | 2004. 9 | 4,000 | 64,600 | 77,000 | 55,000 | 구좌당 3.2평 |
| U | 지하6층/지상10층 | 11,436 | 2004. 12 | 1,950 | 51,667 | 73,333 | 53,333 | 구좌당 3평 |
| V | 지상8층 | 500 | 2002. 12 | 83 | – | – | – | – |
| W | 지하1층/지상5층 | 643 | 2001. 5 | 16 | 68,000 | – | 94,000 | – |
| X | 지하1층/지상6층 | – | – | – | 20,000 | 20,000 | 20,000 | – |
| Y | 지하1층/지상4층 | 300 | 2000. 10 | 97 | 39,500 | – | 29,500 | – |
| Z | 지하1층/지상10층 | 333 | 2001. 3 | 190 | 59,000 | – | 60,000 | – |
| α | 지하1층/지상11층 | 280 | 2002. 11 | 200 | 65,000 | – | 70,000 | – |

## 사업지 근접상권 현황

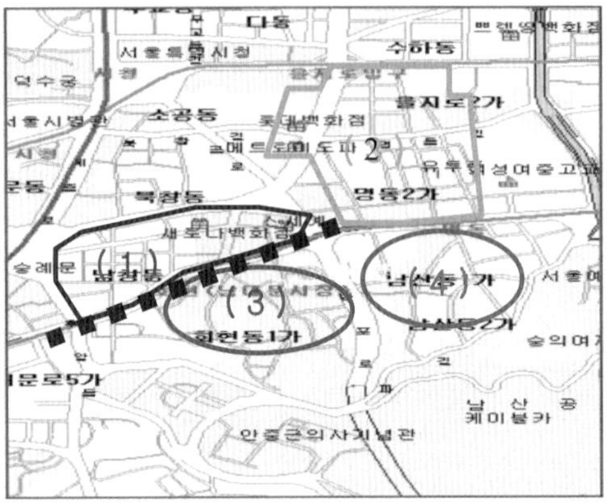


-현재 당사업지 부근과 남대문 상권, 백화점 상권과는 회현고가 차도를 사이에 두고 완전히 상권이 분리된 상태임
-이는 차도(고가 포함)를 사이에 두고 있으며, 상대적으로 노후화된 사업지 인근환경과 보도의 협소함 때문이라 사료됨

남대문 상권 (1)

- 신세계 백화점, 숭례문 수입상가,4호선 회현역까지 이어지며, 배후지로 시청과 소공동, 회현동까지 포함
- 국내최대의 재래시장으로 도매시장의 성격이 강하며, 중장년 수요층에 맞추어 30~40대의 유동인구 비율이 높으며, 남자보다 여자의 비율이 높음(일본, 중국, 동남아시아 지역의 관광객 비율 높음)
- 동대문에 비하여 액세사리, 수입품, 일용잡화 등을 위주로 취급
- 최근 ○○ 등의 현대식 건물이 들어섰으며, 신세계 백화점의 신관건축에 맞물려 점진적 재개발 계획을 추진중에 있음

명동 상권 (2)

- 을지로입구역에서 명동역 사이,서쪽의 롯데백화점에서 명동성당까지를 포함
- 소비고객성향은 20~50대가 주고객층이고, 20대 여성 비율이 특히 높음
- 은행, 신탁사 등의 금융기관과 롯데쇼핑, 메트로 미도파 등의 백화점, 밀리오레, 아바타 등의 복합쇼핑몰과 브랜드매장, 의류, 구두, 액세서리, 화장품 및 음식점 등의 소매점도 곳곳에 분포
- IMF이후 고급브랜드 위주의 시장에서 중저가형 시장으로 변화를 꾀하며, 복합쇼핑몰, 전문음식점 및 외국인 대상의 옷가게와 음식점 등이 틈새시장에 진입함

남대문 상권배후지 (3)

- 도심주변 주거기능을 가지는 지역으로서 노후가옥과 남대문 의류판매와 관련된 배후지원시설 (재단, 수선, 가공 관련)이 주류를 이루며, 식당, 유흥 및 숙박시설이 분포함
- 지역 내 아파트는 70년대 전후에 세워진 노후화된 아파트가 대부분으로서, 신규아파트의 분양이 거의 없었으며, 공급에 비하여 전/월세 수요층이 상존함

명동상권 배후지 (4)

- 대로변으로는 오피스시설이 주류를 이루며, 배후로 식당, 숙박, 주거시설이 분포하고, 거의 대부분의 주거시설이 단독 및 다가구 주택으로 이루어졌으며, 남산인근으로 고급 음식점 등이 분포함

# Ⅲ. SWOT 분석

**Strength(강점)**

- 회현역과 근접한 위치(10M)의 최고역세권 입지
- 사업부지 4면이 도로에 접하고, 재개발 계획상 20m 이상 도로에 2면이 접할 예정
- 부지 남쪽으로 남산권 조망 가능
- 도심 및 강남권 접근이 용이한 입지적 강점
- 부지주변 숙박 및 근린생활시설 수요층 풍부

**Weakness(약점)**

- 부지 전면 도로에 고가차도 위치하여 상권결절 및 조망권 침해
- 판매시설의 경우 기존의 남대문, 명동상권에 집중된 소비층들의 흡수가 난이
- 부지 후면 00 호텔과 노후 유흥/숙박시설 분포에 따른 주거환경 저해
- 원거리 조망대비 근거리 조망 낙후

**Opportunity(가능성)**

- 부지 앞 신세계 신관 신축 및 배후지 재개발 계획에 따른 사업부지에 대한 관심집중
- 기존의 남대문시장의 자영업자, 명동지역 경제활동자 및 종로, 강남도심 출·퇴근자의 수요층 풍부
- 공개공지 등을 활용한 넉넉한 부지확보를 통해 유동인구의 흡인이 가능하고, 본 사업지와 지하철역 사이를 지하통로로 연계시 최상의 부가가치 창출 가능

**Threat(위험성)**

- 일반상업지역내 주거시설 입지에 따른 고분양가 책정 불가피
- 주변 남대문지역 재개발시 24시간 경제활동에 따른 주거환경악화 가능성 증대
- 신세계 신관 준공시 주변 교통정체 심화 예상됨
- 단일 컨셉 집중이 불가한 지역

# Ⅳ. 개발컨셉의 설정

## 개발컨셉 도출 배경

지역상권배후지역

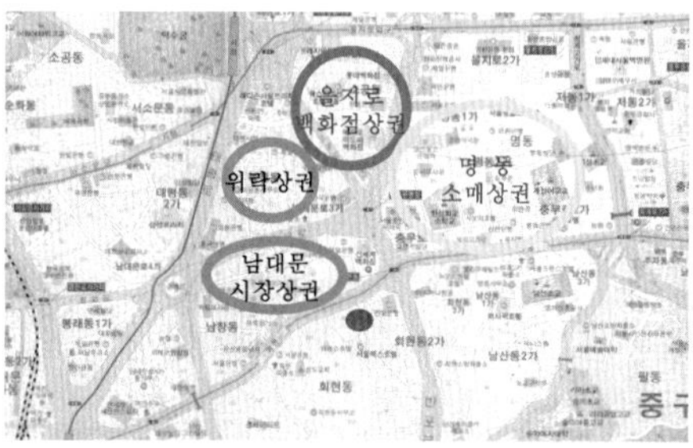


컨셉의 개념

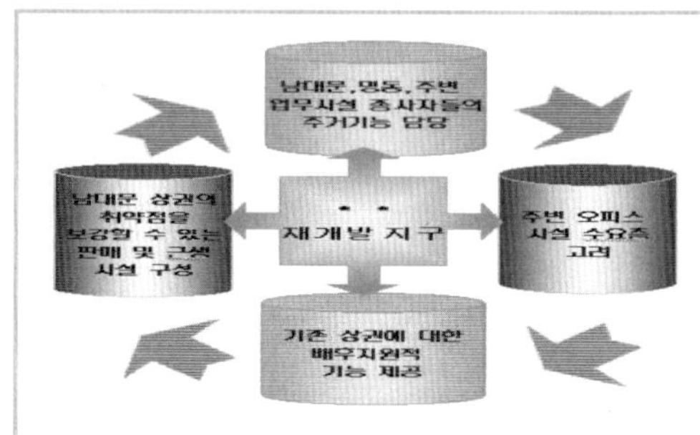


- 본 대상지는 도심지에 위치해 있으나 남대문시장 상권을 흡입할 만한 상권이 형성되지 못하고 있으며 현재까지 남대문 상권 종사자의 배후지원(주거, 숙박, 식당 및 일부근생시설) 역할을 담당함
- 복합쇼핑몰로서 남대문상권을 연장시키기에는 현재로서는 경쟁력 및 자체 상권력을 갖추기 난이해 보임
- 따라서, 본 사업지는 현재의 주거기능을 개선시킬 수 있는 주거시설과 주변업무시설 등을 고려한 오피스텔, 남대문상권의 취약점을 보강할 수 있는 판매시설로의 개발이 적정하리라 보임

개발컨셉 설정

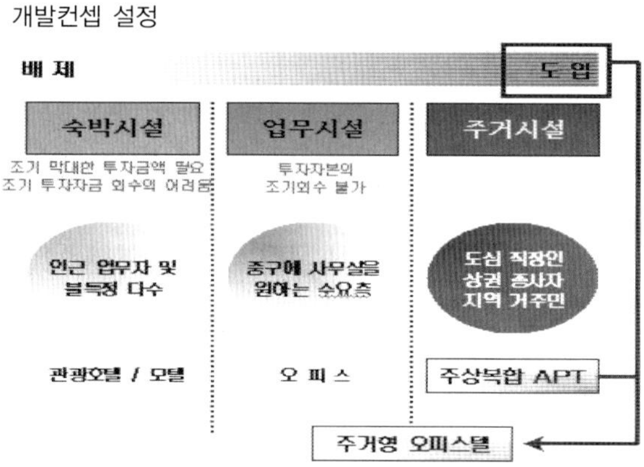


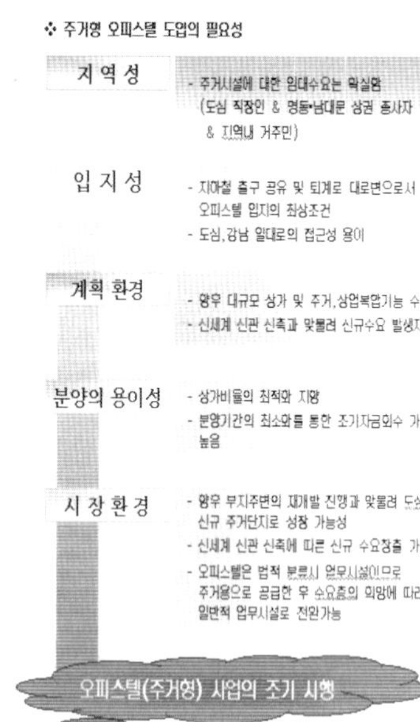


◆주상복합 아파트/오피스텔/판매시설 도입시 고려사항

-아파트 도입시 용도 용적제에 따른 주택연면적의 축소(완화됨)
-한 동의 건물 내에서 APT/오피스텔/판매시설 입지시 APT 가격 경쟁력 및 분양성 악화
-판매시설의 portion 이 높을수록 판매시설은 미분양되거나 분양완료시기가 늦어질 가능성이 높음(조기 자금회수의 애로점)
-전문쇼핑몰과 동시 입점시 주거시설 쾌적성 저하에 따른 분양성 난이
-주변 노후 유흥/숙박시설 관계로 아파트 분양시 치명적 약점 지님(아파트 주 분양대상인 40~50대 주부 층의 외면)

## 건축 개요 산정

### ALT-1

*부지매입 결과 실사용 대지면적이 1,890평으로 늘어날 전망이며, 추후 이에 따른 설계변경이 뒤따름

| 공 사 명 | ○○동 복합빌딩 신축공사 | |
|---|---|---|
| 대 지 위 치 | 서울시 중구 ○○동 ○○번지 외 ○필지 | |
| 대 지 면 적 | 5,084.00㎡ | 1,537.90평 |
| 지역 / 지구 | 일반상업지역, 도심재개발지구, 높이제한완화구역 | |
| 용 도 | 판매시설/오피스텔(업무용, 주거용)/문화오락시설 | |
| 규 모 | 지하6층/지상17층 | |
| 구 조 | 철골철근콘크리트조 | |
| 건 축 면 적 | 2,961.83㎡ | 895.95평 |
| 연 면 적 | 68,296.20㎡ | 20,659.53평 |
| | 지상연면적 38,696.80㎡ | 11,705.73평 |
| | 지하연면적 29,599.48㎡ | 8,953.80평 |
| 건 폐 율 | 58.26% | |
| 용 적 률 | 761.15% | |
| 주 차 대 수 | 409대 | 시설면적 167㎡ 당 한 대 |

(단위: ㎡)

| 층별 | 판매시설 | 오피스텔 | 오피스텔 (주거전용) | 문화오락 | 주차장 | 기전실 | 계 |
|---|---|---|---|---|---|---|---|
| 지하6층 | 83.88 | 157.37 | 140.71 | | 1,765.73 | 2,802.88 | 4,950.57 |
| 지하5층 | 114.10 | 157.37 | 140.71 | | 4,538.39 | | 4,950.57 |
| 지하4층 | 114.10 | 157.37 | 140.71 | | 4,538.39 | | 4,950.57 |
| 지하3층 | 114.10 | 157.37 | 140.71 | | 4,538.39 | | 4,950.57 |
| 지하2층 | 114.10 | 157.37 | 140.71 | 3,675.03 | 863.37 | | 4,950.58 |
| 지하1층 | 3,685.17 | 157.37 | 140.71 | | 863.37 | | 4,846.62 |
| 지하소계 | 4,225.17 | 944.23 | 844.26 | 3,675.03 | | 2,802.88 | 29,599.48 |
| 지상1층 | 2,567.25 | 157.37 | 173.09 | | | | 2,897.71 |
| 지상2층 | 2,663.75 | 157.37 | 140.71 | | | | 2,961.83 |
| 지상3층 | 2,663.75 | 157.37 | 140.71 | | | | 2,961.83 |
| 지상4층 | 2,663.75 | 157.37 | 140.71 | | | | 2,961.83 |
| 지상5층 | 2,663.75 | 157.37 | 140.71 | | | | 2,961.83 |
| 지상6층 | | 1,950.91 | 140.71 | | | | 2,091.62 |
| 지상7층 | | 1,950.91 | 140.71 | | | | 2,091.62 |
| 지상8층 | | 1,950.91 | 140.71 | | | | 2,091.62 |
| 지상9층 | | 1,950.91 | 140.71 | | | | 2,091.62 |
| 지상10층 | | 1,950.91 | 140.71 | | | | 2,091.62 |
| 지상11층 | | 1,950.91 | 140.71 | | | | 2,091.62 |
| 지상12층 | | 1,950.91 | 140.71 | | | | 2,091.62 |
| 지상13층 | | 1,950.91 | 140.71 | | | | 2,091.62 |
| 지상14층 | | | 1,804.70 | | | | 1,804.70 |
| 지상15층 | | | 1,804.70 | | | | 1,804.70 |
| 지상16층 | | | 1,804.70 | | | | 1,804.70 |
| 지상17층 | | | 1,804.70 | | | | 1,804.70 |
| 지상소계 | | | 9,080.41 | | | | 38,696.80 |
| 총계 | | 16,394.14 | 9,924.67 | | | | 68,296.28 |

◆ 수익환원을 통한 오피스텔 분양가 산정

- 수익환원법은 장래 산출할 것으로 기대되는 순수익을 환원이율(Cap rate)로 환원하여 평가시점에 있어서의 대상부동산의 가액을 산정하는 방법
- 보증금 이자수입 및 연단위로 환산된 월세수입을 연 총수익으로 간주하고 이를 환원이율(수익률)로 나누어 평당가치를 산출함
- 월세 전환율[중구 유사 시설별 월세 기준]
- 자본 환원율[중구 업무시설 자본환원율 기준(자료,부동산 114)]
- 평당 보증금[중구 유사 시설별 보증금 기준 (자료,부동산 114)]
- 평당월세 [중구 유사 시설별 월세 기준 (자료,부동산 114)]

◆ 수익환원을 통한 적정 분양가

| 구 분 | A | B | C | D |
|---|---|---|---|---|
| 보증금(천원/평) | 660 | 600 | 650 | 790 |
| 월세(천원/평) | 66 | 60 | 65 | 67 |
| 월세전환율 | 14.40% | 18.00% | 13.00% | 13.00% |
| 총잠재수익(천원/평) | 887 | 828 | 865 | 909 |
| 자본환원율(수익률) | 8.14% | 8.14% | 8.14% | 8.14% |
| 평당분양가 (평당가치, 천원) | 10,897 | 10,172 | 10,620 | 11,168 |
| 전용률 보정시 | 8,125 | 7,824 | 10,210 | 10,950 |

- 보증금 이자수입 및 연단위로 환산시킨 월세수익을 총잠재수익으로 간주
- 이를 자본환원율로 나누어 평당가치를 산정
- 수식 : 평당분양가 = 총잠재수익/자본환원율
  총잠재수익 = (보증금×월세전환율) + (월세×12)
- 이를 가중평균한 값을 평균평당분양가로 봄/전용률 보정 값 적용

◆비교사례와 수익환원을 이용한 적정평당분양가

[비교사례를 이용한 방식(7,977천원) + 수익환원을 이용한 방식(7,974천원)] / 2

오피스텔 적정 평당 분양가격 : 7,976천원 (전용률 50% 기준) / 11,964천원(전용률 75% 기준)

# Ⅵ. 경제성 분석

## 수지 분석(ALT-1)

- 판매시설 층간 구좌가격 격차는 종로/중구 지역의 평균적 층단가 비율을 적용하였고 (1층 평단가 35,000천원)
- 오피스텔은 수익환원법과 비교사례를 통한 보정치(전용률 50%기준)를 적용하였음 (평균 평단가 8,000천원, VAT포함)
- 금융비용 미산정(추후 시행계획에 따라 산입)

| 항목 | 비고 | 금액 |
|---|---|---|
| □ 분양수입 | | |
| • 주거용 오피스텔(14~17층) | | 33,905,760천원 |
| • 오피스텔(6~13층) | | 59,271,520천원 |
| • 판매시설 | | 184,122,200천원 |
| **분양수입 총계** | | **277,299,480천원** |
| □ 투자자금 | | |
| • 토지비 | | |
| 토지매입비 | | 77,246,070천원 |
| 이전제비용 | 취·등록세, 기타 제비용 | 5,407,225천원 |
| • 공사비 | | |
| 도급공사비 | 평당 4,000천원 | 82,638,120천원 |
| 인입공사비 | 평당 100천원 | 2,065,953천원 |
| 철거비 | 평당 150천원 | 222,245천원 |
| 예술품장식품비 | 도급공사비에 포함 | |
| • 인허가행정비 | | |
| 설계감리비 | 평당 150천원 | 3,098,930천원 |
| 교통영향평가비 | 도시교통촉진법 | 100,000천원 |
| 민원처리비 | 공사비의 1% | 849,263천원 |
| 채권매입비 | 평당 4.8천원 | 99,166천원 |
| • 분양경비 | | |
| M/H임차료 | 30,000천원×12개월 | 180,000천원 |
| M/H설치비 | 공사비에 포함 | |
| M/H운영비 | 30,000천원×12개월 | 360,000천원 |
| 광고홍보비 | 매출액의 2% | 5,545,990천원 |
| 분양대행수수료 | 매출액의 3% | 8,318,984천원 |
| • 기타추진비 | | |
| 보존·등기비 | 직접공사비의 3.16% | 2,683,672천원 |
| 입주관리비 | 공사비에 포함 | |
| 예비비 | 매출액의 1% | 2,772,995천원 |
| **투자자금소계** | | **191,768,611천원** |
| **경상이익** | | **85,530,869천원** |

**매출액 대비 30.84%의 투자수익을 얻을 수 있음**

## 수지 분석(ALT-2)

- 판매시설 층간 구좌가격 격차는 종로/중구 지역의 평균적 층단가 비율을 적용하였고 (1층 평단가 35,000천원)
- 오피스텔은 수익환원법과 비교사례를 통한 보정치(전용률 50%기준)를 적용하였음 (평균 평단가 8,000천원, VAT 포함)
- 금융비용 미산정(추후 시행계획에 따라 산입)

| | | |
|---|---|---|
| □분양수입 | | |
| • 아파텔(8~19층) | | 87,035,162천원 |
| • 오피스텔(3~7층) | | 36,264,651천원 |
| • 판매시설 | | 143,467,814천원 |
| **분양수입 총계** | | **266,767,627천원** |
| □투자자금 | | |
| • 토지비 | | |
| 토지매입비 | | 77,246,070천원 |
| 이전제비용 | 취·등록세, 기타 제비용 | 5,407,225천원 |
| • 공사비 | | |
| 도급공사비 | 평당 4,000천원 | 83,760,766천원 |
| 인입공사비 | 평당 100천원 | 2,094,019천원 |
| 철거비 | 평당 150천원 | 222,245천원 |
| 예술품장식품비 | 도급공사비에 포함 | |
| • 인허가행정비 | | |
| 설계감리비 | 평당 150천원 | 3,141,029천원 |
| 교통영향평가비 | 도시교통촉진법 | 100,000천원 |
| 민원처리비 | 공사비의 1% | 860,770천원 |
| 채권매입비 | 평당 4.8천원 | 100,513천원 |
| • 분양경비 | | |
| M/H임차료 | 30,000천원×12개월 | 360,000천원 |
| M/H설치비 | 공사비에 포함 | |
| M/H운영비 | 30,000천원×12개월 | 360,000천원 |
| 광고홍보비 | 순매출액의 2% | 5,335,353천원 |
| 분양대행수수료 | 매출액의 순매출액의 5% | 7,173,391천원 |
| | 오피스텔/아파텔 순매출액의 3% | 3,698,994천원 |
| • 기타추진비 | | |
| 보존·등기비 | 직접공사비의 3.16% | 2,720,034천원 |
| 법무사수수료 | | 500,000천원 |
| 입주관리비 | 공사비에 포함 | |
| 예비비 | 순매출액의 1% | 2,667,676천원 |
| **투자자금소계** | | **191,768,611천원** |
| **경상이익** | | **85,530,869천원** |

**매출액 대비 26.62%의 투자수익을 얻을 수 있음**

## 민감도 분석

**본 사업의 추진에 대한 매출대비 수익성(분양률 100% 대비)은 ALT-1(30.84%), ALT-2(27%)로 매우 양호한 것으로 나타나며,** 5%의 민감도 분석을 실시한 결과

- ALT-1은 토지비의 경우 +1.49%, -1.49%로 나타나고, 공사비는 +1.54%, −1.53%, 분양가는 +3.3%, −3.64%로 분양가의 변동에 민감도가 높게 나타나 분양가의 증감이 수익성에 미치는 영향이 가장 높은 것으로 분석됨
- ALT-2는 토지비의 경우 +1.55%, -1.55%로 나타나고, 공사비는 +1.68%, −1.68%, 분양가는 +3.49%, -3.16%로 분양가 변동에 대한 민감도가 높게 나타났으며, ALT-1 보다 비교적 변동항목에 대한 민감도가 높음
- 따라서, ALT-1,2 둘 다 공사비가 일부 증가하더라도 분양가격을 최대한 획득할 경우 사업의 수익성에 긍정적인 효과를 가져올 수 있으며, 시공회사의 브랜드가치가 높은 기업을 선택해 일부 공사비의 상승을 감수하더라도 궁극적으로 이익이 커짐을 의미함

## 분양률에 따른 총매출액 추이

*현 경제상황에 따른 분양률 추이이므로 경제여건에 따라 변동 가능하며, 모든 시설을 분양대상으로 봄

ALT-1(24개월 분양완료)

| 구 분 | 개 월 | 1 | 3 | 6 | 12 | 18 | 24 |
|---|---|---|---|---|---|---|---|
| 판매시설 | 분 양 율 | 30% | 50% | 70% | 80% | 90% | 100% |
| | 누적매출액 | 55,236,660 | 92,061,100 | 128,885,540 | 147,297,760 | 165,709,980 | 184,122,200 |
| 오피스텔 (주거용) | 분 양 율 | 60% | 80% | 90% | 100% | | |
| | 누적매출액 | 20,343,456 | 27,124,608 | 30,515,184 | 33,905,760 | | |
| 오피스텔 | 분 양 율 | 50% | 70% | 90% | 100% | | |
| | 누적매출액 | 29,635,760 | 41,490,064 | 53,344,368 | 59,271,520 | | |
| 총 누적매출액 | | 105,215,876 | 160,675,772 | 212,745,092 | 240,475,040 | 258,887,260 | 277,299,480 |
| 총 지 출 액 | | 191,768,611 | | | | | |

손익분기점

ALT-2(12개월 분양완료)

| 구 분 | 개 월 | 1 | 3 | 6 | 12 |
|---|---|---|---|---|---|
| 판매시설 | 분 양 율 | 50% | 70% | 90% | 100% |
| | 누적매출액 | 71,733,907 | 100,427,470 | 129,121,033 | 143,467,814 |
| 오피스텔 (주거용) | 분 양 율 | 70% | 90% | 100% | |
| | 누적매출액 | 60,924,613 | 78,331,646 | 87,035,162 | |
| 오피스텔 | 분 양 율 | 50% | 70% | 90% | 100% |
| | 누적매출액 | 18,132,325 | 25,385,256 | 32,638,186 | 36,264,651 |
| 총 누적매출액 | | 150,790,846 | 204,144,371 | 248,794,381 | 266,767,627 |
| 총 지 출 액 | | 195,748,085 | | | |

손익분기점

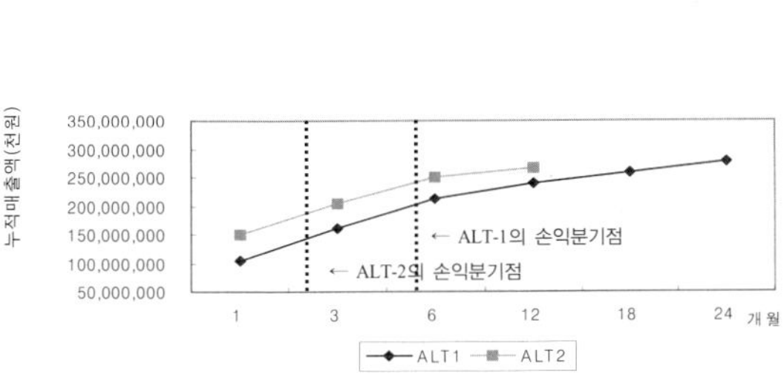


◆분양률에 따른 매출액 비교

- ALT-1과 ALT-2의 매출액(100% 분양시)은 전자가 약 105억원 정도 높게 나타남
- 전체적으로 초기 분양률은 ALT-2가 높게 나타났으며, 이는 투자자금의 빠른 회수를 의미함(금융비용 감소)
- 실제 분양시에는 분양비의 증가 및 광고 비용의 추가 부담으로 수익차이가 좁혀질 것으로 보임

# Ⅶ. 결 론

□본 사업지는 서울도심 4대문권역에 속한 ○○도심재개발지구로서 도심 내 상업지역 중 심한 슬럼화 현상을 표출하고 이에 따라 도심공동화 현상이 가중되어 계획적 개발이 시급한 지역

□사업지는 ○○지하철역과의 연계성, 신세계백화점 신관 입점, 남대문상권과 명동상권의 교두보적 위치 등을 고려해 볼 때, 향후 기대되는 인구 유입에 따른 발전 가능성 및 개발 잠재력이 크다고 판단됨

□퇴계로 맞은편으로 신세계 백화점 신관이 건설중임에도 불구하고, 맞은편 남대문상권의 유동인구를 끌어들일 수 있는 흡인력이 약하므로, 현재로서는 업무시설 및 주거기능을 혼합할 수 있는 오피스텔, 남대문상권의 취약점을 보강할 수 있는 일부 근생시설 및 판매시설로 구성하는 것이 적절한 것으로 분석됨

□오피스텔(전용률 50%) 평당 분양가 8,000천원/주거전용 오피스텔(전용률 75%)로 분양시 평당 분양가 11,964천원/판매시설 1층 기준 평당 분양가 35,000천원으로 보았을 때/ALT-1의 경우 수익이 855억(수익률 30.84%), ALT-2의 경우 수익이 710억(수익률 26.62%) 발생
두 가지 대안에 있어서 ALT-1의 수익률이 ALT-2의 수익률보다 다소 높으나 수입전문상가/오피스텔/오피스텔(주거전용)으로 구성되는 ALT-1에 비해 일반근린형 상가/오피스텔/오피스텔(주거전용)으로 구성된 ALT-2의 분양성이 높다는 장점 지님
따라서, 분양의 위험성을 지닌 ALT-1의 계획보다는 안정적인 수익과 분양성을 보장할 수 있는 ALT-2의 계획이 사업 진행상 보다 유리할 것으로 판단됨

□사업지 주변의 주거환경이 극히 불량하며 상존하는 전 · 월세 수요층에 비해 공급이 절대적으로 부족한 실정이므로, 양질의 주거수준을 원하는 실수요자뿐만 아니라 임대를 목적으로 하는 투자자에게도 충분히 메리트 있는 상품으로서의 셀링포인트를 제시할 수 있음

# 도봉구 OO동 근린생활시설 프로젝트

# Ⅰ. 프로젝트 개요

## 사업추진 목표

• 준주거지역으로서 적정한 개발방향 설정
• 주변 배후 주거단지의 개발과 맞물린 편승효과 극대화
• 시장현황을 고려한 적절한 상품의 공급

## 필요성 및 방향

□ 필요성
• 주거와 상업의 효과적인 조화가 필요한 부지
• 침체된 지역 근린상권의 회복과 주변 주거단지와의 연계성
• 주변 현황과 업종 분석을 통한 최선의 개발컨셉과 MD구성 최유효 이용

□ 개발방향
• 주변 주거지역 개발과 어울리는 계획적 개발
• 계획적 개발을 통한 건전한 수익성 증대 효과
• 통합적 토지이용을 통한 계획성 증대 및 최유효 이용을 통한 수익성 극대화

## 사업개요

- 위　　　치 : 서울특별시 도봉구 OO동 OOO번지
- 대 지 면 적 : 2,223.5㎡(672.60평)
- 도 시 계 획 : 준주거지역
- 공 시 지 가 : 4,424,727천원(6,578천원/평)

## 부지위치

- 창동역 북서측 창동사거리에 인접한 해등길 진입로에 접한 다각형 형태
- 전면부가 동측의 해등길(4차선 20m 도로)에 접함

# Ⅱ. 개발환경분석

## 관련 법률 검토

□ 입지가능시설

- 공동주택 : 아파트, 연립주택, 다세대주택 등
- 제1종근린생활시설
  - 슈퍼마켓, 일용품점(식품, 잡화, 의류, 완구, 서적 등) 등으로 바닥면적 합계 1,000㎡ 미만
  - 휴게음식점(바닥면적 합계 300㎡ 미만)
  - 이용원, 미용원, 일반목욕장, 세탁소
  - 의원, 치과의원, 한의원, 침술원
  - 탁구장 및 체육도장(바닥면적 합계 500㎡ 미만)
- 제2종근린생활시설
  - 일반음식점, 기원
  - 휴게음식점(바닥면적 합계 300㎡ 이상)
  - 서점(바닥면적 합계 1,000㎡ 이상)
  - 테니스장, 에어로빅장, 볼링장, 당구장, 골프연습장 등(바닥면적 합계 500㎡ 미만)
  - 비디오감상실, 공연장(바닥면적 합계 300㎡ 미만)
  - 금융업소, 사무소, 부동산중개업소 등(바닥면적 합계 500㎡ 미만)
  - 사진관, 표구점, 학원(바닥면적 합계 500㎡ 미만, 무도학원, 자동차학원은 제외)
  - 안마시술소, 노래연습장
- 판매 및 영업시설
  - 백화점, 쇼핑센터, 대형점, 대규모 소매점
  - 상점(슈퍼마켓, 일용품점으로 바닥면적 1,000㎡ 이상인 것)
- 문화 및 집회시설
  - 종교집회장
  - 공연장, 집회장
- 의료시설
  - 병원(종합병원, 치과병원, 한방병원)
- 교육 연구 복지시설
  - 교육원, 학원(자동차학원, 무도학원 제외), 연구소, 도서관, 아동 관련 시설(유치원 등)
- 운동시설
  - 탁구장, 체육도장, 테니스장, 체력단련장, 에어로빅장, 당구장, 볼링장, 골프연습장 등으로 제2종근린생활시설에 해당되지 아니하는 것

• 업무시설
- 일반업무시설(금융업소, 사무소, 오피스텔)로서 제2종근린생활시설에 해당하지 않는 것

□시설별 주차규모
• 위락시설 : 1대/67㎡임
• 문화 및 집회시설(관람장 제외), 업무시설, 판매 및 영업시설, 운동시설(골프연습장 제외), 의료시설 : 1대/100㎡
• 제1·2종근린생활시설, 숙박시설 : 1대/134㎡
• 골프장, 골프연습장, 옥외 수영장, 관람장
골프장 : 10대/1홀당, 골프연습장 : 1대/1타석, 관람장 : 1대/100인당
• 기타건축물 : 1대/200㎡
• 공동주택(다세대, 기숙사 제외) : 1대/85㎡(전 주차대수가 세대당 1대에 미달되는 경우에는 세대당 1대)

■ 본 사업부지는 준주거지역으로서 대부분의 시설 도입이 가능하나, 제2종근린생활시설 중 단란주점은 도시계획조례에 의거 유치 불가
■ 본 사업부지는 관련법에 의거 아파트(주상복합 포함), 오피스텔, 상가로 건축가능
■ 유치 가능한 상가시설로는 제1종근린생활시설(의원, 일반목욕장 등), 제2종근린생활시설(단란주점 제외), 판매 및 영업시설(대규모 소매점·상점), 의료시설(병·의원), 교육연구·복지시설(일반학원, 유치원), 운동시설 대부분이 가능

## 부동산 시장 동향

□부동산시장 안정화 대책

• 5 · 23 부동산안정화대책

- 투기과열지구를 수도권 과밀억제권역과 성장관리권역(접경지역·도서지역·자연보전권역 중 일부 제외) 및 충청권 일부지역으로 확대하여 분양권 전매 전면 금지
- 투기과열지구 내 주상복합아파트의 경우 주택연면적 90% 이상 / 세대수 300세대 이상의 경우 주촉법의 사업승인 대상에 포함(기 사업 승인된 경우 제외)하여 분양권 전매를 제한하고, 주택공급도 일반아파트와 같이 청약통장 가입자에게 공급하도록 제한
- 투기과열지구 내에서 사업승인 후에도 지역·직장조합 주택의 조합원 지위 전매 금지 (재건축의 경우 투기과열지구 내에서는 80% 이상 시공 후에 분양 허용)

• 6 · 7 부동산안정화대책

- 투기과열지구가 수도권전역과 충청권 5개 시도로 확대 및 분양권 전매가 소유권 이전 등기 시까지 금지
- 종전 투기과열지구에서 6, 7일 이전에 분양권을 보유한 자는 종전규정에 의한 전매제한기간 경과 후에는 1회에 한하여 가능
- 이번 신규로 지정된 투기과열지구에 서는 6, 7일 이전에 분양권을 보유한 사람은 언제든지 1회에 한하여 전매 가능
- 청약 1순위 자격 제한 (과거 5년 내 당첨사실이 있는 자, 2주택 이상 소유한 자, 2002년 9월 5일 이후 입주자저축 가입자로 세대주가 아닌 자)
- 35세 이상의 5년 이상 무주택세대주에게 85㎡ 이하 민영주택 50% 우선 공급
- 주상복합건물 중 주택과 오피스텔의 입주자 공개 모집

□부동산시장 안정화 대책 이후 부동산 시장동향

• 아파트 시장현황

- 5·23 부동산안정화대책 이후 매도자·매수자 모두 관망세를 보이면서 거래가 거의 없음
- 재건축 아파트의 경우 7월부터 시행되는 도시및주거환경정비법의 안전진단 강화로 인하여 상승폭이 둔화됨
- 5월 말 대비 6월 기준으로 아파트 평형의 선호도가 광역시의 경우 40평형대가 약세를 보였고 지방은 30~40평형대가 오름세를 보여 광역시와 지방이 다소 차이를 보임

• 주상복합 시장현황
- 올 상반기 주상복합아파트가 틈새시장으로서 투자자금이 유입되었지만 5·23 부동산안정화대책 이후 약보합세 유지
- 5·23 부동산안정화대책 이후 분양권 전매가 가능한 300가구 미만 중심으로 투자자의 관심 집중
- 주상복합열기가 수도권 중심에서 부산·대구 등 지방으로 확산

• 판매시설 시장현황
- 5·23 부동산안정화대책 이후 투자자들이 주택시장에서 수익형 부동산인 판매시설에 관심을 갖게 됨
- 굿모닝 시티 사건 이후 · 테마상가의 급랭 현상과 주상복합/오피스텔 내 소형 상가가 투자처로 선호됨
- 아파트 단지내 상가로의 투자가 집중되는 현상을 보이지만 단지규모와 분양가에 따라서 큰 차이를 보이고 있음
- 건교부는 9월부터 대지 소유권을 완전히 확보해야만 건축허가를 내줄 수 있도록 건축법시행규칙을 개정할 예정임

## 일반현황

□인구 및 기타

| 구분 | 항목(단위) | | 도봉구 | 창동 | 비율 |
|---|---|---|---|---|---|
| 인구 | 인구수 | 남(명) | 186,496 | 64,755 | 34.72% |
| | | 여(명) | 186,590 | 65,282 | 34.99% |
| | | 합계 | 373,086 | 130,037 | 34.84% |
| 주택 | 단독(호) | | 14,466 | - | - |
| | 아파트(호) | | 52,076 | - | - |
| | 연립 및 다세대(호) | | 14,767 | - | - |
| 학교 | 학교개수 | | 90 | - | - |
| 사업체 | 사업체수 | | 16,379 | - | - |
| | 종사자(명 | | 57,798 | - | - |

□인구추이

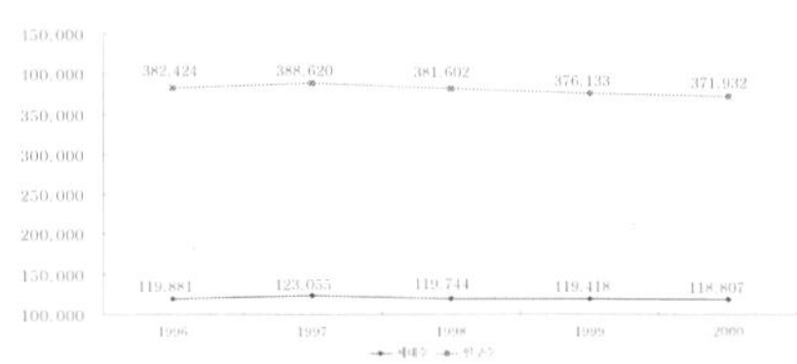

| 연도별 | 세대수 | 인구수 |
|---|---|---|
| 1996 | 119,881 | 382,424 |
| 1997 | 123,055 | 388,620 |
| 1998 | 119,744 | 381,602 |
| 1999 | 119,418 | 376,133 |
| 2000 | 118,807 | 371,932 |

□주택종류별 세대수/비율

| 주택종류 | 세대수 | 비율 |
|---|---|---|
| 아파트 | 52,076 | 64.06% |
| 단독주택 | 14,446 | 17.77% |
| 연립주택 | 3,602 | 4.43% |
| 다세대주택 | 7,796 | 9.59% |
| 다가구주택 | 3,369 | 4.14% |
| 합계 | 81,289 | 100.00% |

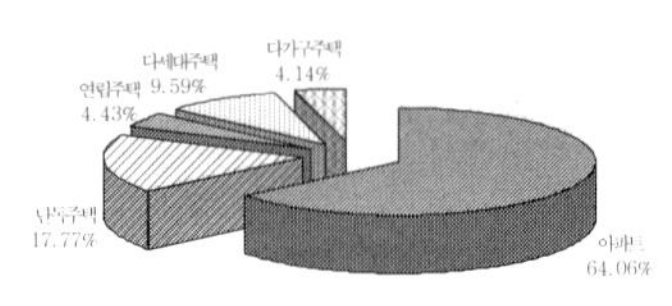

□동별 세대수

| 동명 | 세대수 | 인구수 |
|---|---|---|
| 쌍문동 | 29,213 | 90,948 |
| 방학동 | 28,370 | 89,493 |
| 창 동 | 41,493 | 129,680 |
| 도봉동 | 19,731 | 61,811 |

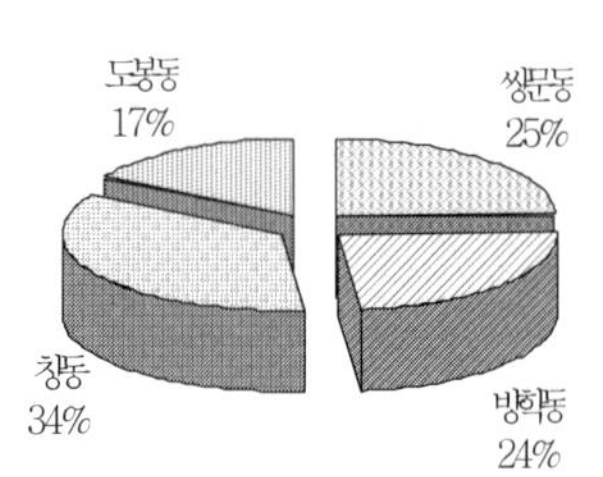

□사업체 현황

| 구분 | 제조업 | 건설업 | 도소매업 | 숙박/음식점업 | 운수업 | 금융/보험업 | 부동산/임대업 |
|---|---|---|---|---|---|---|---|
| 업체수 | 443 | 99 | 1,203 | 799 | 1,261 | 51 | 293 |
| 종사자수 | 3,362 | 565 | 4,608 | 2,330 | 3,123 | 513 | 1,078 |

| 구분 | 사업서비스업 | 공공행정관련 | 교육서비스업 | 보건사회업 | 오락/문화 | 기타공공수리/개인서비스업 | 기타 |
|---|---|---|---|---|---|---|---|
| 업체수 | 95 | 13 | 253 | 131 | 221 | 572 | 12 |
| 종사자수 | 847 | 1,588 | 1,939 | 585 | 694 | 1,416 | 396 |

- 도봉구 전체 사업체 현황을 보면 3차 산업이 주를 이루고 있음
- 운수업 사업체수가 가장 많으며, 제조업 및 교육서비스업은 업체수는 적지만 종사자수는 숙박/음식점업보다 많음
- 창동 사업체도 도소매업, 숙박/음식업, 운수업 등 3차 산업이 주를 이루고 있으며, 제조업은 업체 수는 적지만 종사자수는 숙박/음식점업보다 많음
- 도봉구는 서울시 인구대비 10.5% 이며, 인구수의 증감이 거의 없음
- 향후 재건축 및 신규분양 아파트 단지의 입주로 인구 증가가 예상됨
- 주택 종류는 아파트가 전체 주택의 64%로 가장 많으며, 이는 1980년대 후반 200만호 건설시 도봉구에 아파트 건립물량이 많았던 것에 기인함
- 창동 인구는 도봉구 전체 인구의 35% 정도로 여타 동에 비해 인구가 많은 편이며, 이는 도봉구 최대 상권인 창동역 상권 및 기존 입주아파트 단지로 인한 것임

## 입지 여건

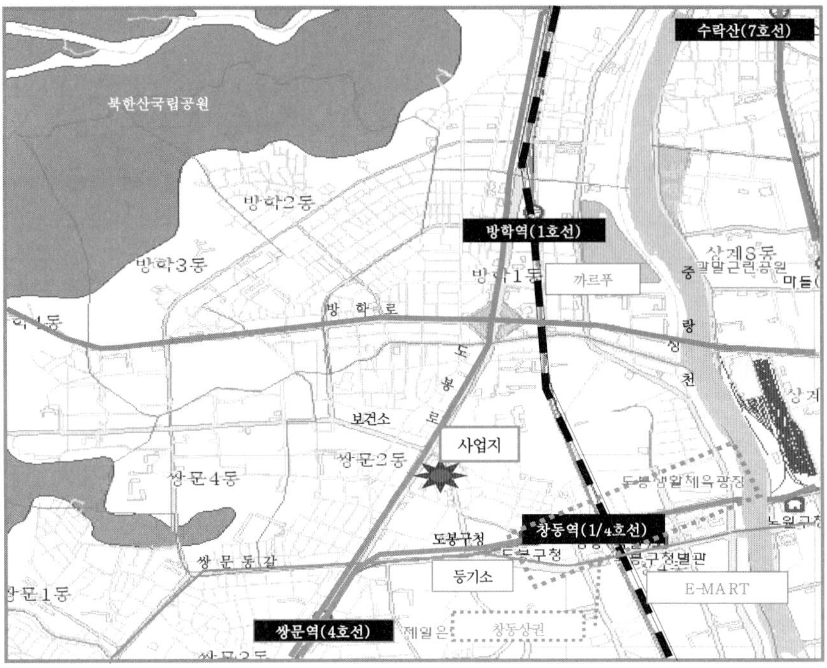


□ 입지환경

- 서울과 경기북부를 연결하는 도봉로와 북한산과 노원구를 연결하는 방학로를 축으로 경기 및 서울 북부 지역을 연결
- 배후지역 거주인구가 31만명 이상이며, 서울북부권의 중심상권인 창동상권 인근에 위치

□ 인근사회환경

- 생활편의시설로는 대형할인매장인 E-MART, 까르푸, 롯데마트 및 하이마트, 도소매시장, 농협종합물류센터 등 대형 할인업체 집적
- 도봉구청, 구민회관, 보건소, 도봉등기소, 북부교육청, 도봉경찰서 소재

□ 교통 환경

- 서울외곽순환고속국도, 도봉로, 방학로, 창동길, 쌍문동길, 노해길, 마들길 등 교통이 발달된 지역
- 지하철 1, 4호선 창동역 인근에 입지하여 도심으로 접근이 용이

## 배후지 환경

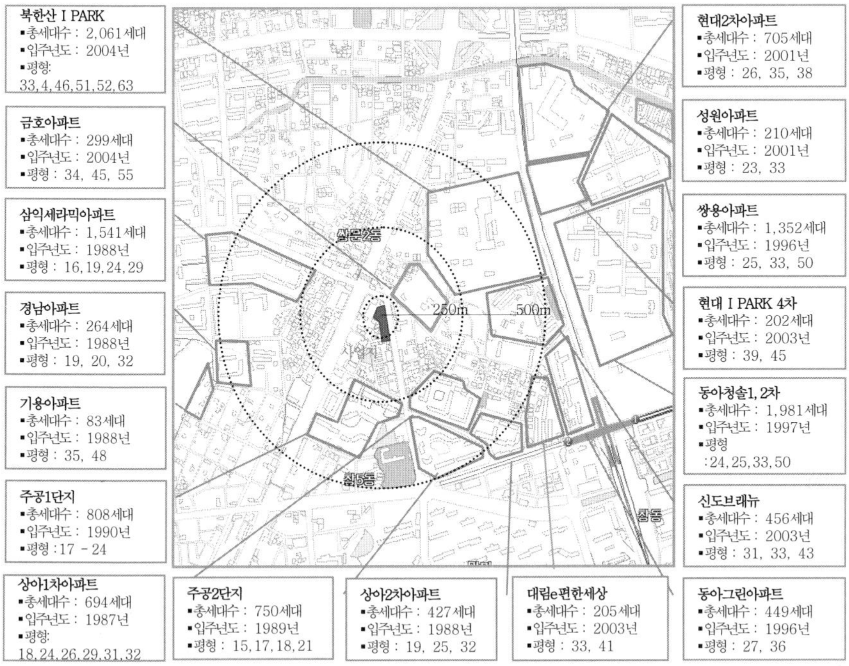


- 사업지에 대한 배후지역을 거시적으로 도봉구 내 3개 행정동인 쌍문동, 방학동, 창동으로 정하고 미시적으로 사업지를 중심으로 반경 500m 내에 입주하고 있는 아파트 거주인구를 유효수요자로 선정함
- 반경 500m 내의 지역을 제1권역으로 정하고 권역 내에 기입주한 아파트인구와 최근 입주예정인 아파트거주인구를 추정하였음
- 배후지아파트는 단지세대수를 기준으로 500세대 미만, 1,000세대 미만, 1,000세대 이상으로 나누어 분류하였음
- 제1권역 외 지역은 같은 행정동(창4동)에 포함되어 있는 지역으로 2차 배후지로 선정하였음
- 제1권역내의 배후인구수를 추정하면 기존아파트 세대수(5,016세대)에 도봉구 가구별 인구수(3.13명)를 감안했을 때 15,700명으로 추정되며, 향후 입주예정인구수를 감안하면 25,155명으로 추정됨

## 지역 상권 현황

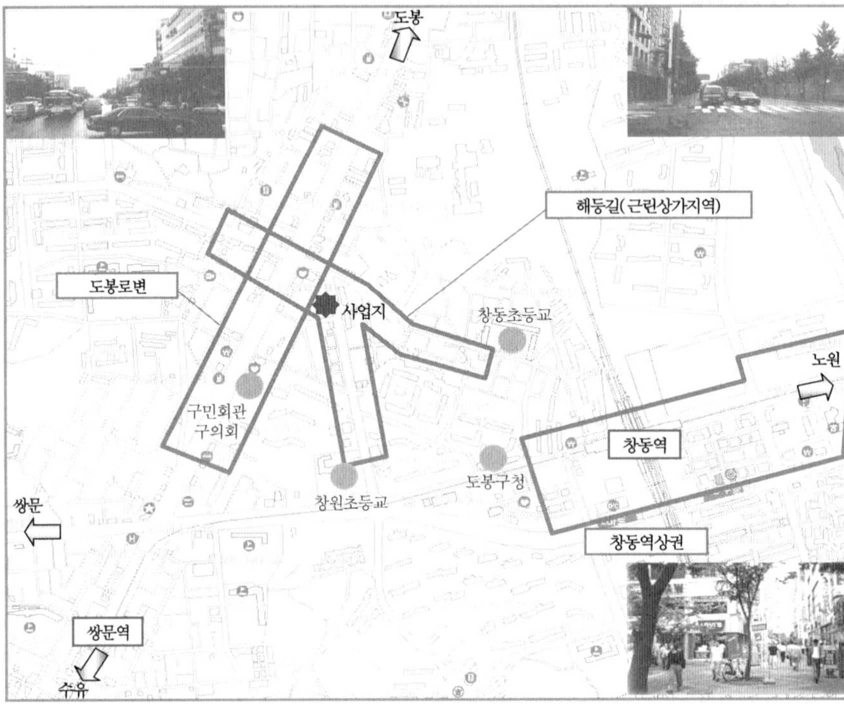


□창동역 상권

- 창동역 상권은 노원·도봉구의 교통 중심축으로 서울 5대 의류거리 중 하나
- 지하철 4호선과 국철 1호선의 1일 유동인구는 약 10만 명 정도이며, 10대에서 40대까지 고른 분포를 보이고 있음
- 유동인구 중 20대가 주 소비계층으로서 약 40% 정도를 차지하며, 이들을 위한 패스트푸드, 의류점, 커피전문점 등이 고루 분포되어 있음

□도봉로변

- 편도 4차선으로 1일 7만여 대의 차량이 소통(의정부와 도봉구 연결)
- 이 지역은 주로 통과 교통량이 많아 도로변을 따라 배후인구를 대상으로 하는 업종이 주로 분포되어 있으며, 상권 형성이 미약한 지역

□해등길 인근(근린상가지역)

- 편도 2차선 도로로 인근 아파트 거주인구 대상으로 근린생활시설이 주로 분포되어 있음
- 2~5층 규모의 건물이 주로 분포되어 있으며, 노후한 건축물이 많음
- 2004년 이후 인근 신규아파트 입주에 따른 근린상권 활성화 가능 지역

## 업종 현황 분석

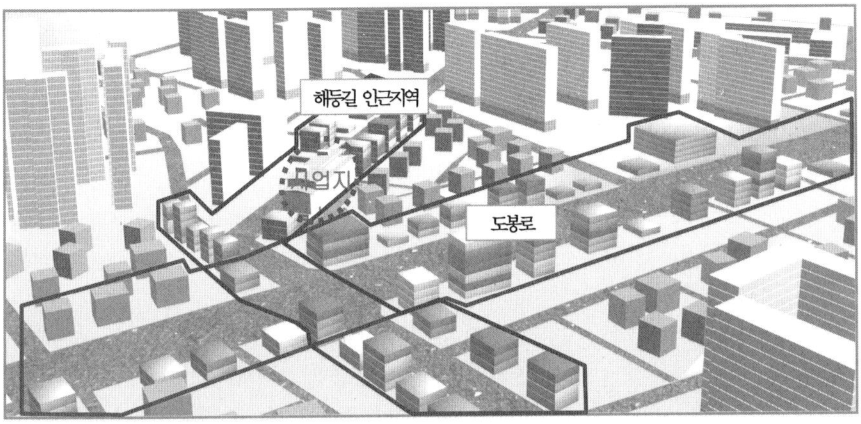


〈해등길 인근지역 업종분포도〉

| 구분 | 음식점 | 서비스업 | 판매점 | 주점 | 의료 | 운동 | 생활편의 | 위락 | 사무 | 잡화점 | 기타 |
|---|---|---|---|---|---|---|---|---|---|---|---|
| 상점수 | 23 | 16 | 14 | 6 | 7 | 1 | 5 | 3 | 22 | 2 | 8 |
| 비율 | 21.5% | 15.0% | 13.1% | 5.6% | 6.5% | 0.9% | 4.7% | 2.8% | 20.6% | 1.9% | 7.5% |

〈해등길 인근지역 1층 업종분포도〉

| 구분 | 음식점 | 서비스업 | 판매점 | 주점 | 의료 | 운동 | 생활편의 | 위락 | 사무 | 잡화점 | 기타 |
|---|---|---|---|---|---|---|---|---|---|---|---|
| 상점수 | 18 | 11 | 11 | 4 | 0 | 0 | 5 | 0 | 0 | 2 | 8 |
| 비율 | 30.5% | 18.6% | 18.6% | 6.8% | 0.0% | 0.0% | 8.5% | 0.0% | 0.0% | 3.4% | 13.6% |

〈해등길 인근지역 2층 업종분포도〉

| 구분 | 음식점 | 서비스업 | 판매점 | 주점 | 의료 | 운동 | 생활편의 | 위락 | 사무 | 잡화점 | 기타 |
|---|---|---|---|---|---|---|---|---|---|---|---|
| 상점수 | 4 | 5 | 3 | 2 | 6 | 1 | 0 | 3 | 1 | 0 | 5 |
| 비율 | 13.3% | 16.7% | 10.0% | 6.7% | 20.0% | 3.3% | 0.0% | 10.0% | 3.3% | 0.0% | 16.7% |

□도봉로

- 대로변임에도 불구하고 2~7층의 중저층 건물로 구성되어 있음
- 서비스업>판매점>의료시설 순으로 분포되어 있음
- 해등길변 상가에 비해 규모가 큰 상업시설이 많으며 병원, 사무실이 많은 부분을 차지함

□해등길 인근지역

- 사업지 전면 도로와 그 연장선상에 있는 곳으로 2~5층 규모의 건물이 입지하고 있음
- 음식점>서비스업>판매점 순으로 업종이 분포되어 있음

- 서비스업 및 판매점은 상주인구를 대상으로 하는 소규모 근린형 업종이 대부분임
- 3층 이상의 층은 공실이거나 주택인 경우가 많음
- 해등길 인근지역은 음식점이 가장 큰 비중을 차지하며, 1층의 주 업종분포는 음식점(30%) > 판매점 > 서비스업 순으로 나타나고 있어 음식점이 주로 1층에 입지해 있음. 이는 음식점이 주로 소규모 일반음식점이기 때문이며 고급·전문음식점 입지가 가능할 것으로 보임
- 2층 이상으로는 소규모 의료업 > 서비스업 > 음식점 순으로 분포되어 있으며, 소규모 학원이 산재해 있음. 따라서 풍부한 상주인구를 대상으로 하는 집적된 의료시설과 학원이 가능할 것으로 보임
- 본 사업지는 전형적인 주거밀집지역이며 상주인구를 대상으로 하는 근린생활 상권으로서 기본적인 생활 편의 시설인 일용품점 및 서비스업이 가능할 것으로 판단되며, 업종 분석 결과 현재는 중·대형의 스포츠 센터가 없는 것으로 나타나 도입시 일정한 수요확보가 가능할 것으로 판단됨(북한산 I-PARK 단지 내 스포츠 센터 입점에 따른 수요층 분산 우려)

# 인근 지역 시세

ㅁ인근지역 매매시세

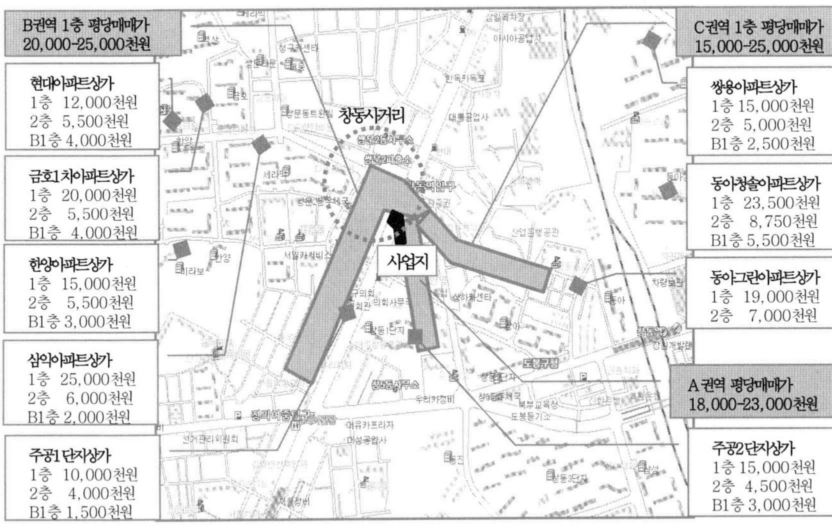


- 사업지가 속한 A권역의 보수적 매매가는 1층 기준 18,000천원/평으로 B권역(20,000천원)보다 낮은 가격을 형성하고 있음
- C권역은 전철 이용객들이 많이 사용하는 도로로서 차량통행도 가능하지만, 도로폭이 협소하고 시설이 낙후해 가격의 격차가 크게 나타남
- 사업지의 경우 3개 권역의 영향을 모두 받을 수 있는 곳에 위치하여 A, C권역 보수적 평당 매매가보다 높게 책정하는 것이 적정하리라 판단됨

□ 인근지역 분양시세

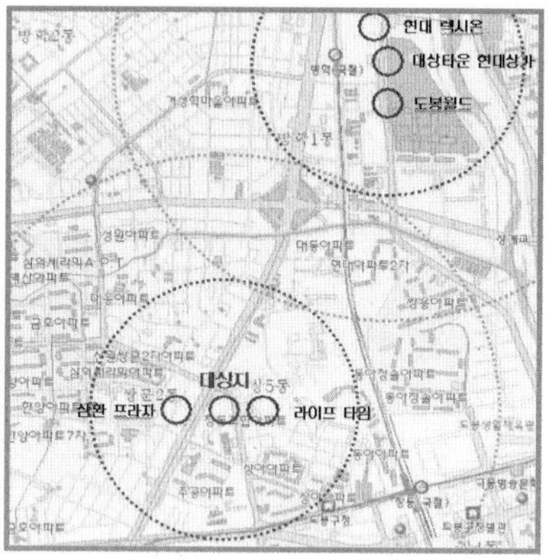


| 구분 | 삼환프라자 |
|---|---|
| 주소 | 서울/도봉구/쌍문동 |
| 규모 | 지하1층~ 지상7층 |
| 연면적 | 6,800평 |
| 입점일 | 2002년 5월 |
| 평당가격 | |
| B1 | 3,400천원 |
| 1F | 11,000~13,700천원 |
| 2F | 7,000천원 |

| 구분 | 라이프타임 |
|---|---|
| 주소 | 서울/도봉구/창동 |
| 규모 | 지하3층~ 지상8층 |
| 연면적 | - |
| 입점일 | 2003년 8월 |
| 평당가격 | |
| B1 | 5,000천원 |
| 1F | 14,000천원 |
| 2F | 6,300천원 |

| 구분 | 단지내상가 |
|---|---|
| 주소 | 서울/도봉구/방학동 |
| 규모 | 지하2층~지상4층 |
| 연면적 | 1,443평 |
| 입점일 | 2001년 10월 |
| 평당가격 | |
| B1 | 3,500~4,200천원 |
| 1F | 19,000~20,000천원 |
| 2F | 6,250~7,300천원 |

| 구분 | 근린상가 |
|---|---|
| 주소 | 서울/도봉구/방학동 |
| 규모 | 지하3층~ 지상7층 |
| 연면적 | 21,067평 |
| 입점일 | 2003년 5월 |
| 평당가격 | |
| B1 | - |
| 1F | 15,000~30,000천원 |
| 2F | 7,000~10,000천원 |

- 대형판매시설의 건립은 주로 대상지 서편 도봉로 대로변 및 전철역 주변에 건립되고 있음
- 기존의 현대아파트 및 준공예정인 금호아파트, I-PARK에 의한 대규모 주거단지를 배후로 둔 근린상권지역으로서 활성화가 기대되는 지역임
- 단지 내 상가 및 전철역 주변의 판매시설들은 일반대로변의 판매시설보다 높은 가격을 형성하고 있음
- 창동사거리에 위치한 삼환프라자의 경우 분양시기 선택의 실패(IMF시기)와 공사시간의 장기화로 인한 신뢰도 하락, 전면부 강점을 살리지 못한 MD 및 설계상의 약점으로 인하여 주변에 비하여 낮은 분양가 책정 불가피
- 1층의 경우 전면부 상가와 후면부 상가와의 가격차이는 20~50% 정도까지 건물에 따라서 차이를 보임
- 사업지는 도로와 접하는 면이 긴 부지로 1층 모든 점포가 대로변과 접하고 있으며, 주변 아파트 단지의 개발 등의 영향으로 단지 내 상가와 유사한 가격대로 분양이 가능하리라 판단됨

# Ⅲ. SWOT

## SWOT

| STRENGTH | WEAKNESS |
|---|---|
| • 장방형 부지의 긴 면이 도로에 접해 상가 건축시 가시성 확보 용이<br>• 사업지가 도로 교차점에 위치해 가시성 뛰어남<br>• 전면도로가 4차선이고 도봉로(8차선)가 인접하고 있어 부지로의 접근성 용이<br>• 주상복합아파트로 건축허가 완료 상태이므로 조기 시행가능 | • 장방형 부지로 아파트 건축계획 제약에 따른 단위세대의 양호한 방향설정의 어려움<br>• 단일 건축물로 인근 아파트단지에 비해 적은 공개공지<br>• 채광창에 의한 사선제한으로 건축물 높이의 제약<br>• 주변 신규아파트 내 단지 내 상가 공급으로 초기 분양 어려움 존재 가능성 |
| **OPPORTUNITY** | **THREAT** |
| • 주상복합 건축시 300세대 이하로 분양권 전매 제한 제외 대상으로 투자자 관심 증대<br>• 사업지 주변 신규 공급되는 아파트(3,000여 세대) 입주 시점에 근린상권 활성화 가능성<br>• 창동역 민자역사계획으로 지역 인지도 상승 및 부동산 가격 상승 가능성<br>• 최근 중·대형 평형의 신규공급 증가로 소비구조 및 가계지출액 증가 가능성 | • 전반적인 경기 침체 및 부동산 시장의 안정화로 투자자 감소<br>• 사업지 인근 주상복합아파트의 분양률 저조에 따른 지역 내 시장에서의 극복의 어려움 |

## 대응전략

| S-O 전략 | W-O 전략 |
|---|---|
| • 상가 건축물에 적합한 부지의 형상, 풍부한 상주인구, 접근성 등을 고려하여 상가 건축의 조기 시행 | • 부지의 형상을 고려 주상복합아파트 건축 배제<br>• 사업지 인근의 소규모 상가 및 소규모 점포가 밀집되어 있으므로 대형 상가 건축으로 지역 내 시장 선점<br>• 지역 내 상주인구의 소득 및 소비구조 분석을 통한 업종구성으로 기존의 근린상가와의 차별성 확보 |
| **S-T 전략** | **W-T 전략** |
| • 연고판매를 통한 사전분양<br>• 일정분의 사전분양을 통한 타 업종 분양 유도<br>• 상가 투자의 안전성 확보를 통하여 투자자에 대한 적극적 홍보 | • 기존의 소규모 근생상가와 차별화 할 수 있는 아이템 도입으로 초기분양률 증대<br>(오픈 스페이스, 주차 편리성 등) |

## 개발 방향 설정

### □도입 가능 시설

| 구분 | 시설 종류 | 분양성 | 수익성 | 입지성 | 도입가능 시설 |
|---|---|---|---|---|---|
| 공동주택 | 아파트 | • 단지 형태의 아파트 공급이 많은 지역으로 1개동의 공급시 분양가격 산정이 중요<br>• 1~2층 세대의 프라이버시 소음 문제로 분양성 낮음 | • 1~2층 세대의 낮은 분양성과 상가분양시보다 낮은 가격으로 수익성 저하 | • 주거지 밀집지역 내에 위치<br>• 도로변에 위치하여 접근성 양호하나, 이에 따른 저층부의 주거환경 침해 가능성 | × |
| | 주상복합(아파트+상가) | • 분양권 전매제한에 해당되지 않아 투자자 관심 증대<br>• 주상복합아파트 공급이 적고, 주상복합아파트에 대한 인식 부족으로 분양의 어려움<br>• 1~2개 층의 근린상가는 배후주거 단지가 풍부해 분양성 높음 | • 부지형성으로 단위세대의 양호한 방향설정이 어렵고 1면 발코니로 낮은 분양가 책정 불가피<br>• 1~2개 층의 근린상가는 전면도로에 접해 높은 분양가 책정 가능 | • 주거지 밀집지역 내에 위치<br>• 배후단지와의 거리가 근접하여, 근린상가 이용 편리 | 사우나, 의원, 대여점(도서, 비디오 등), 학원, 일반음식점, 사무소 |
| 오피스텔 | 업무형 오피스텔 근린상가 | • 사업지 주변은 주거지 밀집지역으로 오피스 수요가 적은 지역이며, 전철역세권을 벗어나 분양성 낮음 | • 오피스 수요가 거의 없는 지역으로 낮은 분양가 책정이 불가피 | • 사업지는 인근 전철역(창동역)세권을 벗어나 입지 | × |
| 상가 | 근린생활 시설 | • 1층의 경우 15,000천원/평~20,000천원/평 내에서 분양성이 있음 | • 1층의 경우 충분한 수요로 높은 분양가 책정 가능<br>• 중고층부 입점 가능 시설 한정으로 낮은 분양가 산정 | • 도로 교차점에 위치하고 있어 근린생활 시설의 가시성이 확보되며, 상주인구의 이동 경로에 위치 | O |
| | 판매 및 영업시설 | • 인근 지역의 대형할인점 등으로 분양성 낮음 | • 유사업종과의 경쟁력으로 낮은 분양가 책정 | • 배후주거인구가 풍부하나, 시설규모의 제약(규모, 주차장확보문제) | × |
| | 문화 및 집회시설 | • 대규모 면적 필요로 분양 어려움 | • 시설별 수익이 낮아, 낮은 분양가를 산정하여야 입지 가능 | • 유동인구 적어 경쟁력 미비(주차장확보문제) | × |
| | 의료시설 | • 소형평형으로 분양가능하며 3층 이상도 입점 가능 | • 중고층부 입점이 가능하여 적정분양가 산정 가능 | • 상주인구가 많고 접근성 양호 | 병원(치과, 한방) |
| | 교육연구 및 복지시설 | • 대규모 면적 필요로 분양성 저하 | • 시설 특성상 낮은 분양가 책정시 입점 가능 | • 상주인구가 많고 접근성 양호 | 전문학원, 유치원 |
| | 운동시설 | • 대규모 면적 필요로 분양성 저하 | • 초기 투입비용 과다에 따른 위험성 증대 | • 상주인구의 출·퇴근 시 이용 가능 | 헬스클럽, 에어로빅 |

적정 컨셉의 설정

| 배제 | | 도입 | |
|---|---|---|---|
| 오피스텔 | 공동주택 | 테마형 상가 | 근린 상가 |
| 역세권외 지역으로 오피스 수요 적음 | 주상복합 아파트 인식부족 및 낮은 분양가 | 유동인구의 부족 및 주요상권과 격리 | 풍부한 상주인구 부지 접근성 용이 |

**지역성**

- 전통적인 주거지역으로 아파트 공급이 지속적으로 이루어지는 지역
- 배후인구를 대상으로 하는 근린상권이 활성화된 지역
- 소형평형 위주에서 중·대형 평형으로 신규공급 주택규모가 증가하는 지역

**입지성**

- 4차선 도로에 접해 있어 차량 접근성 양호 및 상가로서 충분한 가시성 확보 가능
- 주변 아파트 단지의 중심에 위치하고 있어 가망 고객의 접근성 용이

**시장환경**

- 최근의 분양 사기사건으로 투자자의 테마형 상가에 대한 투자 감소
- 보다 안정적인 근린상가에 투자자 관심 증대

**경쟁력**

- 인근 근린상가 건축물의 노후 및 소규모
- 충분한 오픈 스페이스 및 주차시설 확보로 이용의 편리성 제공

**분양성**

- 인근지역 신규분양 상가를 고려한 가격 책정
- 인근지역 상가 업종조사를 통한 가능업종 구성
- 중·고층부 1개층 전체 일괄 분양을 통한 초기 분양성 증대 및 저층부 분양성 증대 효과

**근린상가로의 개발 시행**

## 건축계획

□건축개요

| 사 업 명 | 도봉구 창동 OO프라자 |
|---|---|
| 대지면적 | 2,223.5㎡(672.61평) |
| 건축면적 | 1,331.83㎡(402.88평) |
| 층 수 | 지하2층/지상7층 |
| 건축연면적 | 11,710.56㎡(3,542.44평) |
| 지상층면적 | 8,884.80㎡(2,687.65평) |
| 지하층면적 | 2,825.76㎡(854.79평) |
| 주차대수 | 계획 83대(법정 68대) |

□층별 면적

| 구 분 | 층 수 | 면적(㎡) | 면적(평) | 용도 |
|---|---|---|---|---|
| 지하층 | 지하2층 | 1,457.04 | 440.75 | 주차장, 기계, 전기실 |
| | 지하1층 | 1,368.72 | 414.04 | 지하주차장 |
| 지상층 | 지상1층 | 1,084.71 | 328.12 | 근린생활시설 |
| | 지상2층 | 1,329.47 | 402.16 | 근린생활시설 |
| | 지상3층 | 1,329.47 | 402.16 | 근린생활시설 |
| | 지상4층 | 1,329.47 | 402.16 | 근린생활시설 |
| | 지상5층 | 1,329.47 | 402.16 | 근린생활시설 |
| | 지상6층 | 1,329.47 | 402.16 | 근린생활시설 |
| | 지상7층 | 1,152.74 | 348.70 | 근린생활시설 |
| 합계 | | 11,710.5600 | 3,542.4285 | - |

□용도 구상

- 건물 내 모든 상가가 전면부에 접함
  유동인구와의 접근성 양호, 분양가 산정시 전면과 후면에 의한 가격의 격차가 존재하지 않으므로 전면기준 가격산정이 가능

| 층 | 권 장 업 종 |
|---|---|
| 7층 : 찜질방/사우나 | 찜질방/사우나 |
| 6층 : 찜질방/사우나 | 찜질방/사우나 |
| 5층 : 학 원 | 보습학원, 컴퓨터학원, 영어학원, 독서실 등 |
| 4층 : 의 원 | 의원, 산후조리원 |
| 3층 : 근린생활시설 | PC방, 당구장, 체육도장, 미술학원, 만화방 |
| 2층 : 근린생활시설 | PC방, 당구장, 일반음식점, 커피샵 |
| 1층 : 근린생활시설 | 중개업소, 편의점, 세탁소, 패스트푸드, 문구점, 일반음식점, 안경점, 화장품매장, 미용실, 사진관, 약국, DVD비디오대여점 |

## 규모 산정

□학원

• 학원의 건축물 용도

- 제2종근린생활시설 : 학원용도 사용바닥면적기준 합계 500㎡ 미만인 경우
- 교육연구시설 : 동일 건축물 학원용도 사용 바닥면적기준 합계 500㎡ 이상

• 학원의 교육환경 관련 제한사항

건물연면적 1,650㎡ 이상인 경우 수평거리 20m 이내 동일층 및 6m이내 상·하층에 상기 해당유해업소가 없는 경우 학원개원 가능함

| * 제한유해업소 |
|---|
| - 극장, 총포, 화약류 및 액화가스(5톤 이상)제조장 및 저장소 |
| - 카바레, 스텐드바, 접대부살롱, 카페, 인삼찻집 등 ) |
| - 단란주점, 노래방, 무도장, 무도학원, 전화방, 비디오방 등 |
| - 전자오락실, PC방, 호텔, 여관, 여인숙, 안마시술소, 증기탕 |

• 인근학원현황

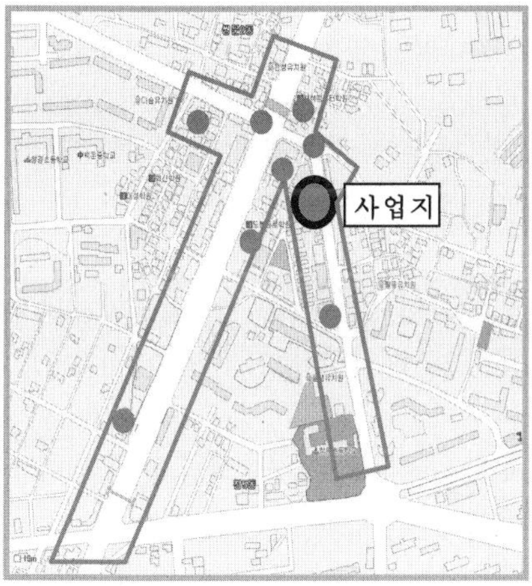


• 학원시설면적

입시학원 : 강의실 660㎡(약200평) 이상

보습학원 : 강의실 70㎡(약22평) 이상
480㎡(약145평) 초과할 수 없음

어학 학원 : 강의실 150㎡(약46평) 이상

통역·번역학원 : 강의실 70㎡(약22평) 이상

성인 고시학원 : 강의실150㎡(약46평) 이상

* 강의실 내측기준 수용인원 1㎡ 당 1.2인 이하

(실습실이 있는 경우는 그 면적을 추가)

• 인근의원현황

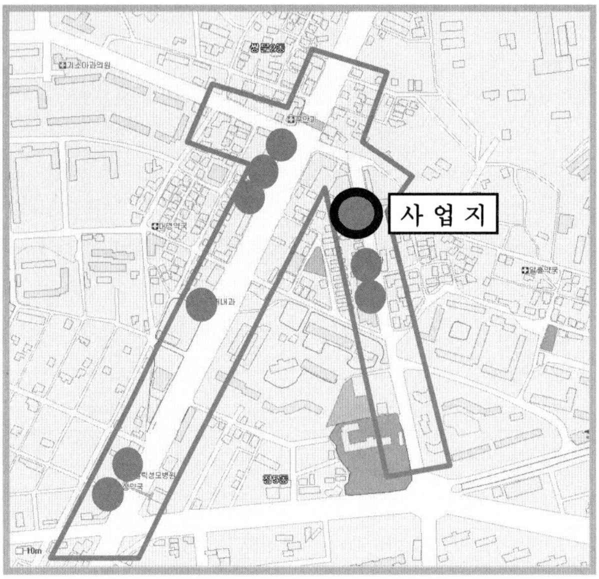


• 의원시설면적

- 사업지 주변의 병원시설은 단과병원 위주로 대부분이 도봉로변에 위치
- 사업지 인근 아파트 개발에 따라 약 4만 6천 명인 배후 인구(창동, 방학동, 쌍문동 인구의 15% 수준)와 새로 유입될 것으로 기대되는 1만 명의 추가 인구 및 주변에 낙후된 병원시설을 감안할 때, 다수의 단과의원을 하나로 묶어 Medical center형식으로 구성하는 것이 바람직하다 판단됨
- 적정병실규모 : 1.9평/명 × 20명 = 38평

  * 여기서 수용가능한 입원환자수는 입점 가능한 진료과목 중 입원환자제외 과목을 감안하여  법적입원환자 수용수에 대비해 산정하였고, 병실규모를 통해 적정의원규모를 추정하였음
- 진료실, 검사실, 환자대기실, 상담실, 수술실의 규모를 감안하여 1개 진료과목당 적정규모는 약 60평이 적절하다고 판단됨

# Ⅴ. 경제성 분석

## 적정 분양가 산정

□비교사례에 의한 분양가 산정

| 구 분 | 설 명 | 삼환프라자 | 라이프타임 | 현대 렉시온 | 대상타운 현대상가 | 도봉월드 |
|---|---|---|---|---|---|---|
| 1층 평당매매가격(천원/평) | | 13,700 | 14,000 | 21,700 | 20,000 | 30,000 |
| 위치보정 | 버스/전철과의 거리 | -0.50% | 2.00% | -2.00% | -2.00% | -2.00% |
| 규모보정 | 건물의 규모 | -1.00% | 0.00% | -1.00% | 2.00% | -5.00% |
| 시기보정 | 분양시기 | 5.00% | 2.00% | 2.00% | 4.00% | 1.00% |
| 깊이보정 | 도로접면에 따른 보정 | 5.00% | 1.00% | 3.00% | 4.00% | 4.00% |
| 배치보정 | 건축물의 배치보정 | 5.00% | 4.00% | 3.00% | -0.50% | -3.00% |
| 사정보정 | 건물수준 | 5.00% | 4.00% | -1.00% | 2.00% | -1.00% |
| 지가보정 | 개별공시지가 | -1.00% | 1.00% | -2.00% | -1.00% | -1.00% |
| MD보정 | 구성업종 사이의 연계성 | 4.00% | 3.00% | 2.00% | 1.00% | -1.00% |
| 상태보정 | 주변개발정도 | -1.00% | 1.00% | -3.00% | -2.00% | -3.00% |
| 종합보정 | 보정치의 합 | 20.50% | 18.00% | 1.00% | 7.50% | -11.00% |
| 평당 보정분양가격(천원/평) | | 16,509 | 16,520 | 21,917 | 21,500 | 26,700 |
| 평균 평당분양가격(천원/평) | | | | | | 20,629 |

- 사업지 인근 유사 사례의 건물 분양가 및 시세를 이용하여 사업지 건물의 적정분양가격을 도출
- 위치, 규모, 시기, 배치, 사정, 지가, MD 및 상태를 보정치로 적용
- 해당 건물의 1F 기준 평당 분양가를 나타냄
- 각각의 보정치를 적용한 결과 사업지 건물의 1F 적정 평당 분양가는 20,629천원으로 산정됨
- 건축 계획상 모든 점포들이 대로변을 접하고 있으므로, 주변 평당 분양가보다 우위를 점할 수 있을 것으로 판단됨

□층별 가격 분석

• 층별 가격지수

| 층별 | 가격지수 |
|---|---|
| B1 | 30.8 |
| F1 | 100.0 |
| F2 | 46.6 |
| F3 | 35.8 |
| F4 | 32.3 |
| F5 | 32.0 |
| F6 | 31.0 |
| F7 | 31.0 |

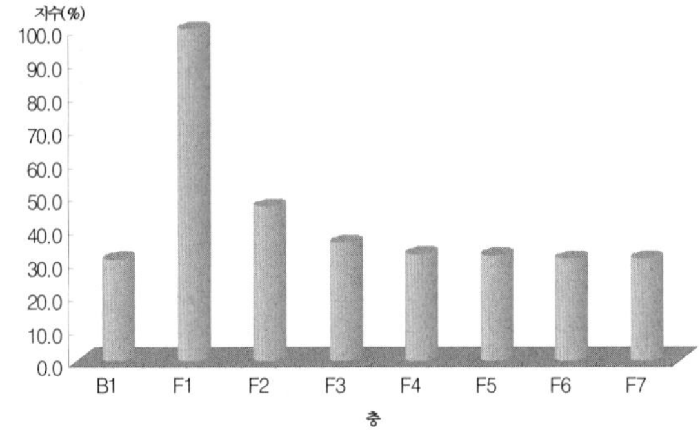


• 층별 가격 분석

사업지 인근 유사사례의 건물의 각 층별 가격지수를 보면, 지하 1층에 대비 지상 2층 가격비는 비교적 높게 형성되어, 지역 수요층의 지하층에 대한 시설이용도는 낮은 것으로 판단됨(지하층 분양시 경제성 저하)

- 지상 4층 이상은 크게 가격의 차이를 나타내지 않음
- 층별 가격지수와 건물규모 및 1층 가격에 따른 층별 분양가를 감안하여
  1층 20,000천원으로 볼 때,
  2층 8,000천원 / 3층 6,500천원 / 4층 6,000천원 / 5층 5,500천원이
  적정하다고 판단됨
- 단, 각 층별 접근성이나 입간판 효과가 좋은 위치는 층별 평당 가격에서 상향 가능함
  업종의 구성에 따라서도 일부 분양가격의 변동 가능함

## 경제성 분석

| | | |
|---|---|---|
| □분양수입 | | |
| • 판매시설 | | 2,581,369천원 |
| **분양수입 총계** | | **2,561,369천원** |
| | | |
| □투자자금 | | |
| • 토지비 | | |
| 토지매입비 | | 850,000천원 |
| 이전제비용 | 취·등록세, 기타제비용 | 51,000천원 |
| • 공사비 | | |
| 도급공사비 | 평당 1,800천원 | 639,864천원 |
| 인입공사비 | 평당 30천원 | 10,664천원 |
| 예술품장식품비 | 도급공사비에 포함 | |
| 예비비 | 매출액의 2% | 51,627천원 |
| 준공제세금 | 공사비의 3.2% | 20,476천원 |
| ▪인허가행정비 | | |
| 설계감리비 | 평당 30천원 | 35,548천원 |
| 기타비용 | 도급공사비의 1% | 121,681천원 |
| ▪분양경비 | | |
| 분양대행수수료 | 판매시설 매출액의 10% | 258,137천원 |
| 일반관리비 | 매출액의 2% | 51,627천원 |
| ▪금융비용 | 토지차입금의 8%(연) | 56,000천원 |
| | | |
| **투자자금 소계** | | **2,031,342천원** |
| **경상이익** | | **550,027천원** |
| **매출액 대비 21.3%의 투자수익을 얻을 수 있음** | | |

## 민감도 분석

- 본 사업 추진에 대한 매출대비 수익성(분양률 100% 대비)은 21.31%로 매우 양호한 것으로 나타나며, 5%의 민감도 분석을 실시한 결과
  - 공사비의 경우 +1.34%, −1.34%로 나타나고 있으며,
  - 분양가의 경우 +3.04%, −3.36%로 분양가의 변동이 수익성에 미치는 영향이 높은 것으로 분석되었음
- 이는 공사비가 일부 증가하더라도 분양가격을 최대한 획득할 경우 사업의 수익성에 긍정적인 파급효과를 가져올 수 있음
- 따라서, 건물 내·외관의 고급화를 선택해 일부 공사비의 상승을 감수하더라도 궁극적으로는 이익이 커질 수 있음을 의미함

# Ⅵ. 결론

- 사업지는 서울 북부권의 중심상권인 창동상권의 인근에 위치한 준주거지역으로서 창동 지하철역과 도봉대로로의 접근이 용이한 역세권 지역
- 사업지는 준주거지로서 주거와 상업시설의 효과적인 조화가 필요한 부지
- 주변의 배후주거단지 규모에 비하여 상대적으로 근린시장은 침체되어 있으나, 주변에 신규 공급되는 아파트(3,000여 세대)가 입주할 시점에는 상권의 활성화가 기대되는 지역
- 전통적인 주거밀집지역으로서 주거환경은 양호한 편이며, 최근 중대형 평형의 고급 아파트 공급이 증가하는 지역
- 따라서, 당 사업지는 신규 고급아파트 입주민을 겨냥한 근린생활시설의 공급이 타당하리라 판단됨
- 전체 근린상가로 계획시 적정 용도는 1층/2층/3층은 소규모 단위의 근린상가로 분양하고 4층 의원 / 5층 학원 / 6~7층 찜질방, 사우나(입점 결정)를 입점시키는 것이 타당하다고 판단됨

- 본 사업의 수익 규모는 5,500,270천원(매출액 대비 수익률 21.3%)으로 양호하게 나타남

- 따라서, 근생 상가로의 개발이 수익성과 분양성 양측면에서 안정적인 것으로 판단됨

# 경기도 구리시 OO동 근린생활시설 프로젝트

# Ⅰ. 프로젝트 개요

## 사업추진 목표

- 시설 운영에 대한 철저한 배려로 인한 분양 성공
- 주변상권을 리드하는 Land-Mark
- 집적효과를 활용한 고객 흡인력 강화

## 사업의 방향

- 지역 내 최대 규모로 집적효과 활용
- 주변업종의 분석을 통한 최선의 MD구성으로 임대운영자 수익 극대화
- 저가분양을 통한 구매자 프리미엄 보장으로 투자자 유인 확대
- 소규모 근린상권의 집적을 통한 독자적 상권형성 가능성 내포
- 구리역세권 활성화를 통한 지역 내 상업기능의 확대선상에 위치하여 향후 점진적 수요확보의 가능성 보유
- 경쟁체제보다 집적 효과를 거둘 수 있는 업종구성으로 주변상권의 발전을 이끄는 Land-Mark 효과 추구

## 사업지 위치 및 건축개요

- 대지위치 : 경기도 구리시 OO동
- 대지면적 : 2,760.90㎡(835.17평)
- 지역지구 : 준주거지역,
  지구단위계획구역
- 건축면적 : 1,914.30㎡(579.08평)
- 연 면 적 : 26,816.67㎡(8,112.04평)
  지상층 : 15,666.10㎡(4,738.99평)
  지하층 : 11,150.57㎡(3,373.05평)
- 층 수 : 지하 5층, 지상 10층
- 건 폐 율 : 69.34%
- 용 적 률 : 567.43%
- 주차대수 : 179대(법정 144대)
- 조경면적 : 415.90㎡(법정 414.14㎡)

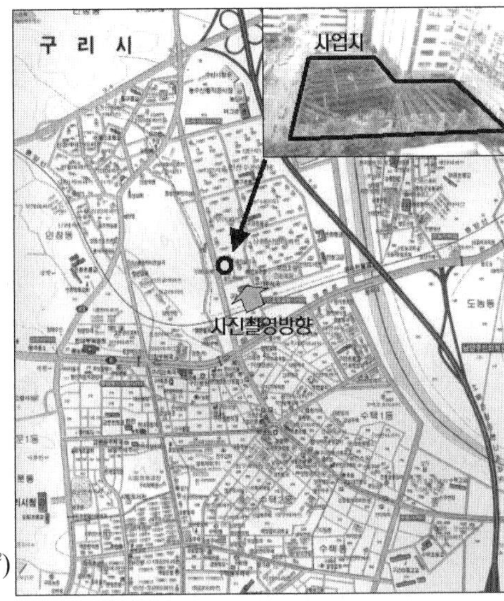

# Ⅱ. 환경 분석

## 지구단위계획

### □건축물의 용도

• 상세계획이 1997년 12월에 최종 변경, 확정되어 당해년도의 관계법규 적용
 - 건축법시행령 별표4제1호사목, 구리시건축조례 제26조제1호부터 제7호까지의 건축물
 단, 건축물의 용도변경시 최근 법규의 범위 안에서 가능

• 건축할 수 있는 건축물의 종류
 - 근린생활시설
 - 의료시설(격리병원은 제외)
 - 교육연구시설
 - 운동시설
 - 업무시설(오피스텔을 제외한다)
 - 판매시설(당해 용도에 사용되는 바닥면적의 합계가 3,000제곱미터 이상일 경우에는 폭 15미터 이상인 도로에 8미터 이상 접하여야 한다)
 - 관람집회시설(당해 용도에 사용되는 바닥면적의 합계가 3,000제곱미터 이상일 경우에는 폭 15미터 이상인 도로에 8미터 이상 접하여야 한다)
 - 전시시설(당해 용도에 사용되는 바닥면적의 합계가 3,000제곱미터 이상일 경우에는 폭 15미터 이상인 도로에 8미터 이상 접하여야 한다)

• 건물의 용도변경시 용도제한사항 (최근 법규 적용)
 - 건축법시행령 별표7 <준주거지역 안에서 건축할 수 있는 건축물> 제1항 라목인 제2종근린생활시설 중 단란주점 및 안마시술소는 허용이 제한됨

□배치 및 규모에 관한 검토

• 건축물의 용적률/건폐율 : 600% 이하/70% 이하
• 높이제한 : 40m(도시계획상 10층 이하)

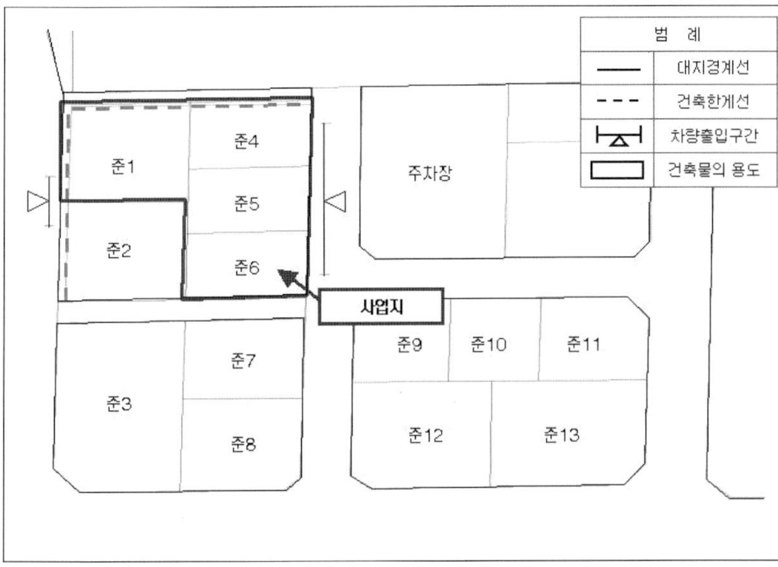

## 구리시 도시기본계획안

ㅁ계획의 목표: 역사문화도시, 친환경도시, 유통·서비스도시

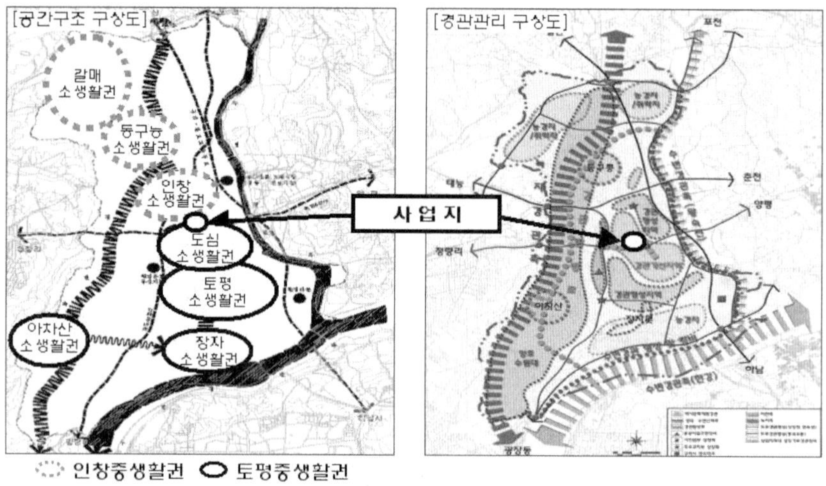


## 구리시 생활권 구분

| 구리시 전체 생활권 | 중생활권 | 소생활권 | 내용 |
|---|---|---|---|
| 구리시전체생활권 | 인창중생활권 | 갈매소생활권 | • 역세권개발(지구중심), 계획적 신시가지 조성, 벤처지원시설 입지 |
| | | 동구능소생활권 | • 조선전통 제례 체험장, 조선역사 전시관, 궁중음식단지 |
| | | 인창소생활권 | • 기존시가지정비 및 재개발, 신시가지 교육,왕숙천 둔치 조성, 쌈지공원 조성 |
| | 토평중생활권 | 도심소생활권 | • 상업, 업무금융, 쇼핑몰 조성,가로경관계획 |
| | | 토평소생활권 | • 기존시가지 정비, 계획적 신시가지 조성, 도시재개발, 왕숙천 둔치 조성 |
| | | 장자소생활권 | • 장자못 생태근린공원, 생태학습교육, 한강둔치 조성 |
| | | 아차산소생활권 | • 역사체험공간, 자연체험공간 |

• 구리시의 경우 생활권을 중분류하면 인창중생활권과 토평중생활권으로 나누며, 다시 7개의 소생활권으로 나눌 수 있음
• 본사업지는 인창중생활권에 속하는 인창동에 위치함
• 인창생활권은 유통/서비스의 기능과 신시가지의 기능을 주 기능으로 하며, 토평생활권은 행정/업무/상업기능과 환경기능을 주 기능으로 하고 있음

## 정책분석

□부동산 시장동향

[5 · 23 부동산안정화대책] (자료출처: 건교부 회의자료 2003. 5. 23)

• **목 표**

- 지속적인 저금리정책과 주식시장 침체 등으로 인한 시중 부동자금의 유입으로 과열양상을 보이는 주택시장의 안정화
- 분양권 전매제한을 대폭 강화
- 최근 집값 상승을 주도하고 있는 수도권 재건축시장의 안정화

• **주요 내용**

- 서울 등 수도권과 충청권 일부지역을 대상으로 하는 투기과열지구를 수도권 과밀억제권역과 성장관리권역(접경지역 · 도서지역 · 자연보전권역 중 일부 제외) 및 충청권 일부지역으로 대폭 확대하여 분양권 전매 전면 금지
- 투기과열지구 내에서 건설되는 주상복합아파트의 경우 주택연면적 90% 이상/세대수 300세대 이상의 경우 주택건설촉진법상의 사업승인 대상에 포함(기존 사업승인된 경우 제외)하여 분양권 전매를 제한하고, 주택공급도 일반아파트와 같이 청약통장 가입자에게 공급하도록 제한
- 투기과열지구 내에서는 사업승인 후에도 지역·직장조합 주택의 조합원 지위 전매 금지
- 재건축의 경우 투기과열지구 내에서 80% 이상 시공 후에 분양을 허용하기로 하여 사실상 후분양제 도입

[판매시설시장 현황] (자료출처: 상가114, 세중코리아)

• 5 · 23 부동산안정화대책 이후 투자자들이 주택시장에서 수익형 부동산인 오피스텔과 판매시설에 관심을 갖게 됨

- 반사이익의 기대감으로 기존에 주공아파트 단지 내 상가 외에 부진하던 판매시설시장이 5 · 23대책 이후 분위기가 반전되어 호조를 보임
- 주상복합판매시설, 근린판매시설, 테마형판매시설 등 전반적인 판매시설시장이 호조를 보임
- 기존에 비해 투자문의가 2배로 증가하였고, 계약률 역시 20~30%나 증가하였음
- 상가권리금과 임대료는 경기침체로 약세를 보이고 있으나, 분양가는 강세를 보임
- 최근 굿모닝시티 분양사기사건을 계기로 이르면 9월부터 상가도 아파트처럼 부지의 소유권을 완전히 확보해야 건축허가를 받을 수 있도록 하여 상가분양시장 안정 도모(건축법 시행규칙 재정 검토 착수)

# 지역 여건 분석

## □ 일반현황

• 인구 및 일반현황 (자료출처: 구리시청, 2002년 12월)

| 구분 | 항목(단위) | | 구리시 | 인창동 | 비율 |
|---|---|---|---|---|---|
| 인구 | 인구수 | 남(명) | 96,826 | 12,111 | 12.51% |
| | | 여(명) | 96,807 | 12,261 | 12.67% |
| | | 합계 | 193,633 | 24,372 | 12.59% |
| | 세대수 | | 65,858 | 8,080 | 12.27% |
| | 세대당인구(명) | | 2.94 | 3.02 | |
| 주택 | 단독(호) | | 4,435 | - | |
| | 아파트(호) | | 25,296 | - | |
| | 연립 및 다세대(호) | | 6,414 | - | |
| 학교 | 학교수(개교) | | 24 | - | |
| 사업체 | 사업체수 | | 9,933 | 1,068 | 10.75% |
| | 종사자(명) | | 39,343 | 5,448 | 13.85% |

## □ 세대수 현황

• 연도별 세대수 현황

(자료출처 : 구리시청, 2002년 12월)

| 연도 | 세대수 | 인구수 |
|---|---|---|
| 1997 | 56,423 | 164,887 |
| 1998 | 54,676 | 164,268 |
| 1999 | 54,993 | 166,751 |
| 2000 | 55,933 | 170,008 |
| 2001 | 61,002 | 185,494 |
| 2002 | 65,202 | 193,214 |

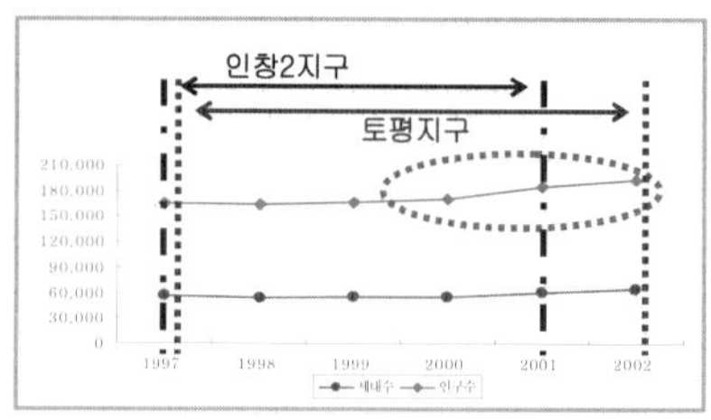


• 동별 세대수 현황

| 동명 | 인구수 | 세대수 |
|---|---|---|
| 갈매동 | 3,514 | 1,391 |
| 동구동 | 41,280 | 13,122 |
| 인창동 | 24,372 | 8,080 |
| 교문1동 | 17,136 | 6,672 |
| 교문2동 | 27,063 | 8,348 |
| 수택1동 | 24,200 | 8,987 |
| 수택2동 | 31,054 | 10,761 |
| 수택3동 | 25,014 | 8,497 |

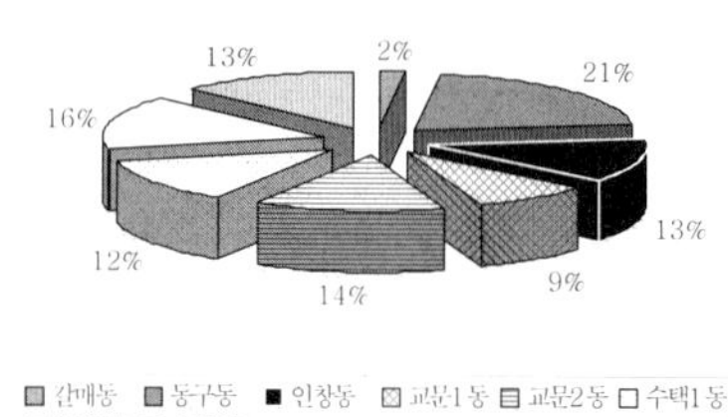


- 구리시의 경우 인구추이를 볼 때 매년 조금씩 증가하는 추세이며 특히 2000년에서 2001년 사이에 높은 증가율을 보이고 있는데 이것은 토평택지개발지구를 포함한 대규모택지개발로 인한 영향으로 판단됨
- 특히 2000년부터 2001년 사이에 인창2지구사업과 토평지구사업이 함께 완료되어 입주가 거의 끝나가는 시기에 나타나는 현상으로 판단됨
- 인창2지구(사업기간: 93~01년, 구리시)/토평지구(사업기간: 96~02년, 주택공사)
- 구리시는 인창중생활권과 토평중생활권으로 나뉘는데, 그 중 인창중생활권에 포함되는 인창동의 경우 13%의 비율을 차지하며 동별로 균등 배분되어 있음

□입지환경

- 경기도 동북부에 위치하여 8개의 행정동으로 구성
- 서울시 4개구 및 남양주시·하남시와 인접하고 있어 개발가능성이 높은 지역
- 서울시의 배후주거기능과 수도권 동북부의 농수산물 유통기능을 수행

- 광역 교통망 구축으로 경기북부/동북부지역과 강원지역을 연결하는 교통교차지에 입지
- 동구능, 아차산, 왕숙천 및 한강 등 역사와 문화, 그리고 관광자원이 풍부한 지역

□자연환경

- 동측으로 왕숙천, 서측으로 아차산, 남측으로 한강을 경계로 한 서고동저의 구릉지로 형성
- 남북으로 길게 늘어진 대상형 도시

□인문·사회환경

- 생활편의시설로는 LG백화점, 구리농수산물 도소매시장 및 대형할인매장인 롯데마그넷, 종합병원인 한양대학병원 등이 있음
- 행정 관련 기관으로는 구리소방서, 구리시립도서관, 남양주세무서, 우체국, 의료보험조합, 한국전력공사, 농수산물통계사무소, 구리출장소 등이 있음

□교통환경

- 서울외곽순환고속국도, 6번·43번·47번 국도, 강변북로 등 도로망이 발달한 도시
- 경춘선복선화를 통한 구리 전철역 개통 (기존 2004년에서 2005년으로 지연)
- 퇴계원 I·C, 구리 I·C, 토평 I·C가 접해 있음

□배후 지역 아파트 현황

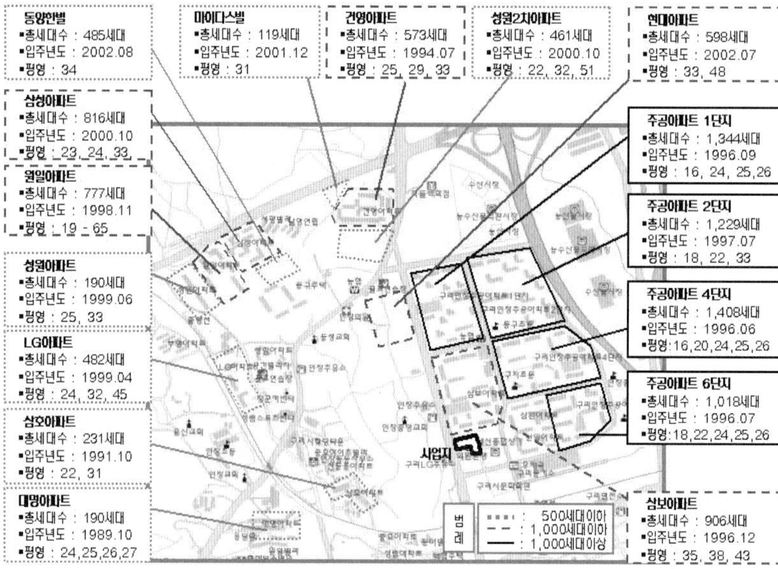


- 배후지 인구 현황
  - 배후지 총 세대수 : 11,457세대
  - 인창동 인구 : 24,372명
  - 구리시 인구 : 193,633명

- 배후지 상권 현황
  - 대형마트 2개소 : 롯데마그넷, LG백화점
  - 농수산물 도·소매시장 2개소

- 대상건물에 대한 배후 지역을 인창동으로 한하며, 주변에 아파트가 주를 이루고 있으므로 아파트 거주인구를 유효수요자로 선정함
- 배후지 아파트를 단지세대수를 기준으로 500세대 미만, 1,000세대 미만, 1,000세대 이상으로 나누어 분류하였음
- 서울 중랑구지역과 노원구 지역 및 남양주시에 걸쳐 구리시 상권이 확장되고 있으며, 이로 인해 도소매업 및 운수·창고 사업체수와 종업원수가 증가하여 유통업 특화도시로 변모하고 있음
- 대형할인매장과 백화점의 등장으로 소규모 도소매업은 열세를 면치 못하는 실정임

## □지역시장 현황

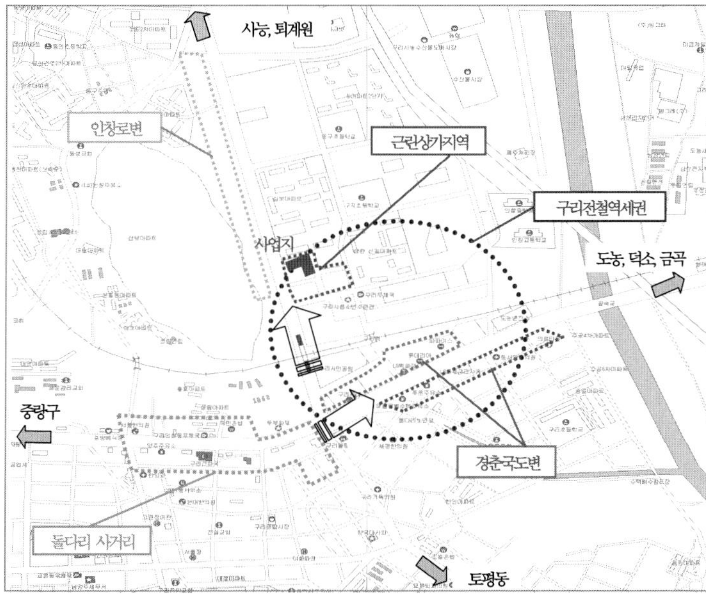


**• 돌다리 사거리**

- 돌다리 사거리 일대는 유흥·위락·판매시설 밀집지역으로 수도권 북동쪽의 중심
- 구리시 상주인구 및 유동인구에 의한 수요가 많은 지역으로 동쪽으로는 도농동·금곡·평내·덕소 일대, 북쪽으로는 사능·퇴계원일대, 서쪽으로는 중랑구에 이르는 지역을 대상으로 하고 있음
- 오전시간대는 40~50대의 유동인구가 많으며, 오후시간대는 10~30대의 유동인구가, 심야시간대는 10~20대의 유동인구가 많음

**• 경춘국도변**

- 구리 LG백화점 입점으로 인하여 형성되기 시작한 곳으로 구리씨네, 피자헛 등의 추가 입점으로 유동인구 증가
- 최근에는 LG백화점 맞은편으로 의류아울렛 매장이 형성되어, 백화점 등과 더불어 의류타운거리로 조성
- 구리전철역세권으로 인한 활성화 예상

**• 인창로변**

- 기존의 1~2층의 노후 건물이 재건축되는 지역으로 근린생활시설이 주로 분포
- 내부순환로, 서울외곽순환고속국도 이용차량의 증가로 향후 꾸준한 수요가 존재

**• 근린상가지역**

- 사업지가 위치한 인창동 택지개발지구 내 근린상가 지역으로 주 이용객은 인창동 상주인구이며, 일부 돌다리 사거리 이용인구가 유입되고, 내부순환로 등의 이용객과 마그넷·농수산물 도매시장의 이용객 유입
- 교통접근성이 양호하고, 주차시설이 양호하여 꾸준한 수요가 존재
- 구리전철역세권으로 인한 토지이용계획상의 변화 예상(나대지에 대한 개발붐 형성기대)

□근린시장 현황

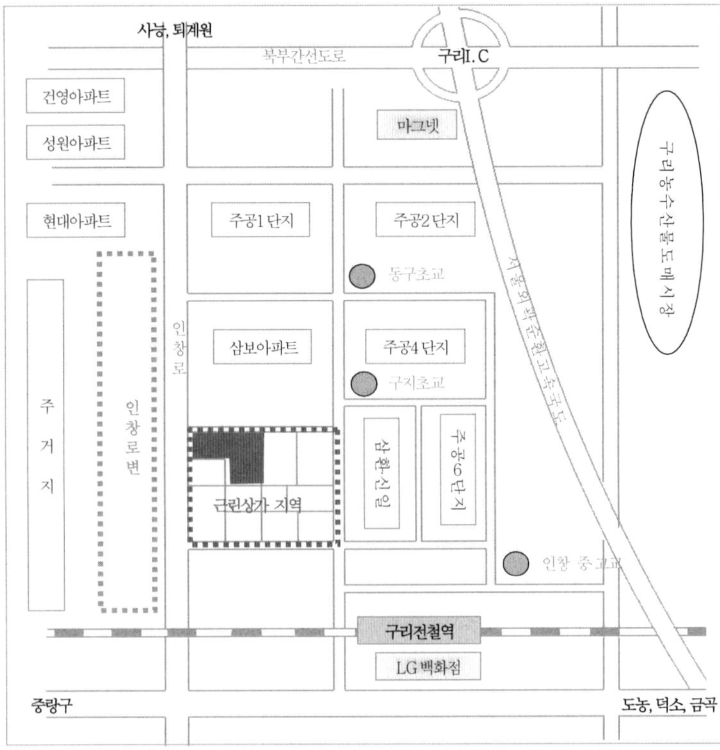


• 현황

[인창로변]
- 기존 1~2층의 노후 건물이 재건축되고 있는 추세
- 음식점과 병·의원이 주로 분포되어 있음

[근린상가지역]
- 8~10층 규모 건물이 주를 이루고 있으며, 일부 나대지가 존재하고 있음
- 음식점을 비롯한 근린생활시설과 일부 유흥·위락 시설이 분포되어 있음

• 상권잠재력
- 2004년 12월 개통 예정인 중앙선(청량리~덕소) 구리전철역에서 반경 200m 이내에 위치하고 있어 도보 3분 거리에 있음 → 구리전철역세권 형성으로 높은 개발잠재력 보유
- 사업지 인근 아파트 세대수는 11,457세대로 상주인구에 의한 충분한 수요가 존재 → 풍부한 배후주거단지

## □사업지 주변 판매시설 시세 현황

- 사업지 주변의 매매가 및 분양가는

- 1F 기준
  매매가는 평당 22,000~25,000천원,
  임대료는 50,000/2,000천원 정도로
  형성

- 2F 기준
  매매가는 평당 7,000~8,000천원,
  임대료는 15평기준 20,000/7,000천원
  정도로 형성

- 동원플레이스테이션 분양가는 주변 매매가와 비슷한 수준에서 형성되어 있으며, 세신다인코아의 경우는 2년 전의 분양가격임

(단위:천원)

1. 삼원골드프라자

| 층 | 매매가/평 | 임대가 |
|---|---|---|
| B1 | 5,000 ~6,000 | 5,000/500 |
| 1F | 22,000 ~25,000 | 10평기준 50,000/2,000 |
| 2F | 7,000 ~8,000 | 15평기준 20,000/600 |
| 3F | 6,000 ~7,000 | 20,000/300 |
| 4F | 5,000 ~6,000 | 20,000/300 |
| 5F | 5,000 ~6,000 | 15,00/300 |
| 6F | 5,000 ~6,000 | 10,000/300 |
| 7F | 4,000 ~5,000 | 10,000/300 |
| 8F | 4,000 ~5,000 | 5,000/300 |

2. 화성골드프라자

| 층 | 매매가 | 임대가 |
|---|---|---|
| B1 | 5,000 ~6,000 | 5,000/500 |
| 1F | 23,000 ~25,000 | 10평기준 50,000/2,000 |
| 2F | 7,000 ~8,000 | 15평기준 20,000/700 |
| 3F | 6,000 ~7,000 | 20,000/500 |
| 4F | 5,000 ~6,000 | 20,000/400 |
| 5F | 5,000 ~6,000 | 25,000/300 |
| 6F | 5,000 ~6,000 | 10,000/300 |
| 7F | 4,000 ~5,000 | 10,000/300 |
| 8F | 4,000 ~5,000 | 5,000/300 |
| 9F | 4,000 ~5,000 | 5,000/300 |
| 10F | 4,000 ~5,000 | 5,000/300 |

3. 세신리빙프라자

| 층 | 매매가 | 임대가 |
|---|---|---|
| B1 | 5,000 ~6,000 | 5,000/500 |
| 1F | 23,000 ~25,000 | 10평기준 50,000/2,000 |
| 2F | 7,000 ~8,000 | 15평기준 20,000/700 |
| 3F | 6,000 ~7,000 | 20,000/500 |
| 4F | 5,000 ~6,000 | 20,000/400 |
| 5F | 5,000 ~6,000 | 15,000/300 |
| 6F | 5,000 ~6,000 | 10,000/300 |
| 7F | 4,000 ~5,000 | 10,000/300 |
| 8F | 4,000 ~5,000 | 5,000/300 |
| 9F | 4,000 ~5,000 | 5,000/300 |
| 10F | 4,000 ~5,000 | 5,000/300 |

4. 세신훼미리타운

| 층 | 매매가 | 임대가 |
|---|---|---|
| B1 | 5,000 ~6,000 | 5,000/500 |
| 1F | 23,000 ~25,000 | 10평기준 50,000/2,000 |
| 2F | 7,000 ~8,000 | 20,000/500 |
| 3F | 6,000 ~7,000 | 20,000/500 |
| 4F | 5,000 ~6,000 | 20,000/400 |
| 5F | 5,000 ~6,000 | 15,000/300 |
| 6F | 5,000 ~6,000 | 10,000/300 |
| 7F | 4,000 ~5,000 | 10,000/300 |
| 8F | 4,000 ~5,000 | 5,000/300 |
| 9F | 4,000 ~5,000 | 5,000/300 |

5. 인창종합상가

| 층 | 매매가 | 임대가 |
|---|---|---|
| B1 | 5,000 ~6,000 | 5,000/500 |
| 1F | 23,000 ~25,000 | 10평기준 50,000/2,000 |
| 2F | 7,000 ~8,000 | 15평기준 20,000/700 |
| 3F | 6,000 ~7,000 | 20,000/500 |
| 4F | 5,000 ~6,000 | 20,000/400 |
| 5F | 5,000 ~6,000 | 15,000/300 |
| 6F | 5,000 ~6,000 | 10,000/300 |
| 7F | 4,000 ~5,000 | 10,000/300 |
| 8F | 4,000 ~5,000 | 5,000/300 |
| 9F | 4,000 ~5,000 | 5,000/300 |
| 10F | 4,000 ~5,000 | 5,000/300 |

6. 신아월드코아빌딩

| 층 | 매매가 | 임대가 |
|---|---|---|
| B1 | 5,000 ~6,000 | 5,000/500 |
| 1F | 23,000 ~25,000 | 10평기준 50,000/2,000 |
| 2F | 7,000 ~8,000 | 15평기준 20,000/700 |
| 3F | 6,000 ~7,000 | 20,000/500 |
| 4F | 5,000 ~6,000 | 20,000/400 |
| 5F | 5,000 ~6,000 | 15,000/300 |
| 6F | 5,000 ~6,000 | 10,000/300 |
| 7F | 4,000 ~5,000 | 10,000/300 |
| 8F | 4,000 ~5,000 | 5,000/300 |
| 9F | 4,000 ~5,000 | 5,000/300 |

7. 세신다인코아

| 층 | 면적(평) | 분양가 |
|---|---|---|
| B1 | 430 | 8,000 |
| 1F | 250 | 18,000 |
| 2F | 430 | 7,500 |
| 3F | 430 | 7,000 |
| 4F | 430 | 6,700 |
| 5F | 430 | 5,500 |
| 6F | 430 | 5,200 |
| 7F | 430 | 4,500 |
| 8F | 430 | 4,200 |
| 9F | 430 | 4,200 |
| 10F | 430 | 4,500 |

8. 동원플레이스테이션

| 층 | 면적(평) | 분양가 |
|---|---|---|
| B1 | 322.53 | 9,000 |
| 1F | 252.11 | 23,000 ~25,000 |
| 2F | 268.7 | 9,000 |
| 3F | 268.7 | 8,000 |
| 4F | 268.7 | 8,000 |
| 5F | 268.7 | 7,500 |
| 6F | 268.7 | 7,500 |
| 7F | 268.7 | 7,000 |
| 8F | 268.7 | 7,000 |
| 9F | 268.7 | 9,000 |

※ 임대가 : 보증금 / 월세

# Ⅲ. SWOT 분석

□SWOT 분석

| Strength | Weakness |
| --- | --- |
| ▪ 사면이 도로에 접하여 사업지내로 접근이 양호한 부지<br>▪ 지하3층까지 완공된 기존건물위로 건축공사시 구조적 문제가 없는 부지<br>▪ 1층 일부와 2층을 제외한 전층이 계약자가 결정되어 있음 | ▪ 부지형태가 ㄱ자형으로 30m 전면도로에 대해 자루형 획지이고, 인접건물에 의한 결절효과발생으로 분양성 침해 우려가 있는 부지<br>▪ 공사가 중단된 부지로 사업지에 대한 이미지 개선의 고려가 필요한 부지<br>▪ 사업지 동쪽 주차타워로 인한 차량통행 증가로 이면부 상가의 소음 및 안전에 악영향 |
| 강 점 | 약 점 |
| 가능성 | 위험성 |
| ▪ 구리전철역과 인접한 역세권으로 개발 잠재력 증가<br>▪ 북부간선도로, 서울외곽순환고속국도를 통한 사통팔달의 교통 편리성 및 사업지로의 접근성 증대<br>▪ 상주인구인 인근 아파트 배후주거지(11,457세대)로 인한 지속적인 상권유지가 가능한 지역<br>▪ 사업지 인근에 소방서, 구리등기소, 청소년수련원, 복지시설 등의 공공시설이 입지하여 꾸준한 유동인구 발생 | ▪ 사업지 주변 기존건물의 소형 근생시설이 다수 분포하고 있어 기존 시설들과의 경쟁 심화 우려<br>▪ 구리역 개통시 경춘국도변 상권이 지나치게 활성화될 경우 이면부 상권의 침해 우려 있음 |
| Opportunity | Threat |

# Ⅳ. 용도컨셉 구상

□ 사업지 인근 1, 2층 상가 용도 분석 및 구상

〈인근지역 업종분포 – 전체〉

| 구 분 | 업무시설 | 외식업 | 교육시설 | 서비스업 | 의료시설 | 의류, 잡화 | 생활편의시설 | 휴게시설 | 공공시설 | 기타 | 공업용품 | 총계 |
|---|---|---|---|---|---|---|---|---|---|---|---|---|
| 상점수 | 153 | 87 | 85 | 57 | 46 | 38 | 30 | 17 | 11 | 4 | 1 | 529 |
| 비 율 | 28.9% | 16.4% | 16.1% | 10.8% | 8.7% | 7.2% | 5.7% | 3.2% | 2.1% | 0.8% | 0.2% | 100.0% |

〈인근지역 업종분포 – 1층〉

| 구 분 | 의류 잡화 | 업무시설 | 서비스업 | 외식업 | 생활편의시설 | 휴게시설 | 의료시설 | 공업용품 | 공공시설 | 교육시설 | 기타 | 총계 |
|---|---|---|---|---|---|---|---|---|---|---|---|---|
| 상점수 | 21 | 19 | 17 | 16 | 9 | 4 | 3 | 0 | 0 | 0 | 0 | 89 |
| 비율(%) | 23.6% | 21.3% | 19.1% | 18.0% | 10.1% | 4.5% | 3.4% | 0.0% | 0.0% | 0.0% | 0.0% | 100.0% |

〈인근지역 업종분포 – 2층〉

| 구 분 | 외식업 | 업무시설 | 서비스업 | 의류, 잡화 | 생활편의시설 | 의료시설 | 교육시설 | 휴게시설 | 기타 | 공업용품 | 공공시설 |
|---|---|---|---|---|---|---|---|---|---|---|---|
| 상점수 | 26 | 16 | 10 | 8 | 8 | 6 | 4 | 2 | 1 | 0 | 0 |
| 비율(%) | 32.1% | 19.8% | 12.3% | 9.9% | 9.9% | 7.4% | 4.9% | 2.5% | 1.2% | 0.0% | 0.0% |

• 인근지역 업종분석

- 주 업종분포는 업무시설 > 외식업 > 교육시설 순으로 나타나고 있음. 이는 구리시내에서 업무시설의 입지 가능지역이 적으며, 본 사업지 인근의 교통 접근성이 양호하기 때문임
- 외식업, 교육시설의 분포가 많은 것은, 11,457세대의 배후인구로 고정적인 수요가 많기 때문이며, 대부분 성업중에 있음
- 사업지 주변건물은 규모에 상관없이 저층부는 판매, 근린생활시설이, 중·고층부는 업무, 교육시설이 주를 이루고 있으며, 주로 10~15평 내외의 소규모 근린생활시설이 많이 분포되어 있음
- 따라서, 소형보다는 대형시설에 대한 수요가 존재함에도 불구하고 입지가 힘든 상황임
- 향후, 구리지하철역 개통으로 인한 역세권 형성시 사업지 인근에 대한 대형시설의 입지 수요가 더욱 증대될 것으로 보이며, 교통접근성이 양호하여 보다 넓은 지역을 대상으로 하는 시설입지가 가능할 것으로 보임

• 층별 업종분석

- 인창동 상권에서 1층에 차지하는 비율이 의류 · 잡화, 업무시설, 서비스업, 외식업 등의 순으로 나타나지만 비슷한 분포를 보이고, 대상지 주변으로 부동산 및 분식점 등이 많으며, 업무시설이 부족한 지역여건을 고려하여 업종분석을 할 때, 베이커리, 일반음식점, 사무용품점, 약국, 패스트푸드점 등의 입지가 강할 것으로 판단됨
- 2층은 외식업의 비율이 1/3의 분포에서 보듯 그 수에서 압도적이고, 대형업무시설의 입지가 부족한 것을 감안하면 업무시설의 수가 증가할 것으로 보이며, 이에 대형 전문식당가가 형성될 것으로 보여짐
- 따라서 2층의 경우는 전문식당가를 비롯한 업무시설종사자를 대상으로 한 호프, 주점의 입지가 강할 것으로 판단됨

□ 사업지 인근 1, 2층 상가 용도 분석 및 구상

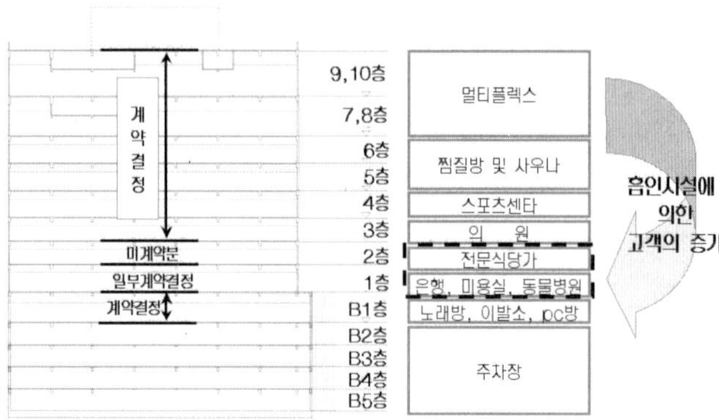


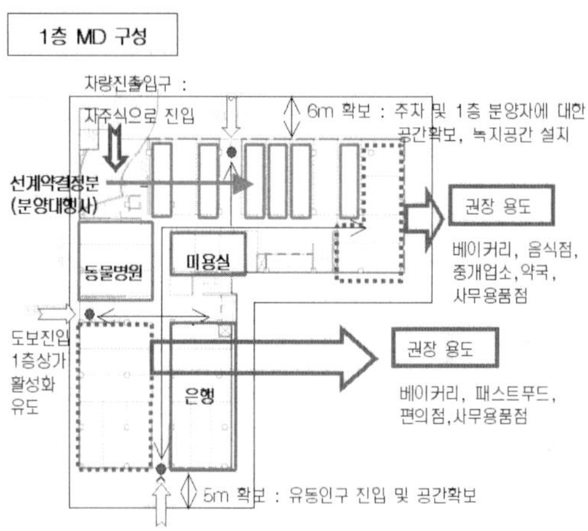


• 그 외 층 MD 구성

- 지하1층 : 노래방, 이발소, PC방
- 2층 : 전문식당가, 호프, 주점
- 3층 : 의원
- 4층 : 스포츠센터
- 5,6층 : 찜질방, 사우나
- 7,8층 : 멀티플렉스

# Ⅴ. 적정분양가 도출

## 비교사례 분석

| 구 분 | 설 명 | 동원 플레이스테이션 | 세신 다인코아 | 삼원골드 | 화성골드 |
|---|---|---|---|---|---|
| 1층 평당매매가격(천원/평) | | 24,000 | 18,000 | 23,500 | 24,000 |
| 위치보정 | 버스정류장과의 거리 | -5.00% | -5.00% | -0.25% | -0.88% |
| 규모보정 | 건물의 규모 | 2.50% | 0.00% | 5.00% | 0.00% |
| 사정보정 | 건물수준 | -2.00% | -1.00% | 5.00% | 5.00% |
| 지가보정 | 개별공시지가 | -5.00% | -5.00% | 0.00% | -0.13% |
| MD보정 | 구성업종 사이의 연계성 | 0.50% | 2.00% | 5.00% | 4.00% |
| 상태보정 | 주변개발정도 | -5.00% | -4.00% | 1.00% | 0.00% |
| 종합보정 | 보정치의 합 | -14.00% | -13.00% | 15.75% | 8.00% |
| 평당 보정분양가격(천원/평) | | 20,640 | 15,660 | 27,201 | 25,919 |
| 평균 평당분양가격(천원/평) | | | | | 22,355 |

- 사업지 인근 유사 사례의 건물 분양가 및 시세를 이용하여 사업지 건물의 적정분양가격을 도출
- 위치, 규모, 사정, 지가, 업종, 상태를 보정치로 적용하여 해당 건물의 1F 기준 평당 분양가를 나타냄
- 각각의 보정치를 적용한 결과 사업지 건물의 1F 적정 평당분양가는 22,355천원으로 산정됨
- 기 소유자의 부도로 인한 공사중단으로 분양성이 악화된 점을 고려하고, 주변 시세에 비하여 낮은 분양가를 책정함으로써 적정 개발프리미엄을 얻고자 산출한 분양가에서 평당 2,500~3,000천원을 할인한 19,000~20,000천원선에서 분양가격을 책정함이 타당할 것으로 판단됨

## 층별가격 분석

| 층 | 가격지수 |
|---|---|
| B1 | 27.5% |
| 1F | 100.0% |
| 2F | 33.4% |
| 3F | 29.4% |
| 4F | 26.1% |
| 5F | 25.0% |
| 6F | 24.8% |
| 7F | 20.9% |
| 8F | 20.7% |
| 9F | 22.1% |
| 10F | 20.3% |

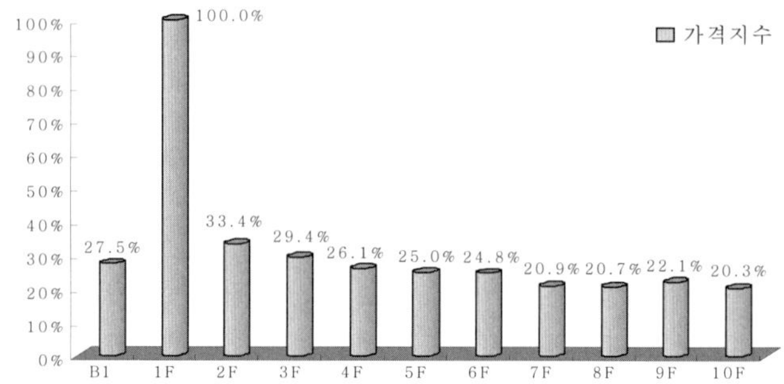


- 사업지 인근 유사사례 건물의 각 층별 가격지수를 보면, 1층 가격을 기준으로 2층 평당가격이 1/3 수준인 것으로 보아, 그 차이가 서울 일반근린생활시설에 비하여 큰 것으로 조사됨
  (서울 근린생활시설의 일반적 층별 가격비 1층 : 2층 = 100 : 50)
- 상대적으로 지하 1층 대비 지상 2층 가격비는 비교적 높게 형성되어, 지역 수요층의 지하층에 대한 이용 호감도는 낮은 것으로 나타남
- 지상 5층 이상은 크게 가격의 차이를 나타내지 않음
- 따라서, 해당 사업지의 분양가격은 1층 19,000 ~ 20,000천원/평으로 볼 때,
  2층 6,500 ~ 7,000천원/평,
  3층 5,500 ~ 6,000천원/평,
  4층 4,500 ~ 5,000천원/평,
  5층 이상 3,000천원/평
- 단, 각 층별 접근성이나 입간판 효과가 좋은 위치는 층별 평당가격에서 상향가능하고 업종의 구성에 따라서도 일부 분양가격의 변동 가능함

# Ⅵ. 경제성 분석

**□분양수입**

| | | |
|---|---|---|
| • 판매시설 | 46,938,390천원 | |
| **분양수입 총계** | | **46,938,390천원** |

**□투자자금**

| | | |
|---|---|---|
| • 토지비 | | |
| 토지매입비 | | 15,000,000천원 |
| 이전제비용 | 취·등록세, 기타 제비용 | 900,000천원 |
| • 공사비 | | |
| 도급공사비 | 총공사지－기투입공사비 | 12,168,060천원 |
| 인입공사비 | 평당 20천원 | 162,241천원 |
| 예술품 장식품비 | 도급공사비에 포함 | |
| • 인허가행정비 | | |
| 설계감리비 | 평당 30천원 | 243,361천원 |
| 기타 비용 | 도급공사비의 1% | 121,681천원 |
| • 분양경비 | | |
| 분양대행수수료 | 판매시설 매출액의 10% | 4,693,839천원 |
| • 기타 추진비 | | |
| 보존·등기비 | 공사비의 3.2% | 389,378천원 |
| 일반관리비 | 매출액의 2% | 938,768천원 |
| 예비비 | 매출액의 2% | 938,768천원 |
| • 금융비용 | 토지차입금의 8%(연간) 1,080,000천원 | |
| **투자자금 소계** | | **6,712,607천원** |

**□경상이익** **10,302,295천원**

**매출액 대비 21.9%의 투자수익을 얻을 수 있음**

## 민감도 분석

- 본 사업 추진에 대한 매출대비 수익성(분양률 100% 대비)은 21.95%로 매우 양호한 것으로 나타나며, 5%의 민감도 분석을 실시한 결과
  - 공사비의 경우 +1.39%, −1.4%로 나타나고 있으며,
  - 분양가의 경우 +3.05%, −3.37%로 분양가의 변동이 수익성에 미치는 영향이 높은 것으로 분석
- 이는 공사비가 일부 증가하더라도 분양가격을 최대한 획득할 경우 사업의 수익성에 긍정적인 파급 효과를 가져올 수 있음을 나타내며,
- 따라서, 건물 내·외관의 고급화를 선택해 일부 공사비의 상승을 감수하더라도 궁극적으로는 이익이 커질 수 있음을 의미함

# Ⅶ. 결론

- 구리전철역(2005년 개통)과 인접한 역세권으로 사업지로서의 접근성이 양호하고 개발 잠재력이 존재하는 지역임
- 인근 아파트 11,457세대의 풍부한 상주인구가 존재하여 지속적인 상권 유지가 가능한 지역임
- 사업지는 1층의 일부와 2층을 제외한 전층이 계약된 상태임

  지하 1층은 노래방, 이발소, PC방

  지상 1층의 일부는 은행, 미용실, 동물병원

  지상 3층은 의원

  지상 4층은 스포츠센터

  지상 5, 6층은 찜질방 및 사우나

  지상 7~10층은 멀티플렉스 및 부대시설이 계약결정됨

- 구리시에서 대규모 업무시설의 입지가 예상되는 사업지 인근지역의 업종을 분석한 결과

  1층은 베이커리, 일반음식점, 사무용품점, 약국, 패스트푸드점 등이 입지성이 양호하고, 한식당을 비롯한 대형전문식당가를 2층에 구성함이 타당하다고 판단됨
- 기 계약이 결정된 부분이 많은 관계로 특별히 분양에는 어려움이 없을 것으로 판단됨
- 본 사업 추진에 대한 매출액은 총 46,938,390천원이고 경상이익은 10,302,295천원으로 매출대비 21.95%로 매우 양호하며,

  5%의 민감도 분석을 실시한 결과

  - 공사비의 경우 +1.39%, －1.4%로 나타나고 있으며,
  - 분양가의 경우 +3.05%, －3.37%로

  분양가의 변동이 수익성에 미치는 영향이 높은 것으로 분석되었음
- 상기 자금 흐름표상 10개월 후 약 25,302,295천원의 수익이 예상되며,

  자기자본과 차입자금을 상계시키더라도 약 10,302,295천원의 수익이 발생하는 것으로 나타남

# 강동구 첨단업무단지 OO 프로젝트

# Ⅰ. 프로젝트 개요

## 사업개요

□강동구 강일2지구 택지개발지구 내 첨단업무단지

<table>
<tr><th rowspan="2">시설명</th><th rowspan="2" colspan="2">가구 또는 획지번호</th><th rowspan="2">위 치</th><th colspan="2">면적(㎡)</th><th rowspan="2">비 고</th></tr>
<tr><th>㎡</th><th>평</th></tr>
<tr><td rowspan="17">도시지원시설</td><td colspan="2">총 계</td><td>-</td><td>47,866</td><td>14,479</td><td rowspan="11">• 사회복지시설의 폐지에 따른 복지확대와 도로개설로 4개의 획지 분할<br>• 도2의 경우 효율적인 토지이용을 위하여 획지분할 가능선 지정</td></tr>
<tr><td colspan="2">도1-1</td><td>강동구 상일동 367-4잡 일원</td><td>27,604</td><td>8,350</td></tr>
<tr><td colspan="3">도1 합계</td><td>27,604</td><td>8,350</td></tr>
<tr><td rowspan="2">도 2-1</td><td>-1</td><td rowspan="2">강동구 상일동 380 일원</td><td>1,780</td><td>538</td></tr>
<tr><td>-2</td><td>1,636</td><td>495</td></tr>
<tr><td rowspan="2">도 2-2</td><td>-1</td><td rowspan="2">강동구 상일동 381 일원</td><td>1,560</td><td>472</td></tr>
<tr><td>-2</td><td>1,484</td><td>449</td></tr>
<tr><td rowspan="2">도 2-3</td><td>-1</td><td rowspan="2">강동구 상일동 383-1 일원</td><td>1,297</td><td>392</td></tr>
<tr><td>-2</td><td>1,366</td><td>413</td></tr>
<tr><td colspan="3">도2 합계</td><td>9,123</td><td>2,760</td></tr>
<tr><td rowspan="2">도 3-1</td><td>-1</td><td rowspan="2">강동구 상일동 373-1 일원</td><td>2,835</td><td>858</td></tr>
<tr><td>-2</td><td>2,703</td><td>818</td><td rowspan="6">• 도시자족적 기능 강화를 위하여 업무용지를 도시지원 시설용지로 변경<br><br>• 효율적인 토지이용을 위하여 2개의 획지로 구획, 각각의 획지에 획지분할가능선 지정</td></tr>
<tr><td rowspan="2">도 3-2</td><td>-1</td><td rowspan="2">강동구 상일동 374-1 일원</td><td>2,512</td><td>760</td></tr>
<tr><td>-2</td><td>3,089</td><td>934</td></tr>
<tr><td colspan="3">도3 합계</td><td>11,139</td><td>3,370</td></tr>
</table>

## 개발계획

□기본방향

- 대규모 최첨단 지식기반 산업을 유치, 지역경제 기반 강화
- 주거와 일자리가 공존하고 성장동력이 내재된 풍요로운 자족도시 건설
- 사업기간 : 2005 ~ 2010년

□중점 유치업종

- IT, BT, NT 등 차세대 성장동력 산업을 중심으로 한 첨단업종
- 연구소, 정보처리, 전문과학 및 기술 서비스업
- 고용 창출을 유발할 수 있는 친환경 도시형 공장

## 사업지 토지이용 계획

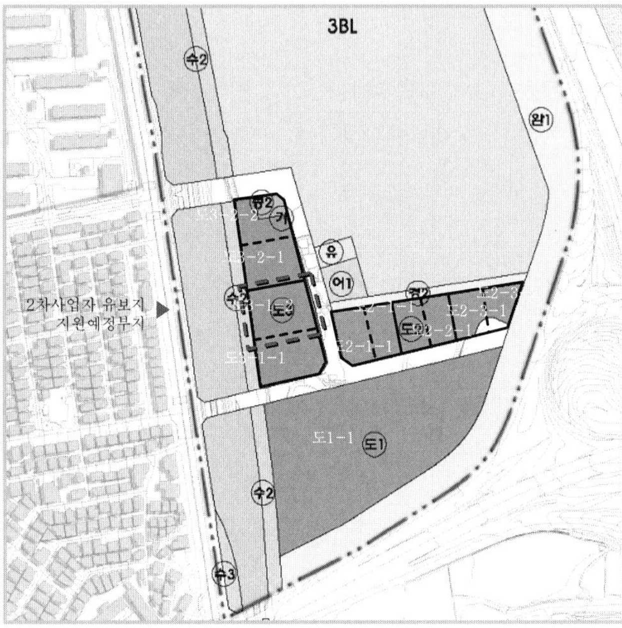


도1 = 1필지/약8,350평(삼성엔지니어링 본사)
도2 = 6필지/각 필지 약 400～500평
도3 = 4필지/각 필지 약 800～900평
※ 1차사업자 공고 : 도1 , 도2 , 도3
(점선 제외)
2차사업자 공고 : 도3 (점선) 및 도2 , 도3 의
1차사업자공고 기존 MOU업체 잔여분

## 사업지 전경

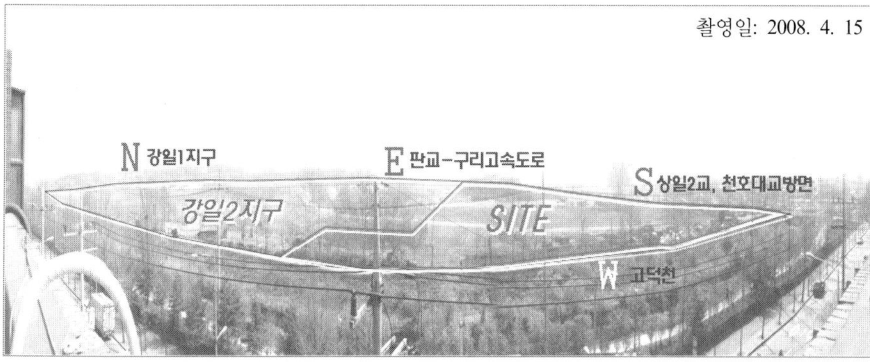


- 사업지 동쪽 : 판교-구리 고속도로 방면
  서쪽 : 고덕천 방면(건너편; 연립주택 및 연립상가, 고덕주공 재개발단지)
  남쪽 : 상일2교, 천호대교 방면
  북쪽 : 강일1지구 방면

□사업지 주변 현황

천호대교 방면

사업지 서측 고덕천

상일IC 방면

# Ⅱ. 개발환경분석

## 첨단업무단지 개발현황

### □판교 테크노밸리

| 면　　적 | 661,915㎡ (200,229평) |
|---|---|
| 주요시설 | IT, BT, CT, NT 및 첨단 융합 연구, 첨단 인프라, 연구지원시설 |
| 사업기간 | 2005 ~ 2010년 |
| 시 행 자 | 경기도(경기도 시공사) |
| 사 업 비 | 3조 8천억원(부지조성 1조 4천억원, 건축공사 2조 4천억원) |

•토지이용계획도

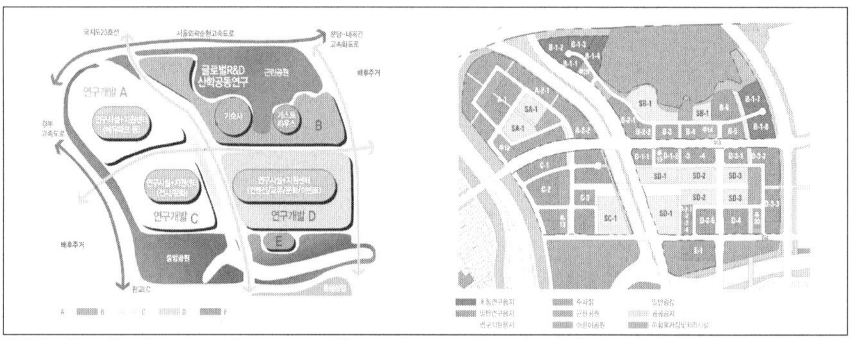

자료 : http://business.specialgwanggyo.or.kr

### □광교 비즈니스파크

| 위　　치 | 광교 신도시 택지개발지구 내 |
|---|---|
| 사업기간 | 2005년 12월 ~ 2011년 12월 |
| 개발면적 | 284천㎡ |
| 사 업 비 | 4천650억원 |
| 시 행 자 | 경기도지사, 수원시장, 용인시장, 경기도시공사 사장 |

자료 : www.pangyootechnovally.org

### □동탄 비즈니스파크

| 위　　치 | 동탄신도시(2)지구 내 |
|---|---|
| 사업기간 | 2007년 6월 ~ 2012년 9월 |
| 개발면적 | 100만 평(전체 면적의 15%) |
| 시 행 자 | 한국토지공사 |
| 입주업체 | 2008년 5월 개발계획 승인 예정으로 현재 미정 |

자료 : 화성동탄 2지구 신도시 개발 추진 보도자료 및 동탄2지구 홈페이지

## 서울지역 첨단업무단지 개발현황

### □상암DMC-입주중

| 위　　치 | 상암새천년 신도시' 택지개발지구 내 |
|---|---|
| 사업기간 | 2002 ~ 2010년 |
| 개발면적 | 부지규모 - 569,738㎡, |
| 사 업 비 | 1조7천억(부지매입비 + 단지조성공사비) |
| 시 행 자 | 서울시 추진, SH공사대행 |

자료 : 서울디지털미디어시티 DMC

### •DMC 현황

자료 : 서울디지털미디어시티 DMC

* 입주기업: LG CNS, 트루텍빌딩, 전자회관, 디지털매직스페이스, DMS, 산학협력연구센터, 대우 이안(3개동), 팬텍&큐리텔, KGIT, 상암 IT타워, KBS미디어, 누리꿈스퀘어

* 현재 공사중 : LG텔레콤, MBC, 우리기술, CJ, 조선일보, 온세텔레콤, YTN

### •서울디지털단지(가산, 구로 디지털 단지)-입주완료

| 위　　치 | 서울특별시 구로구 구로동(1단지) 금천구 가산동(2, 3단지) 일원 |
|---|---|
| 사업기간 | 1965 ~ 1974년, 준공 : 1974년 11월 5일 |
| 개발면적 | 1,982천㎡ |
| 사 업 비 | 915억원 |
| 시 행 자 | 한국수출산업공단 |

## 주변개발계획 현황

### ㅁ강일2지구 및 개발현황

●강일2지구

• 개요
- 시행자 : 서울시, SH공사
- 세대수 : 아파트 3,524세대(임대 2,346세대, 분양 1,178세대)
- 규　모 : 589,570.3㎡
(주택용지 204,969㎡, 공공용지 384,601.3㎡)

• 주택유형별 배분계획

| 구 분 | 면적(㎡) | 구성비(%) | 수용호수(호) | 비 고 |
|---|---|---|---|---|
| 계 | 195,348 | 100.0 | 3,524 | 2.8인/호 |
| 단 독 | - | - | - | |
| 공 동 | 195,348 | 100.0 | 3,524 | |

• 개발사업 향후일정
2010년 9월 30일 ~ 주택건설공사 준공
2010년 12월 30일 ~ 택지조성공사 준공

●고덕 재건축 지구
위치 : 강동구 고덕1, 2동, 명일2동, 상일동 일대
지구단위계획 결정일 : 2006년 1월 17일

| 아파트명 | 추진현황 | 일정 | 면적(평) | 재건축 세대수 | 조합원 세대수 |
|---|---|---|---|---|---|
| 고덕시영 | 안전진단 | 2004. 6. 15 | 55,600 | 3,200 | 2,500 |
| 주공1단지 | 착공 및 분양 | 2007. 4. 5 | 18,562 | 1,100 | 7,800 |
| 고덕1지구 단독주택지 | 추진위원회 | 2007. 12. 14 | 38,003 | 2,000 | 669 |
| 고덕2단지 | 안전진단 | 2004. 6. 15 | 69,194 | 4,100 | 2,600 |
| 고덕2동1지구 단독주택지 | 추진위원회 | 2008. 1. 25 | 24,101 | 1,100 | 470 |
| 고덕2동2지구 단독주택지 | 추진위원회 | 2008. 1. 25 | 26,472 | 1,200 | 460 |
| 고덕주공3단지 | 안전진단 | 2004. 6. 15 | 61,949 | 3,500 | 2,580 |
| 고덕주공4단지 | 안전진단 | 2004. 6. 15 | 8,772 | 614 | 410 |
| 고덕주공6단지 | 추진위원회 | 2003. 11. 06 | 26,000 | 1,450 | 880 |
| 고덕주공7단지 | 추진위원회 | 2003. 10. 27 | 26,800 | 1,629 | 890 |

□교통여건 현황

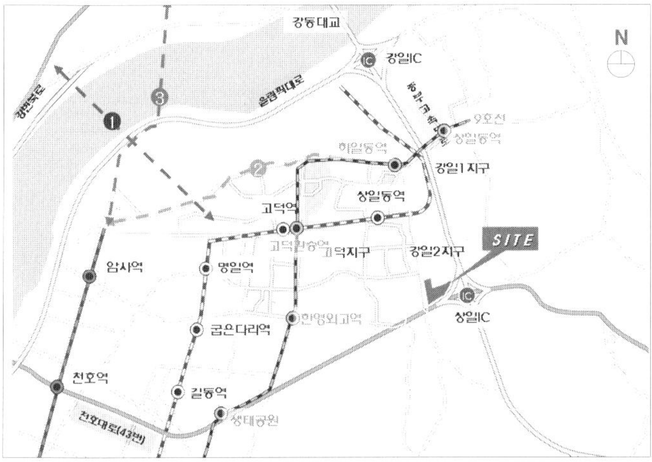


•대중교통 여건

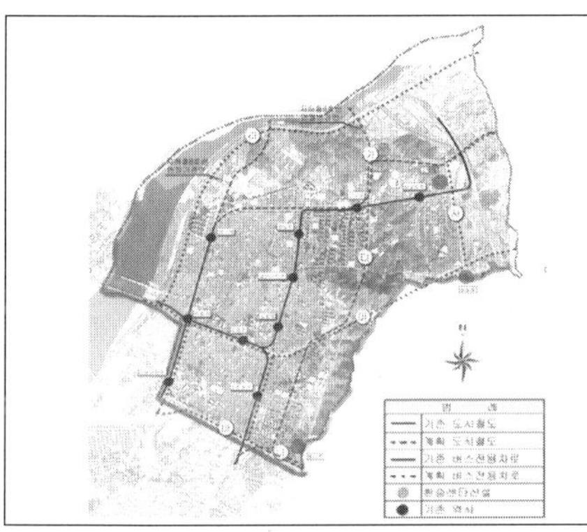

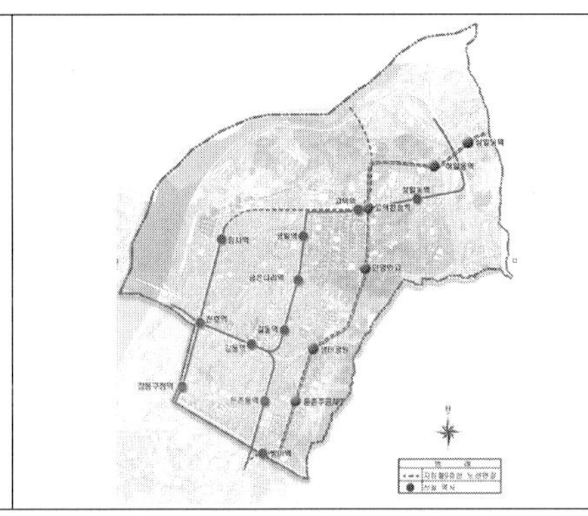

| 구분 | 강동구 대중교통망 확충 및 정비계획 | 지하철 9호선 노선 연장안 |
|---|---|---|
| 개요 | - 간선가로망13개구간계획<br>(고덕뒷길, 구천면길, 천호대로 등 확장, 방아다리길 연결 등)<br>- 보조간선가로망<br>(길동, 암사동간 연결도로) | - 지하철 9호선과 하남시 연결 노선<br>- 1단계 : 방이역 ~ 강일동(6개역, 7.8km)<br>- 2단계 : 강일동 ~ 하남시(4.9km) |

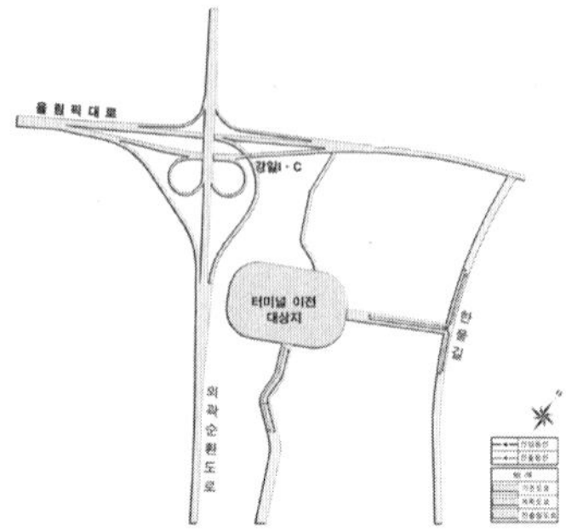


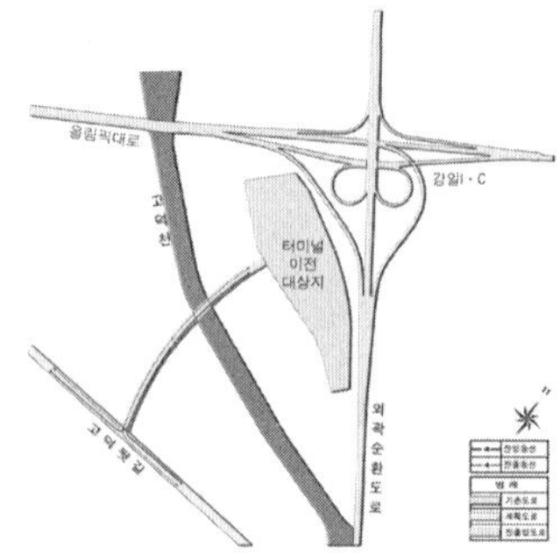


| 구분 | 동서울터미널 이전방안 | |
|---|---|---|
| 개요 | - 위치 : 강일IC동측(208번지 일원)<br>- 부지면적 : 110,000㎡<br>- 진출입로 : 2개소 | - 위치 : 지하철 5호선 차량기지<br>- 부지면적 : 117,000㎡<br>- 진출입로 : 1개소<br>(왕복 4차로, 0.7km) |

자료 : 강동구청, 2015 강동구 장기발전종합계획

# Ⅲ. 시장조사 분석

## 서울지역 오피스 시장현황

□2007~2008년 임대시장 주요 특징

| | |
|---|---|
| 서울시 3대권역<br>공실률 1%대 | • 서울시 08년 1/4분기 3대권역(강남, 도심, 여의도) 공실률 1.3%(2007. 4/4분기 대비 0.4% 하락)로 세계 최저 수준 임대료 상승(서울시 평균임대료 2007.4/4분기 대비 2.08% 상승) |
| 천호동, 길동<br>오피스 노후화 | • 평균 공실률(탐문조사결과) 약 15%이상(자연공실률 포함)<br>• 대형 오피스의 부족과 노후화로 인한 선호도 低 |
| 송파(잠실) 지역 | • 근무여건이 양호한 송파지역 평균 임대료 상승 (2007. 4/4분기 대비 2.08% 상승) |
| 2008년 오피스 공급 低 | • 2007년 4/4분기 총 10개동, 연면적 491,837㎡의 오피스 신규 공급(상암IT타워, 누리꿈스퀘어, 신도림 테크노마트, 삼성물산 서초타워 등)<br>• 그러나 2008~2009년 평년 수준(분기별 165,000㎡)으로 감소할 것으로 예상(라살타워, 엔씨소프트사옥 등) |
| 서울 서남북부 오피스<br>집중 공급 | • 2007년 상암, 영등포 등에 오피스가 집중 공급되면서, 도심권, 강남권, 여의도권에 공급 부족을 상호 보완하는 신규 오피스 밀집지역이 형성되고 있음 |
| 상암DMC | • 게임, 디지털방송, 미디어방송, 로봇산업의 성장으로 미디어 시티 상암 DMC에 대한 임대수요 多 |
| 금융권 임차수요 多 | • 은행, 보험, 카드 및 증권사 등 금융 관련 업종 신규 공급 오피스 및 대형 공실에 가장 큰 수요자 |
| 강남권 간선도로변까지<br>중소형 빌딩 공급 확대 | • 2006년 4/4분기 이후 1%대의 공실률이 계속 유지되면서, 중소규모 나대지의 오피스 용도 개발이 추진되고 있으며, 테헤란로, 강남대로뿐만 아니라 봉은사로, 언주로 등 간선도로변까지 중소형 오피스 빌딩 공급(궁도빌딩: 봉은사로, 신동아오퓨러스: 서초로) |

자료 : R2코리아 2008, Offiscope 2007. 4/4, JUSTR 2008.1/4

●오피스빌딩 시기별 임대시세 현황

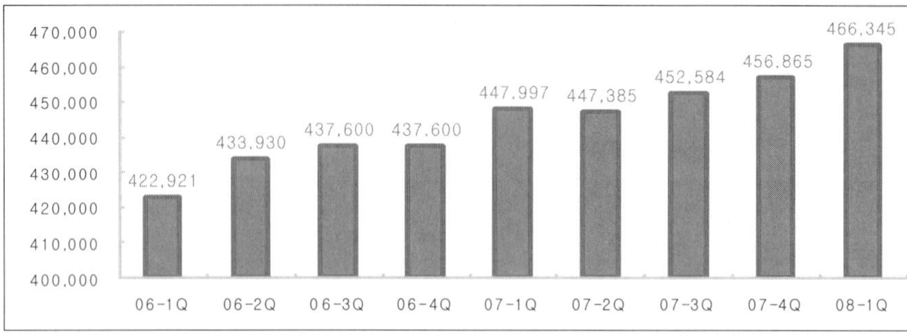


자료 : JUSTR 2008.1/4

□2007~2008년 매매시장 주요 특징

| | |
|---|---|
| 각 권역별 3.3㎡당 매매가 최고가 경신 | • 도심권, 강남권, 분당권등 주요 오피스 권역의 평당 매각가 사상 최고가 기록<br>(도심: 2,300만원대, 분당 1,300만원대, 강남: 1,900만원대/3.3㎡)<br>• 최근 1~2년 동안 연간 30%를 넘어서는 가파른 상승세가 지속되고 있으며, 권역별 주요 역세권 및 대로변의 주요 매매사례가 향후 오피스 매물의 호가 및 거래가의 기준이 되어 상승세가 외곽지역 매매가까지도 상승 견인할 것으로 예상 |
| 강남대로, 테헤란로변 평당 매매가 현실화 | • 강남권 오피스 호가 3.3㎡당 1천9백만원 상회<br>- 테헤란로 천우빌딩 3.3㎡당 1천8백만원 거래<br>- 강남대로 트라이브랜즈 1천6백만원 거래 |
| 분당권역 평당 매매가 여의도 권역 추월 | • 여의도 매매시장 사옥용도 및 개발 목적의 실수요자 중심으로 형성됨에 따라 되고 있어, 투자기관들이 이에 대한 대체지역으로 분당권 오피스 선호<br>(여의도권역 990만원, 분당권역 1,220만원/3.3㎡당) |
| 상암 DMC, 영등포 등 기타 지역 거래 활성화 | • 3대권역(여의도, 도심, 강남권) 매물 부족에 따라 신규 오피스 권역으로 성장하고 있는 상암동 DMC와 여의도권역의 대체지역인 영등포, 구로 등 서울시 서남부지역 그리고 도심권역 대체지역으로 개발이 추진중인 용산 등을 중심으로 매물 공급이 다수 공급될 것으로 예상되며 거래 또한 활성화되고 있음. |
| 2008년 1/4분기 거래 빌딩 9건 | • 거래면적 106,718㎡<br>- 톰보이빌딩, 로즈데이빌딩, KB역삼빌딩, 롯데삼강사옥 등) |

자료 : R2코리아 08.1/4, Offiscope 07.4/4, JUSTR 08.1/4

●연도별 매매가격 및 거래현황

- 2007년 한 해 동안 거래된 매매사례의 3.3㎡당 매매가는 12,183천원으로 외국 자본이 국내 오피스시장에 진출한 1998년(3.3㎡당 4,405천원) 이후 9년 만에 176% 상승
  이는 연평균 약 20%가 상승된 것으로 임대가 상승률(3~5%) 대비 4~6배 수준으로 임대 수익률 하락에 따른 향후 임대가 상승의 주요 원인으로 작용할 전망
- 2007년 대우센터, 한화장교빌딩, 삼성플라자 등의 프라임급 오피스빌딩의 거래에 4조원이 넘는 거래가 이루어지는 초호화 시장 형성

(단위: 천원/3.3㎡)

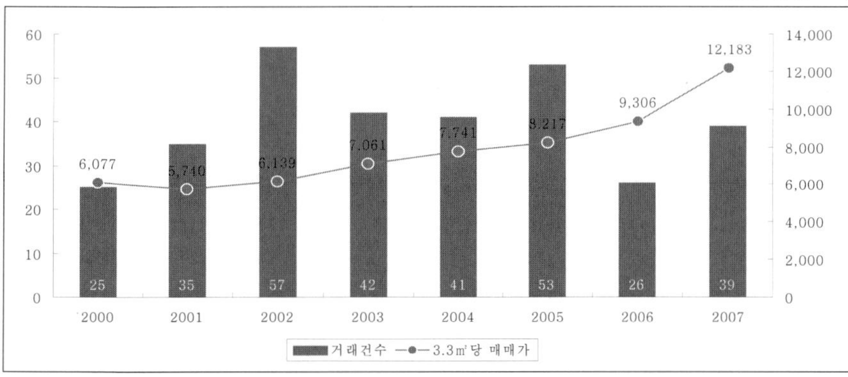


자료 : Offiscope 2007. 4/4

□ 서울지역 첨단업무단지 내 오피스 및 판매·근생시설 시세 현황

●오피스 시세 현황

(단위: 천원/3.3㎡)

| 소 재 지 | 빌 딩 명 | 보증금 | 월 세 | 관리비 | 전 세 | 추정매매가 |
|---|---|---|---|---|---|---|
| 서울 디지털단지 | 대륭포스타워2차 | 390,000 | 39,000 | 6,000 | 4,290,000 | 7,150,000 |
| | 코오롱싸이언스밸리2차 | 394,000 | 39,400 | 6,000 | 4,334,000 | 7,223,333 |
| | 에이스테크노타워8차 | 380,000 | 38,000 | 6,000 | 4,180,000 | 6,966,667 |
| 상암 DMC | 상암IT컨소시엄 | 450,000 | 45,000 | 23,000 | 4,950,000 | 8,250,000 |
| | 누리꿈스퀘어 | 570,000 | 57,000 | 25,000 | 6,270,000 | 10,450,000 |
| | KGIT | 500,000 | 50,000 | 25,000 | 5,500,000 | 9,166,667 |

자료 : 현장탐문조사 및 전화조사 2008. 4. 16 ~ 21
(주1 : 전세가-월세 전환율 12%
(주2 : 추정매매가-전세비율 60% 적용

●판매 · 근생시설 시세 현황

(단위: 천원/ 3.3㎡)

| 구분 | 건물명(주소) | 준공일 | 총층 | 층 | 면적 | 전용률 | 3.3㎡당 분양가 | | |
|---|---|---|---|---|---|---|---|---|---|
| | | | | | | | 최저가 | 기준가 | 최대가 |
| 서울 디지털 단지 | 대륭포스트타워 | 2005.10 | B3/ 20F | B1 | 2,989 | 57% | 8,000 | 9,000 | 13,500 |
| | | | | 1F | 955 | 57% | 17,500 | 21,300 | 25,200 |
| | | | | 2F | 1,685 | 57% | 9,000 | 12,000 | 13,000 |
| | 코오롱 싸이언스밸리 | 2005.12 | B4/ 15F | B1 | 1,565 | 58% | 3,500 | 14,500 | 16,000 |
| | | | | 1F | 892 | 58% | 12,000 | 18,000 | 24,500 |
| | 한솔로이젠트 | 2006.4 | B5/ 15F | 1F | 312 | 51% | 16,590 | 21,000 | 21,000 |
| | | | | 2F | 382 | 51% | 6,720 | 7,350 | 9,240 |
| 상암 DMC | 누리꿈몰 | 2007.11 | B4/ 22F | B1 | 5,411 | 43% | 10,550 | 15,070 | 16,990 |
| | | | | 1F | 501 | 55% | 32,040 | 33,450 | 33,920 |
| | | | | 2F | 366 | 42% | 15,070 | 14,130 | 16,960 |
| | 상암IT타워 | 2007.11 | B5/ 12F | B1 | 1,402 | 47% | 14,400 | 17,500 | 18,000 |
| | | | | 1F | 868 | 54% | 31,000 | 36,500 | 37,000 |
| | | | | 2F | 1,025 | 46% | 14,800 | 16,500 | 17,500 |
| | 이안상암센트럴몰 | 2007.8 | B3/ 32F | 1F | 780 | - | - | 30,000 | - |
| | | | | 2F | 780 | - | - | 17,000 | - |
| | 상암미디어몰 | 2007.5 | B4/ 24F | B1 | 275 | - | 15,000 | 15,500 | 16,000 |
| | | | | 1F | 332 | - | 35,000 | 36,500 | 38,000 |
| | | | | 2F | 456 | - | 17,000 | 17,500 | 18,000 |

자료 : 현장탐문조사 및 전화조사 2008. 4. 16~21
(주1 : 권역별 준공년도 2006년 이후 기준
(주2 : 첨단업무단지 내 오피스상가 기준 분양가 시세

ㅁ서울지역 오피스 및 판매 · 근생시설 시세 현황

(단위 : 원/3.3㎡)

| 권 역 | 공실률 | 보증금 | 월 세 | 관리비 | 전 세 | 추정매매가 |
|---|---|---|---|---|---|---|
| 서울전체 | 1.1% | 617,568 | 59,445 | 26,090 | 6,562,068 | 10,936,779 |
| 강남권 | 1.1% | 677,013 | 59,445 | 25,429 | 6,621,513 | 11,035,854 |
| 도심권 | 1.6% | 667,105 | 69,353 | 29,723 | 7,602,355 | 12,670,592 |
| 마포/여의도권 | 1.2% | 472,258 | 46,235 | 23,778 | 5,095,758 | 8,492,929 |

자료 : 2008년 1/4분기 기준, Office Market Trend
(주1 : 전세가-월세 전환율 12%
(주2 : 추정매매가-전세비율 60% 적용

□서울 중심권역 주요 오피스 시세 현황

(단위 : 원/3.3㎡)

| 권 역 | 빌딩명 | 보증금 | 월 세 | 관리비 | 전 세 | 추정매매가 |
|---|---|---|---|---|---|---|
| 강남 테헤란로 | LG강남타워 | 900,001 | 90,000 | 28,900 | 9,900,041 | 16,500,069 |
| | 포스코센터 | 794,000 | 79,399 | 32,000 | 8,733,871 | 14,556,451 |
| | 아셈타워 | 755,299 | 75,531 | 30,500 | 8,308,391 | 13,847,319 |
| | 푸르덴셜타워 | 720,000 | 72,000 | 31,500 | 7,920,032 | 13,200,054 |
| | 코스모타워 | 680,000 | 68,000 | 27,000 | 7,480,030 | 12,466,717 |
| 도심권 | 서울파이낸스센터 | 1,010,001 | 100,999 | 36,500 | 11,109,881 | 18,516,469 |
| | 흥국생명본사 | 940,001 | 94,000 | 35,000 | 10,340,043 | 17,233,405 |
| | 교보생명 | 930,001 | 102,000 | 40,000 | 11,130,047 | 18,550,078 |
| | 삼성종로타워 | 900,001 | 90,000 | 36,000 | 9,900,041 | 16,500,069 |
| 마 포 여의도 | 교보증권 | 569,430 | 56,942 | 28,000 | 6,236,601 | 10,439,335 |
| | 굿모닝신한타워 | 549,450 | 54,944 | 24,000 | 6,043,819 | 10,073,032 |

자료 : R2코리아, 현장탐문조사
(주1 : 전세가-월세 전환율 12%
(주2 : 추정매매가-전세비율 60% 적용

□서울 중심권역 판매·근생시설 시세 현황

•강남권역(KBD) 오피스 판매·근생시설 현황

(단위 : 천원/3.3㎡)

| 소재지 | | 건물명 | 준공일 | 총층 | 층 | 면적 | 전용률 | 3.3㎡당 분양가 | | |
|---|---|---|---|---|---|---|---|---|---|---|
| 구 | 동 | | | | | | | 최저가 | 기준가 | 최대가 |
| 서초구 | 서초동 | 바로세움 | 08.06 | B3/13F | B1 | 54 | 70% | 28,000 | 28,000 | 28,000 |
| | | | | | 1F | 94 | 72% | 63,000 | 66,000 | 87,000 |
| | | | | | 2F | 124 | 70% | 31,960 | 33,000 | 35,200 |
| 강남구 | 신사동 | 캐럴라인타워 | 07.04 | B4/8F | B1 | 432 | 55% | 12,490 | 12,990 | 13,000 |
| | | | | | 1F | 412 | 55% | 30,770 | 37,500 | 39,490 |
| | | | | | 2F | 440 | 55% | 14,460 | 17,440 | 21,490 |
| | 삼성동 | 리치타워 | 06.01 | B4/18F | B1 | 84 | 52% | 16,000 | 16,000 | 16,000 |
| | | | | | 1F | 101 | - | - | 45,000 | - |
| | | | | | 2F | 184 | 61% | 20,000 | 23,000 | 23,000 |

자료 : 상가뉴스레이다 / 상가114
(주1 : 권역별 준공년도 2006년 이후 기준
(주2 : 오피스건물 내 상가 기준

●도심권역(CBD) 오피스 판매 · 근생시설 현황

(단위 : 천원/3.3㎡)

| 소재지 구 | 소재지 동 | 건물명 | 준공일 | 총층 | 층 | 면적 | 전용률 | 3.3㎡당 분양가 최저가 | 3.3㎡당 분양가 기준가 | 3.3㎡당 분양가 최대가 |
|---|---|---|---|---|---|---|---|---|---|---|
| 종로구 | 청진동 | 르메이에르 종로타운 | 2007.6 | B7/20F | B1 | 2,299 | 51% | 19,000 | 19,000 | 19,000 |
| | | | | | 1F | 1,055 | - | 50,000 | 75,000 | 62,500 |
| | | | | | 2F | 1,465 | 53% | 31,000 | 35,000 | 42,000 |
| 중구 | 을지로 | 굿모닝시티 | 2008.4 | B7/16F | B1 | 1,929 | 32% | 45,970 | 45,970 | 45,970 |
| | | | | | 1F | 1,239 | 32% | 68,950 | 68,950 | 68,950 |
| | | | | | 2F | 1,334 | 32% | 49,250 | 49,250 | 49,250 |

자료 : 상가뉴스레이다/상가114
(주1 : 권역별 준공년도 2006년 이후 기준
(주2 : 오피스건물 내 상가 기준 분양가

●여의도권역(YBD) 오피스 판매 · 근생시설 현황

(단위 : 천원/3.3㎡)

| 소재지 구 | 소재지 동 | 건물명(주소) | 준공일 | 총층 | 층 | 면적 | 전용률 | 3.3㎡당 분양가 최저가 | 3.3㎡당 분양가 기준가 | 3.3㎡당 분양가 최대가 |
|---|---|---|---|---|---|---|---|---|---|---|
| 영등포구 | 여의도동 | 메리어트 | 2007.6 | B4/34F | B1 | 733 | 72% | 31,000 | 33,000 | 35,000 |
| | | | | | 1F | 95 | 66% | 56,000 | 56,000 | 56,000 |
| | | 아일랜드파크 | 2007.4 | B3/13F | 1F | 1,488 | 66% | 26,500 | 28,000 | 30,000 |

자료 : 상가뉴스레이다/상가114
(주1 : 권역별 준공년도 2006년 이후 기준
(주2 : 오피스건물 내 상가 기준 분양가 시세

## ㅁ사업지 주변지역 오피스 시세 현황

●오피스 시세 현황(강동, 송파구)

(단위 : 원/3.3㎡)

| 빌딩명 | 1.정우빌딩 | 2.경남빌딩 | 3.언어더.필 빌딩 | 4.길동빌딩 | 5.남서울 |
|---|---|---|---|---|---|
| 위 치 | 강동구 성내2동 (강동역 주변) | 강동구 성내2동 (강동역 주변) | 강동구 길동 (길동사거리) | 강동구 길동 (길동역 주변) | 강동구 길동 (길동사거리) |
| 준공일 | 2007 | 1998 | 1992 | 2001 | 1986 |
| 규 모 | B2/14F | B2/9F | B5/15F | B3/6F | B1/6F |
| 공실률 | 29% | 9% | 0% | 0% | 40% |
| 보증금 | 980,000 | 700,000 | 810,000 | 160,000 | 800,000 |
| 월임대가 | 29,500 | 35,000 | 28,000 | 18,000 | 31,500 |
| 관리비 | 8,000 | 15,000 | 16,000 | 20,000 | 21,000 |

(단위 : 원/3.3㎡)

| 빌딩명 | 6.한일빌딩 | 7.예경빌딩 | 8.우장빌딩 | 9.현대타워 | 10.월드타워 |
|---|---|---|---|---|---|
| 위 치 | 강동구 천호동 (천호역 4거리) | 강동구 천호동 (천호역 4거리) | 강동구 천호동 (천호역 4거리) | 송파구 잠실동 (잠실역 4거리) | 송파구 잠실동 (잠실역 4거리) |
| 준공일 | 1992 | 2005 | 2004.12 | 1996.12 | 1996.9 |
| 규 모 | B2/8F | B1/11F | B1/11F | B2/9F | B5/20F |
| 공실률 | 14% | 9% | 0% | 5% | 5% |
| 보증금 | 500,000 | 평당 5~6백만원 | 평당 650~750만원 | 440,000 | 1,000,000 |
| 월임대가 | 40,000 | | | 35,000 | 60,000 |
| 관리비 | 32,000 | 25,000 | 8,500 | 9,000 | 27,000 |

자료 : 현장탐문조사 2008. 4. 16 ~ 21

•오피스 시세 현황(강동, 송파구)

(단위 : 천원/3.3㎡)

| 빌딩명 | 11.진넥스빌딩 | 12.세기빌딩 | 13.로가디스빌딩 | 14.시티빌딩 | 15.대종빌딩 | 16.금복빌딩 |
|---|---|---|---|---|---|---|
| 위 치 | 송파구청 (방이삼거리) | 송파구청 (방이삼거리) | 송파구 신천동 (몽촌토성역 주변) | 송파구청 (방이삼거리) | 송파구 신천동 (몽촌토성역) | 송파구 신천동 (몽촌토성역) |
| 준공일 | 2007 | 1992.12 | 1990 | 1997 | 1999 | 1991 |
| 규 모 | 11F | B4/11F | 7F | B1/6F | B6/15F | 15F |
| 공실률 | 0% | 0% | 15% | 0% | 20% | 0% |
| 보증금 | 830,000 | 857,000 | 115,000 | 평당 250만원 | 500,000 | 400,000 |
| 월임대가 | 53,000 | 26,000 | 34,000 | | 30,000 | 20,000 |
| 관리비 | 11,500 | 22,000 | 10,000 | 8,000 | 11,000 | 11,000 |

자료 : 현장탐문조사 2008. 4. 16 ~ 21

## □사업지 주변지역 판매 · 근생시설 시세 현황

| 빌딩명 | 예다인노빌루스 | 대우베네시티 | 애경빌딩 | 동광빌딩 | 정우빌딩 |
|---|---|---|---|---|---|
| 위 치 | 강동구 천호동 (천호역 3번출구 방면) | 강동구 천호동 (천호역 3번출구 방면) | 강동구 천호동 (천호역 4거리) | 강동구 길동 (길동 4거리) | 강동구 성내2동 (강동역 주변) |
| 준공일 | 2008.4 | 2006.9 | 2005 | 2006.10 | 2007.9 |
| 규 모 | B6/19F | B7/22F | B1/11F | - | B2/14F |
| 층 별 시 세 | 분양가 기준 | | 매매가 기준 | | |
| B1 | 9,500~12,000 | - | - | - | - |
| 1F | 35,000~40,000 | 34,000~55,000 | 40,000~50,000 | 40,000~50,000 | 40,000~50,000 |
| 2F | 15,000~20,000 | 12,000~28,000 | - | - | - |

자료 : 상가뉴스레이다/현장탐문

(주1 : 오피스건물 내 상가 기준 분양가 시세

# Ⅳ. SWOT 분석

| 강 점 | 약 점 |
|---|---|
| • 상일IC 및 천호대로 등 산업단지로서 접근성이 매우 양호한 교통여건<br>• 상일동역(850m 이내) 등 대중교통 여건 양호<br>• 택지개발지구 내 위치하고 있어 직주 근접형 산업단지 장점 내재<br>• 서울 권역 및 서남부 경기권역으로의 접근이 용이한 입지여건 | • 기존 조성된 서울디지털단지 및 상암 DMC에 비해 상대적으로 규모의 경쟁력 약세<br>• 대규모 주거단지 조성완료시점에서 교통혼잡 등 기업환경 약세 염려<br>• 접근성은 양호하나 산업단지로서의 집약성 약세 |
| S-O 전략 | • 풍부한 배후수요 및 잠재수요층에 대해 사업의 입지적·미래가치적 장점을 지속적으로 노출시키는 홍보전략이 요구됨 |
| W-T 전략 | • 주요기업 입주확약을 통해 본사업의 대외적인 인지도 확보와 함께 다양한 입주기업의 지원시설 및 대책, 건물외관 등 차별화 등 유기적인 전략이 요구됨 |
| 기 회 | 위 험 |
| • 강일2지구 및 현재 조성중인 강일지구, 고덕 주공아파트 정비예정구역 등 향후 대규모 주거단지조성으로 직주근접 배후수요가 풍부할 것으로 기대<br>• 서울지역 첨단업무단지의 서부지역 편중으로 동부지역 잠재수요층 확보 용이<br>• 기존 조성된 서울 지역 내 첨단업무단지의 활성화 사례들로 인해 사업의 미래가치 제시 가능<br>• 또한, 삼성엔지니어링(도1) 등 주요기업 입주로 인한 반사이익 효과 기대 | • 거시적 경제상황의 악화 및 장기화 등 주변 기업환경 악화 염려<br>• 경제적 상황으로 인해 현재 상암DMC 입주예정 업체의 입주가 지체되고 있는 상황임 |

# Ⅴ. 개발 방향

## 강동구 첨단업무단지 조성에 따른 비전 및 파급효과

□ 강동구 첨단업무단지의 필요성

- 강동구의 경쟁력을 강화하고 21세기 성장잠재력이 높은 첨단기업 유치를 추진하여 지역기반산업의 중추적인 역할을 기대
- 지역경제활활성화 및 자족기능강화를 통해 강동구의 이미지 제고와 서울 동남권 IT산업벨트의 중심거점으로서 역할 기대

□ 단지조성에 따른 요인별 비전

## 강동구 첨단업무단지 개발방향

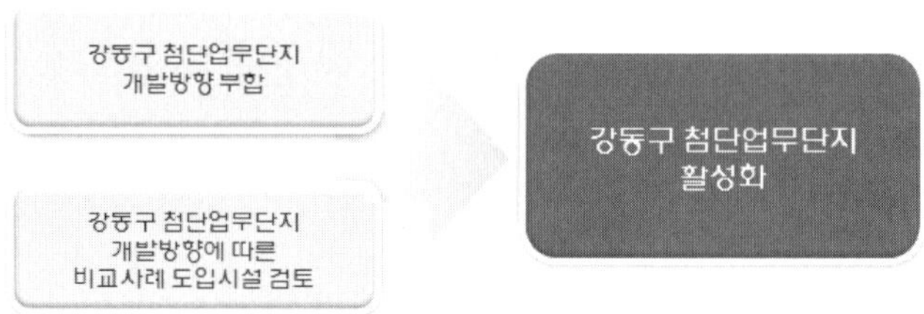


| 도입기능 | | 기능구분 | 주요시설 | 도입시설 | 개발방향 |
|---|---|---|---|---|---|
| 첨단기술지식기반산업 | 연구개발기능 | 국내외 글로벌 첨단기업, 지식기반기업의 연구개발 활성화를 위한 도입기능 | • 국내외 첨단산업 R&D 기업<br>• 국내외 지식기반 산업 R&D 기업<br>• 연구집적시설, 산학공동연구센터등 | | • 디지털콘텐츠의 질적 향상과 기반 확대 |
| | 교육훈련기능 | 입주기업 종사자 등의 우수인재 육성과 경쟁력 강화 등을 위한 교육훈련기능 | • 첨단산업, 지식기반 산업 관련<br>• 전문대학원, 직업훈련소, 교육훈련센터 | IT창업지원센터<br>창업교육센터 | • 기업의 자립 및 인적 네트워크 형성 |
| | 첨단업무기능 | 국내외 글로벌 첨단기업, 지식기반기업의 업무기능 | • 국내외첨단산업기업<br>• 국내외 지식기반 산업 기업 | | • Intelligent 환경 구현 |
| | 문화집회기능 | 단지의 활성화를 위한 입주기업 및 종사자의 삶의 질 향상과 기업환경 개선을 위한 도입기능 | • 컨벤션 등 전시 회의 시설<br>• 미술관, 체험관 등 전시 체험시설<br>• 홍보관 등 전시 체험시설 | 신제품홍보관<br>기획, 상설전시관<br>다목적홀 컨퍼런스홀 등 | • 입주기업 지원서비스 및 이용객의 재미 제공<br>• 국제화 및 교류의 장 마련 |
| | 업무지원기능 | 입주기업 및 종사자의 비즈니스환경 조성을 위한 각종 업무지원 및 단지 활성화를 위한 기능 | • 창업지원, 데이터 센터, 정보교류시설<br>• 게스트하우스, 기숙사 등 지원시설 | 컴퓨터 지원실<br>정보검색실<br>비즈니스센터<br>게스트하우스<br>기숙사 등 | • 입주기업의 비즈니스 환경 제공<br>• 국제 디지털 산업클러스터 형성 |
| | 근린생활기능 | 단지의 활성화를 위한 입주기업 및 종사자의 생활환경 조성을 위한 도입기능 | • 제1종 근린생활시설<br>• 제2종 근린생활시설 | 아케이드<br>스카이라운지<br>휘트니스센터 등 | • 입주기업의 편의시설 제공 |

자료 : 강일2택지개발사업지구 내 도시지원시설 용지공급 및 추천대상자 선정 지침

□사례분석을 통한 도입시설 제안

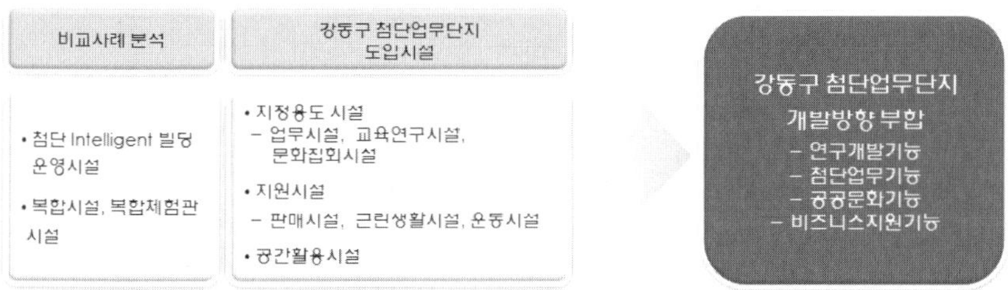


□ 첨단 인텔리전트 빌딩

●일주아트하우스

-도입시설: 씨네큐브, 푸드코트, 오피스, 1층 오픈공간

문화와 업무의 조화라는 모토가 디지털 업무의 조화라는 강동구 첨단업무단지 목표와 개발방향 부합

▸ 적용시설: 업무시설, 편의시설, 문화 및 집회시설

●SK T-Tower

-도입시설: 상설IT전시장, 외부 디스플레이 전시시설, 까페테리아 비즈니스환경 및 네트워크환경 조성이라는 모토 부합

▸ 적용시설: 제품홍보관, 상설·기획 전시장, 미디어보드 및 광고물 설치

□ 기타 공간활용 제안

●라데팡스(보행 데크)

▸ 토지이용의 고도화로 Open-Space 확보

▸ 차량과 보행을 완전 분리한 다층의 입체구조

●시오도메(Sunken Garden / U-turn 차로)

▸ 보행자 전용 Deck 및 지하공간 Sunken Garden 설치로 지상화 느낌 창출
  - 자연채광이 그대로 인입되게 하여 지하라는 인식 최소화

▸ 도심공동화 방지를 위한 주거와 상업 공동 배치와 역 및 주변건물들과의 연결된 보행네트워크 조성

▸ 적용시설: 고덕천(Blue Way)과 강동구 첨단업무단지와의 지상 연결통로(보행데크)
강동구 첨단업무단지의 지하시설의 접근성제고를 위한 선큰가든 계획 제안

ㅁ공간개발계획 제안

●공간계획 개념
기　　능: 디지털 콘텐츠를 생산하고 연구하고 체험하고 참여하는 기능
개발범위: 첨단산업, 지식기반산업, 엔지니어링산업 관련 업종
실현기술: 유비쿼터스
이용기술: 국내외 기업 및 디지털 이용자
공간특징: 신기술로 가득 찬 공간, 흥미로운 공간, 재미있는 공간, 다양성이 있는 공간

●공간개발계획

| | | | |
|---|---|---|---|
| 업　무 | 입주업체<br>컴퓨터지원실, 정보검색실<br>비즈니스 센터 | 디지털관련 기업 유치를 통한 첨단 인텔리전트 업무공간 제공 |  |
| 문화집회 | 신제품 홍보관<br>기획 상설 전시<br>다목적홀, 컨퍼런스홀 | 디지털 콘텐츠를 보고 느끼고 체험하는 공간 |  |
| 교육연구 | IT창업지원센터<br>창업교육센터<br>IT벤처기업연구소 | IT벤처기업의 창업과 개발, 육성을 위한 공간 |  |
| 편의시설 | 아케이드(상점), 라운지, 제과점, 식음료 아케이드, 레스토랑, 스카이라운지, 피트니스센터 | 디지털 신기술을 실생활에 접목 상품판매 건강증진 등 생활공간과 연계 |  |

# Ⅵ. 적정분양가 산정

## 오피스 분양가 및 임대료 산정

### □주변 비교사례를 통한 오피스 분양가 산정

●주변지역 오피스 시세 현황(길동, 천호동 지역)

(단위 : 원/3.3㎡)

| 소재지 | 평균 보증금 | 평균 월세 | 평균 관리비 | 평균 전세 | 평균 매매가 |
|---|---|---|---|---|---|
| 길동 | 822,500 | 31,000 | 18,000 | 3,900,000 | 6,500,000 |
| 천호동 | 670,000 | 47,000 | 28,500 | 5,340,000 | 8,900,000 |

●첨단업무지역 오피스 시세 현황(서울지역)

(단위 : 원/3.3㎡)

| 소재지 | 평균 보증금 | 평균 월세 | 평균 관리비 | 평균 전세 | 평균 매매가 |
|---|---|---|---|---|---|
| 서울디지털단지 | 388,000 | 38,800 | 6,000 | 4,320,000 | 7,200,000 |
| 상암 DMC | 474,250 | 46,575 | 22,700 | 5,160,000 | 8,600,000 |

●포지셔닝을 통한 기준가격 범위 산정

• 서울 지역 내 첨단업무단지 오피스 비교사례 가격 비교
• 권역별 가격 Leading 오피스 가격 비교

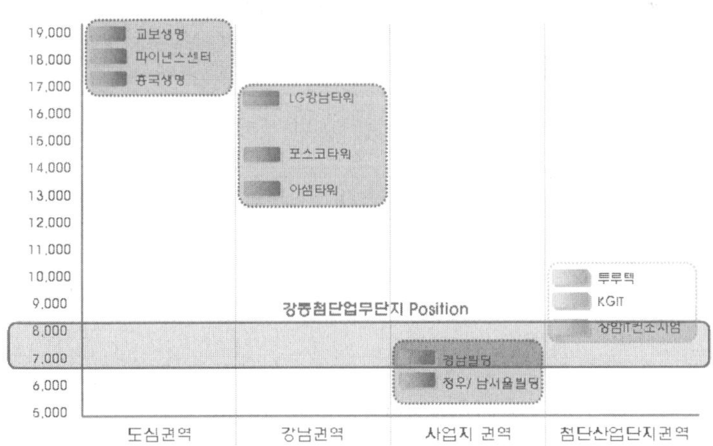


• 서울 지역 내 첨단업무단지 비교사례 및 권역별 가격 포지셔닝을 기준으로 하였을 때 강동 첨단업무단지 포지션은
= 7,000천원 ~ 8,000천원/3.3㎡이 적절할 것으로 판단됨

•비교사례를 통한 오피스 적정 분양가 산정

• 사업지의 적정분양가 산정을 위해 사업지 주변 오피스 시세(길동, 천호동 외 잠실지역 제외)와 서울 지역 내 기존 조성되어 있는 첨단업무지역인 서울디지털단지와 상암DMC 오피스 시세를 비교사례로 적용 산정하였음
• 서울디지털단지의 경우 일반오피스가 아닌 아파트형 공장이라는 특수성을 감안하여 적용하였음

| 사업지 주변 평균 시세(3.3㎡당) | 기존 첨단업무 평균 시세(3.3㎡당) |
|---|---|
| 길동 : 6,500천원 | 서울디지털단지 : 7,200천원 |
| 천호동 : 8,900천원 | 상암DMC : 8,600천원 |

사업지 주변 감안 : 7,700천원 + 기존 첨단업무사례 감안 : 7,900천원

• 상암DMC 및 서울디지털단지의 입지적 강점과 규모적 강점을 감안하였으며 특히, 서울디지털단지의 특수성(아파트형 공장)을 감안하였음
• 첨단업무단지에 비해 길동 및 천호동의 경우 업무시설 밀집도가 낮은 지역임을 감안하였으며 특히 천호동의 경우 역세권이라는 입지적 강점을 감안하였음

비교사례 감안 적정분양가 범위(3.3㎡당) = 7,500 ~ 8,000천원

□수익환원법을 통한 오피스 분양가 산정

- 장래 산출될 것으로 기대되는 순수익을 환원이율(Cap rate)로 환원하여 가격시점에 있어서의 평가 가격을 산정
- 월세 전환율의 경우 비교사례 평균 전환율 기준, 자본 환원율의 경우 은행금리의 1.5배 수준(은행 평균금리 연4.5% 기준)

| 항 목 | 길 동 | 천호동 | 서울디지털 | 상암 DMC |
|---|---|---|---|---|
| 평당 보증금 | 822,500 | 670,000 | 388,000 | 474,250 |
| 평당 월세 | 31,000 | 47,000 | 38,800 | 46,575 |
| 월세 전환율 | 12% | 12% | 12% | 12% |
| 총잡재 수익 | 470,700 | 644,400 | 512,160 | 615,810 |
| 자본 환원율 | 7.50% | 7.50% | 7.50% | 7.50% |
| 평당 분양가치 | 6,276,000 | 8,592,000 | 6,828,800 | 8,210,800 |
| 전용률 보정시 | 미적용 | | | |
| 평균평당분양가 | 7,476,900 | | | |

수익환원법을 통한 적정분양가 범위 (3.3㎡당) = 7,500천원

□강동 첨단업무단지 오피스 적정 분양가 및 임대가 산정

- 적정분양가의 경우 비교사례를 통한 가격산정과 수익환원법을 통한 가격산정을 통해 산정하였음
- 적정임대가의 경우 기준가 7,700천원/평을 전세비율 60%, 월임대 총액비율 91% 적용(기존 첨단산단지 기준)하여 산정하였음

비교사례 감안 적정분양가 범위 (3.3㎡당) = 7,500~8,000천원

\+

수익환원법을 통한 적정분양가 범위 (3.3㎡당) = 7,500천원

강동 첨단업무단지 적정분양가 범위 (3.3㎡당) = 7,500~8,000천원

적정임대가 범위 (3.3㎡당) = 보증금 : 415천원/ 월임대료 : 42천원/ 관리비 : 25천원

## 판매 · 근생시설 분양가 및 임대료 산정

### □주변비교사례를 통한 판매 · 근생시설 분양가 산정

●주변지역 판매 · 근생시설 평균 분양가 현황(송파구, 강동구 지역)

(단위: 천원/3.3㎡)

| 소재지 | 평균 분양가 | | | |
|---|---|---|---|---|
| | 층 | 최저가 | 기준가 | 최대가 |
| 송파구/강동구 | B1 | 7,900 | 7,950 | 8,000 |
| | 1F | 28,800 | 29,000 | 30,000 |
| | 2F | 13,300 | 13,300 | 13,500 |

●주변비교사례를 통한 판매 · 근생시설 임대가 산정

- 사업지의 판매근생시설 적정임대가 산정의 경우 사업지 주변 판매 · 근생시설 분양가 및 서울지역 내 기존 첨단업무단지 내 판매 · 근생시설 시세를 기준으로 산정된 적정분양가를 기준으로 함
- 산정된 적정 분양가를 기준으로 하여 비교사례 판매 · 근생시설의 임대비율 및 전세가 대비 임대총액비율을 감안하여 임대보증금과 월임대료를 산정하였음

●비교사례 판매 · 근생시설의 전세비율 및 월 임대료 총액비율

- 서울디지털단지

| 건물명(주소) | | 전세비율(%) | 월임대료 총액비율(%) |
|---|---|---|---|
| 서울디지털단지 | 벽산디지털밸리3차 | 66 | 78 |
| | 이앤씨드림타워6차 | 86 | 86 |
| | 에이스테크노1차 | 65 | 86 |
| | 에이스테크노1차 | 65 | 89 |
| | 우림이비지센타2차 | 65 | 88 |
| | 삼성IT밸리 | 65 | 91 |
| | 삼성IT밸리 | 65 | 91 |
| | 코오롱디지털 2차 | 65 | 88 |
| | 에이스테크노3차 | 65 | 92 |

전세비율 평균 : 67% / 월임대료 총액비율(전세가 대비) : 88%

- 상암 DMC

| 건물명(주소) | | 전세비율(%) | 월임대료 총액비율(%) |
|---|---|---|---|
| 상암 DMC | 누리꿈몰 | 55 | 86 |
| | 상암IT타워 | 74 | 82 |
| | 이안상암센트럴몰 | 90 | 81 |
| | 상암미디어몰 | 72 | 82 |

전세비율 평균 : 73% / 월임대료 총액비율(전세가 대비) : 83%

• 서울 중심권역

| 건물명(주소) | 전세비율(%) | 월임대료 총액비율(%) |
|---|---|---|
| 선능대림아크로space | 71 | 80 |
| 파라다이스벤처타워 | 65 | 77 |
| 한신인터밸리24 | 75 | 80 |
| 선능역 플래티넘빌딩 | 65 | 89 |

전세비율 평균 : 69% / 월임대료 총액비율(전세가 대비) : 82%

●주변비교사례를 통한 판매·근생시설 적정 임대가 산정

• 적용비율

| 구분 | 전세 비율 | 월임대료 총액비율 |
|---|---|---|
| 기존 첨단산업단지 | 70% | 86% |
| 서울 중심권역 | 69% | 82% |

| 구분 | 전세 비율 | 월임대료 총액비율 |
|---|---|---|
| 적용 비율 | 69.5% | 84% |

• 적정 임대가 산정

(단위: 천원/3.3㎡)

| 구 분 | 적정 평당 분양가 | 추정 평당 전세가(A) | 추정 평당 임대가총액(B) | 추정 평당 보증금 | 추정 평당 월임대료 |
|---|---|---|---|---|---|
| | | 69.5% 적용 | 84% 적용 | A-B | 월세전환율 10% 적용 |
| 2F | 14,000 | 9,730 | 8,173 | 1,557 | 68 |
| 1F | 30,000 | 20,850 | 17,514 | 3,336 | 146 |
| 지하1F | 8,000 | 5,560 | 4,670 | 890 | 39 |

| 구분 | 평당 임대보증금 | 평당 월임대료 |
|---|---|---|
| 2F | 1,557천원 | 68천원 |
| 1F | 3,336천원 | 146천원 |
| 지하1F | 890천원 | 39천원 |

*적정 관리비의 경우 상암 DMC에 준하여 평당 1.0 ~ 1.5천원으로 산정하였음

# Ⅶ. 수익비용 분석

강동 첨단업무단지 수익성 분석(예시 도 3-1-2)

【수익비용분석 전제기준】
- 오피스 적용 분양가(3.3㎡당) : 7,700천원
- 적용 토지가(3.3㎡당/원) : 11,867,769원(강동구 첨단업무단지 추천대상자 선정지침 참조)
- 판매 · 근생시설 적용 분양가(3.3㎡당) : 지하1F과 지상1F 평균분양가를 적용
  평균분양가 = (지하1F 판매 · 근생시설 연면적 × 30,000천원/평 + 지상1F 판매 · 근생시설 연면적 × 8,000천원/평) ÷ 판매 · 근생시설 총연면적 = 15,940천원
- 적용 공사비(3.3㎡당) : 4,000천원
- PF자금 이자율 : 연 7%(2년 기준)

| 구 분 | | 도 3-1-2 |
|---|---|---|
| 매출액 | 오피스 | 34,542,816 |
| | 판매 · 근생시설 | 15,094,900 |
| 매출합계 | | 49,637,716 |
| 투 입 비 용 | 토지비 | 9,703,989 |
| | 공사 및 설계용역 | 23,482,373 |
| | 부담금 | - |
| | 금융 및 기타비용 | 4,185,422 |
| 지출합계 | | 37,371,783 |
| 매출이익(세전) | | 12,265,933 |
| | | 25% |

- 강동 첨단업무단지 도 3-1-2부지를 기준으로 수익성 분석 결과 세전수익률 25%를 나타내고 있음

【판매 · 근생시설 부문 운영수익(임대수익) 분석 전제기준】

• 판매 · 근생시설 적용 임대가(3.3㎡당) : 1F = 임대보증금 3,336천원, 월임대료 146천원 / B1F = 임대보증금 890천원, 월임대료 39천원 / 관리비 : 12.5천원
• 판매 · 근생시설 적용 임대료 / 관리비 상승률 : 연12%(법정임대료 인상률), 연 5%(관리비 인상률)
• 판매 · 근생시설 특성상 5년 계약기간으로 전제(오피스, 주택 임대차 2년), 2년마다 임대료 인상 전제

(단위: 천원)

| 구 분 | | | 공사기간 | 1년차 | 2년차 | 3년차 | 4년차 | 5년차 |
|---|---|---|---|---|---|---|---|---|
| 운영수익 | 1층 | 임대보증금 | - | 1,579,312 | - | - | - | - |
| | | 임대료 | - | 829,423 | 829,423 | 928,954 | 928,954 | 1,040,428 |
| | | 관리비 | - | 5,918 | 5,918 | 6,628 | 6,628 | 7,423 |
| | 지하 1층 | 임대보증금 | - | 421,339 | - | - | - | - |
| | | 임대료 | - | 221,558 | 221,558 | 248,145 | 248,145 | 277,923 |
| | | 관리비 | - | 5,918 | 5,918 | 6,628 | 6,628 | 7,423.15 |
| 매출액 합계 | | | | 3,063,468 | 1,062,817 | 1,190,355 | 1,190,355 | 1,333,197 |
| 누 계 | | | | | 4,126,285 | 5,316,640 | 6,506,994 | 7,840,192 |

• 판매 · 근생시설 부문의 경우 5년 전매제한 기간 동안 운영수익(임대수익)이 5년차 누계 7,840,192천원으로 분석됨

# Ⅷ. 결론

강동구 첨단업무단지 파급효과

□지역경제활성화 기여효과
- 입주기업과의 연계를 통한 시너지 효과
- 우량기업의 입주확보를 통해 지역경제 활성화
  예) 삼성엔지니어링 입주확보
    - 고용유발효과: 약 3,000여 명(2010년까지 6,000여 명 확충 예정)
    - 협력업체 입주유도효과: 35개(평균 300여 명 규모)

□산업, 주거, 환경이 조화된 도시 실현
- 주변 다수의 주거개발계획으로 인한 주거안정성 확보: 직주 근접형 첨단 업무단지 실현
  예) 전체 고덕재건축 규모: 19,893세대
- 첨단산업단지의 조기활성화를 통해 자족기업 도시 실현

□산업클러스터 집적효과 극대화
- 첨단업무단지로서의 입지적 강점을 기반으로 동종 산업클러스터의 집적화를 통해 단지 활성화 및 지역경제 활성화 실현

□고용창출효과 및 투자메리트 제공
- 첨단업무 관련기업 100개 이상 업체 입주예상: 고용유발효과 5,000여 명
- 비즈니스센터, 전시실 등 지원시설 및 시설유지 부문 추가고용 유발
- 입주기업 투자메리트 제공: 서울지역 오피스 자산증가율 10% 내외 (중심권역 2007년 증가율 전년대비 30% 이상)
- 타 유사시설에 비해 상대적으로 저렴한 임대료, 다양한 지원혜택
- 판매시설의 경우 풍부한 배후수요와 자체 내부수요로 안정된 수익구조 발생 기대

## 강동구 첨단업무단지 수익비용 분석

| 구분 | 내용 |
|---|---|
| 오피스 적정분양가 범위 (3.3㎡당) | 1F : 30,000천원 |
| 오피스 적정임대가 범위 (3.3㎡당) | 지하1F : 8,000천원 |
| 판매시설 적정분양가 범위 (3.3㎡당) | 7,500~8,000천원 |
| | 보증금 : 415천원/ 월임대료 : 42천원/ 관리비 : 25천원 |
| 판매시설 적정임대가 범위 (3.3㎡당) | 1F 보증금 : 3,336천원/ 월임대료 : 146천원/ 관리비 : 12.5천원 |
| | B1F 보증금 : 890천원/ 월임대료 : 39천원/ 관리비 : 12.5천원 |

도 3-1-2(예시) 수익비용 분석결과

도3-1-2 부지 세전수익률 25%로
안정적인 수익률을 보이고 있음

도3-1-2 부지 판매·근생시설 운영수익의 경우 5년차에
7,840,192천원으로 나타남